新时代美丽玉环建设战略研究

龙　凤　葛察忠　宋　波　等　编著

中国环境出版集团・北京

图书在版编目（CIP）数据

新时代美丽玉环建设战略研究/龙凤等编著. —北京：中国环境出版集团，2021.12

（当代生态环境规划丛书）

ISBN 978-7-5111-4995-4

Ⅰ. ①新… Ⅱ. ①龙… Ⅲ. ①城市建设—研究—玉环 Ⅳ. ①F299.275.54

中国版本图书馆 CIP 数据核字（2021）第 268198 号

出 版 人 武德凯
责任编辑 陈金华
加工编辑 史雯雅
责任校对 薄军霞
封面设计 金 山

出版发行 中国环境出版集团
（100062 北京市东城区广渠门内大街 16 号）
网 址：http：//www.cesp.com.cn
电子邮箱：bjgl@cesp.com.cn
联系电话：010-67112765（编辑管理部）
发行热线：010-67125803，010-67113405（传真）
印 刷 北京建宏印刷有限公司
经 销 各地新华书店
版 次 2021 年 12 月第 1 版
印 次 2021 年 12 月第 1 次印刷
开 本 787×960 1/16
印 张 12.75
字 数 242 千字
定 价 87.00 元

当代生态环境规划丛书

《新时代美丽玉环建设战略研究》

编 委 会

总　序

保护生态环境，规划引领先行。生态环境规划是我国美丽中国建设和生态环境保护的一项基础性制度，具有很强的统领性和战略性作用。我国的生态环境规划与生态环境保护工作同时起步、同步发展、同域引领。1973 年 8 月，国务院召开了第一次全国环境保护会议，审议通过了《关于保护和改善环境的若干规定（试行草案)》，确定了我国生态环境保护的基本方针，即"全面规划、合理布局、综合利用、化害为利、依靠群众、大家动手、保护环境、造福人民"的"32 字方针"，"全面规划"就是"32 字方针"之首。

自 1975 年国务院环境保护领导小组颁布我国第一个国家环境保护规划《关于制定环境保护十年规划和"五五"（1976—1980 年）计划》以来，我国已编制并实施了 9 个五年的国家环境保护规划，目前正在编制第 10 个五年规划，规划名称经历了从环境保护计划到环境保护规划，再到生态环境保护规划的演变；印发层级从内部计划到部门印发，再升格为国务院批复和国务院印发，已经形成了一套具有中国特色的生态环境规划体系，对我国的生态环境保护发挥了重要作用。

党的十八大以来，生态文明建设被纳入"五位一体"总体布局，污染防治攻坚战成为全面建成小康社会的三大攻坚战之一，全国生态环境保护大会确立了系统完整的习近平生态文明思想，生态环境保护改革深入推进，生态环境规划也取得长足发展。这期间，生态环境规划地位得到提升，规划体系不断完善，规划基础与技术方法得到加强，规划执行效力显著提高，环境规划学科蓬勃发展，全国各地探索编制了一批优秀规划成果，对加强生态环境保护、打好污染防治攻坚战、提高生态文明水平发挥了重要作用。

党的十九大绘制了新时期中国特色社会主义现代化建设战略路线图，确立了建设美丽中国的战略目标和共建清洁美丽世界的美好愿景，是新时代生态环境保护的战略遵循。生态环境规划，要坚持以习近平生态文明思想为指导，以改善生态环境质量为核心，系统谋划生态环境保护的布局图、路线图、施工图，在美丽中国建设的宏伟征程中，进一步发挥基础性、统领性、先导性作用。

生态环境部环境规划院成立于 2001 年，是一个专注并引领生态环境规划与政策研究的国际型生态环境智库，主要从事国家生态文明、绿色发展、美丽中国等发展战略研究，开展生态环境规划理论方法研究和政策模拟预测分析，承担国家中长期生态环境战略规划、流域区域和城市环境保护规划、生态环境功能区划以及各环境要素和主要环保工作领域规划研究编制与实施评估，开展建设美丽中国和生态文明制度理论研究与实践探索。为了提高生态环境规划影响，促进生态环境规划行业研究和实践，生态环境部环境规划院于2020年启动“当代生态环境规划丛书”编制工作，总结全国近20年来在生态环境规划领域的研究与实践成果，与国内外同行交流分享生态环境规划的思考与经验，努力讲好生态环境保护“中国故事”。

“当代生态环境规划丛书”选题涵盖了战略研究、区域与城市、主要环境要素和领域的规划研究与实践，主要有4类选题。第一类是综合性、战略性规划（研究），包括美丽中国建设、生态文明建设、绿色发展和碳达峰、碳中和等规划；第二类是区域与城市规划，包括国家重大发展区域生态环境规划、城市环境总体规划、生态环境功能区划以及“三线一单”等；第三类是主要环境要素规划，包括水、气、生态、土壤、农村、海洋、森林、草地、湿地、保护地等生态环境规划等；第四类是主要领域规划，包括生态环境政策、风险、投资、工程规划等。

“当代生态环境规划丛书”注重在理论技术研究与实践应用两方面拓展深度和广度，注重与我国当前和未来生态环境工作实际情况相结合，侧重筛选一批具有创新性、引领性和示范性的典型成果，希望给读者一个全景式的分享。希望“当代生态环境规划丛书”的出版，可以提升社会对生态环境规划与政策编制研究的认识，为有关机构编制实施生态环境规划、制定生态环境政策提供参考。

展望2035年，美丽中国目标基本实现，生态环境规划将以突出中国在生态环境治理领域的国际视野和全球环境治理的大国担当、系统谋划生态环境保护顶层战略和实施体系为目标，统筹规划思想、理论、技术、实践、制度的全面突破，统筹规划编制、实施、评估、考核、督查的全链条管理，建立国家—省—市县三级规划管理制度体系。

2021年是生态环境部环境规划院建院20周年。值此建院20周年“当代生态环境规划丛书”出版之际，祝愿生态环境部环境规划院砥砺前行，不忘初心，勇担使命，在美丽中国建设的伟大征程中，继续绘好美丽中国建设的布局图、路线图、施工图。

中国工程院院士
生态环境部环境规划院院长
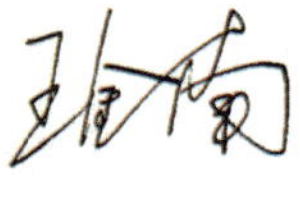
2021年6月

前　言

党的十八大强调建设美丽中国，将生态文明建设放在突出地位，融入“五位一体”的总体布局中。党的十九大提出了“加快生态文明体制改革，建设美丽中国”的战略要求，提出到 2035 年基本实现现代化，生态环境根本好转，美丽中国目标基本实现。城市是国家的基本构成单元，习近平总书记在视察山西时强调，城市建设水平体现了一个城市的经济实力、治理理念、市民素质。美丽中国的实现需要各地因地制宜地开展美丽城市建设，共同推动美丽中国目标的实现。县域城市的美丽建设是实现美丽中国目标的基础载体和必然途径。但是，对于美丽建设的内涵、范围、路径等问题，在地方实践中依然存在认识模糊的现象或分歧，本书对美丽城市建设的内涵和原则进行理论分析，并以滨海型工业城市玉环市为例做实证分析，探讨县域城市美丽建设的路径，并为其他地区提供思路和借鉴。

浙江省是“绿水青山就是金山银山”理念的发源地与率先实践地，是习近平生态文明思想的重要萌发地，也将努力成为新时代全面展示中国特色社会主义制度优越性的重要窗口。2020 年，浙江省委、省政府印发实施《深化生态文明示范创建 高水平建设新时代美丽浙江规划纲要(2020—2035 年)》，全面启动美丽浙江建设。玉环市位于浙东南，兼具滨海型、工业型双重特点。在着重推进经济社会发展的同时，也重视生态文明建设工作，围绕“建设美丽宜居、充满活力的现代化海湾城市”这一奋斗目标，坚持改革创新，努力探索玉环模式的高质量发展道路。由产业强到生态美，在坚持集中精力抓经济建设的同时，纵深推进环境大整治、大提升行动；由直接排放到零排放，开展污水零直排区建设三年行动，不断提升水生态环境质量；由末端治理向产业转型升级转变，聚焦老旧工业点改造提升和小微企业园建设，大力推进产业优化升级；由生态环境部门一家单治向社会共治转变，实施五水共治、坚持海陆统筹、强化城乡统筹。玉环市先后创成了全国文化先进县、国家级海洋生态文明建设示范区、国家级海洋公园、省级生态文明建设示范市等绿色品牌，连续三年获评浙江省委、省政府美丽浙江建设工作考核优秀县（市、区），为下一步全面推进经济高质量发展和生态文明建设打下了坚实基础。

然而，当前全国生态文明建设正处于压力叠加、负重前行的关键期，已进入提供更多优质生态产品以满足人民日益增长的优美生态环境需要的攻坚期，也到了有条件、有能力解决生态环境突出问题的窗口期。玉环市面临着生态环境质量与人民群众的期待仍有差距、VOCs 及 O_3 污染和近岸海域生态环境问题突出、生态服务能力和稳定性较弱、“绿水青山”和“金山银山”转化通道有待进一步打通、产品附加值低且产业升级任务艰巨、海湾城市风貌特色不鲜明、生态环境治理能力和体系尚不健全等问题和短板，这些问题和短板制约着生态文明建设步伐，需要通过持续、深入的美丽城市建设不断完善。

全面推进美丽玉环建设，将生态文明建设深度融合到“五位一体”的总体布局中，以绿色引领城市高质量发展，以生态保障民生福祉，是在新的发展阶段协同推动经济高质量发展和生态环境高水平保护、满足人民群众日益增长的优美生态环境需要的必然抉择和战略举措。为贯彻落实党中央、国务院关于推进生态文明建设和实现美丽中国目标的要求，探索县域城市美丽建设的方法路径，本书以滨海型工业城市玉环为案例，对美丽玉环建设给出了清晰的路径，明确了生态文明建设的滨海型城市实践创新基地、美丽浙江建设的优秀示范区、经济先发地区的生态文明转型样板、城市环境治理体系和治理能力现代化的先行先试区、海洋生态文化与传统文化有机结合的新典范 5 个战略定位，部署了构建人地和谐共融的美丽国土空间、发展低碳循环高效的美丽绿色经济、实现天蓝水碧土净的美丽健康环境、打造山青岛秀鱼跃的美丽自然生态、建设宜居智慧祥和的美丽幸福城乡、弘扬开拓创新文明的美丽生态文化、健全科学开放完备的美丽治理体系 7 项重点任务。

本书共 14 个章节，主要内容为：分析了美丽城市建设的理论和框架，包括美丽城市建设的背景、内涵及县域城市美丽建设的特点和框架等内容；系统梳理分析了美丽玉环建设的基本情况、基础与问题、优势与劣势、机遇与挑战等，并对玉环市开展了环境与健康风险评价；结合玉环市经济与环境形势分析、环境质量对标分析等内容，提出美丽玉环建设的总体战略和目标指标；论述了美丽玉环建设的 7 项重点任务以及实施保障措施，对各领域分别从现状分析、突出问题、目标和重点任务措施等方面展开探讨。

编委会

2021 年 1 月

目　录

第 1 章　县域城市美丽建设的理论和框架研究

1.1　美丽城市建设的背景

党的十八大强调建设美丽中国，将生态文明建设放在突出地位，融入“五位一体”的总体布局中。党的十九大部署了“加快生态文明体制改革，建设美丽中国”的战略，提出到 2035 年基本实现现代化，生态环境根本好转，美丽中国目标基本实现。城市是国家的基本构成单元，习近平总书记在视察山西时强调，城市建设水平体现了一个城市的经济实力、治理理念、市民素质。美丽中国的实现需要各地因地制宜地开展美丽城市建设，共同推动美丽中国目标的实现。

目前，我国在生态文明方面已经开展了一些示范创建，包括生态文明示范省、市、县，生态文明试验区，“绿水青山就是金山银山”理念实践创新基地等，在创建目标上并非针对美丽中国建设，多是从某一方面开展的示范创建工作，部门色彩重，存在一些交叉重复甚至矛盾，无法通过现有示范创建的调整或整合来支撑美丽中国建设。美丽中国建设是一项系统工程，涵盖社会、经济、政治、文化、生态环境等多个方面。顺利实现 2035 年、2050 年美丽中国建设宏伟战略目标面临巨大挑战，需要用好美丽城市建设这一重要“抓手”，深入探索省、市、县等不同层次行政地区美丽城市建设的典型模式经验，以点带面引领全国其他地区开展美丽城市建设，为 2035 年基本实现、2050 年全面建成美丽中国伟大目标提供坚实保障。

1.2　美丽城市建设的内涵

对美丽城市内涵的认识有赖于对美丽中国内涵的解读，我国学者从不同角度对美丽中国定义了不同的内涵[1-6]，从生态环境美到经济美到社会文化美等，“美丽”涵盖的范围和程度各有不同。美丽中国是一个目标，对其内涵解读的分歧主要来自对建设美丽中国所涵盖的范围理解不同。不管是建设范围涵盖经济、社会、文化、制度等各领域方方面面的广义“美丽中国”概念，还是仅围绕生态文明对建设领域进行适度扩展的狭义“美丽中国”概念，“美丽中国”建设的核心目标都是人与自然和谐共生[7]，是重新确立的人与自然相处的和谐模式和经济发展与环境保护的协调关系[8]。“美丽中国”的宏伟蓝图需要通过大力推进生态文明建设来实现，生态文明建设是通向“美丽中国”的必经之途[9]。生态文明建设是“五位一体”总体布局的基础，要充分融入经济、政治、文化、社会建设各方面和全过程，以生态环境质量为核心，通过构建和优化生态文明制度协同推进新型工业化、城镇化、信息化、农业现代化和绿色化，是“美丽中国”的价值内涵和重要表征[10]。生态文明建设和美丽中国目标的提出，是中国为在发展中解决经济与环境的矛盾提出的中国方案，蕴含了中国理念和智慧，也将给广大发展中国家走出一条绿色发展、经济社会繁荣的现代化之路提供更多有益的借鉴[11]。

城市是经济、社会和环境的复合体，在某种程度上是国家的缩影。建设美丽城市是实现美丽中国目标的重要载体和具体落实，是我国城市发展和转型的共识，也是提升经济发展质量和效益、提高人民群众生活水平、增强可持续发展能力的必然要求[12，13]。近些年城市化、工业化发展进程加速推进，随之带来了环境污染、生态破坏和资源过度消耗等问题，生态环境治理基础仍然比较薄弱。环境承载力弱、生态资源供给不足，成为城市进一步发展的瓶颈和影响人民美好生活的重要问题[14]。要转变粗放的发展模式，形成节约资源和保护环境的空间格局、产业结构、生产方式、生活方式[15]，让绿色发展成为普遍形态，实现一方美丽水土养好一方人民的美好愿景，就要大力推进美丽城市建设，将生态文明建设深刻融入经济、政治、文化、社会各个方面建设中去，实现城市的

---

[1] 王金南，蒋洪强，张惠远. 迈向美丽中国的生态文明建设战略框架设计[J]. 环境保护，2012（3）：14-18.
[2] 李建华，蔡尚伟. “美丽中国”的科学内涵及其战略意义[J]. 四川大学学报（哲学社会科学版），2013（5）：135-140.
[3] 夏东民，罗健. “美丽中国”内涵的哲学思考[J]. 河南社会科学，2014，22（6）：21-25.
[4] 金遥梅. 论美丽中国的五重维度[J]. 思想理论教育，2018（7）：41-45.
[5] 万军，王倩，李新，等. 基于美丽中国的生态环境保护战略初步研究[J]. 环境保护，2018，46（22）：7-11.
[6] 方创琳，王振波，刘海猛. 美丽中国建设的理论基础与评估方案探索[J]. 地理学报，2019，74（4）：619-632.
[7] 王金南.打好污染防治攻坚战 谋划美丽中国建设新篇章[J].中华环境，2019（12）：45-47.
[8] 高卿，骆华松，王振波，等. 美丽中国的研究进展及展望[J]. 地理科学进展，2019，38（7）：1021-1033.
[9] 王晓光. 生态文明视域下的美丽中国建设[J]. 北京师范大学学报（社会科学版），2013，236（2）：19-25.
[10] 陈延斌，牛绍娜. 生态文明与新时代“美丽中国”建设[J]. 黄河科技学院学报，2019，21（3）：1-7.
[11] 解振华. 从“三废”治理走向生态文明建设[J].城乡建设，2019，16：7-13.
[12] 包景岭，张涛，孙贻超，等. 践行生态文明 建设美丽城市[J]. 环境科学与管理，2013，38（11）：186-190.
[13] 万军，李新，吴舜泽，等. 美丽城市内涵与美丽杭州建设战略研究[J]. 环境科学与管理，2013，38（10）：1-6.
[14] 左腾飞. 新时代中国社会主要矛盾研究[D]. 济南：山东师范大学，2020.
[15] 秦昌波，万军，王倩. 制定战略路线图，推动美丽中国目标实现[N].中国环境报，2018-09-18（3）.

高质量、可持续发展。

美丽城市建设的内涵较广，对于具有美丽内涵的城市建设，国内学者出于不同侧重点进行了研究，包括生态城市、生态文明城市、美丽城市等。覃玲玲[1]提出："生态文明城市要求自然和社会生态系统达到最优化和良性运行，强调经济发展与环境保护、物质文明与精神文明的可持续发展，包括生态经济文明、生态社会文明、生态环境文明、生态文化文明和生态制度文明。"唐小桃[2]提出："生态文明城市的内涵是指通过倡导健康的生态文明理念，采用先进学科和环保技术建立城市的生态化产业体系，实现城市居民与城市社会、自然环境的和谐可持续发展。"曾青[3]提出："城市生态文明建设是人们按照城市自然发展的客观规律，处理好人与自然和社会的关系，创建有序的生态文明制度，强调经济、社会和环境的协调发展和整体生态化，努力建成美丽和谐可持续发展的生态文明城市。"王金南等[4]提出将建设绿色生态宜居新城区作为雄安新区建设的首要目标，即建设成为绿色低碳、信息智能、宜居宜业、具有较强竞争力和影响力、人与自然和谐共生的高水平社会主义现代化城市。万军等[5]认为："美丽城市是以生态文明建设为主线，以实现城乡自然—经济—社会复合系统良性循环为目标，由'美丽六面体'，即秀美山川（自然美）、健康环境（环境美）、美好人居（人居美）、活力经济（发展美）、美丽人文（人文美）、幸福生活（生活美）构成的整体和综合城市形象。"刘丹等[6]提出从制度革新、生态修复、绿色发展、环境改善、理念宣传、特色构建六个方面开展三亚市"山海河城"模式的生态文明建设。

整体来说，美丽城市的外延广于生态城市，但无论是生态城市还是美丽城市，核心都是将生态文明建设贯穿于城市建设的各个领域，推动整个城市自然—经济—社会系统形成最佳耦合状态，实现生态环境优良、经济高质量发展、人民安居乐业的美丽目标。综合党和国家对美丽中国和生态文明建设的部署，总结国内研究成果和实践经验，本书认为美丽城市建设的内涵是：面向美丽城市目标，服务于经济高质量发展和满足人民群众日益增长的生态环境美好需求，以生态文明建设为核心，开展以美丽空间、美丽经济、美丽生态环境、美丽生活、美丽文化、美丽制度为基本内容的生态文明建设，实现城市经济、社会和环境的高度统一和协调发展。美丽城市建设的内涵示意见图 1-1。

---

[1] 覃玲玲. 生态文明城市建设与指标体系研究[J]. 广西社会科学，2011（7）：110-113.

[2] 唐小桃. 我国生态文明城市建设思考——基于高职学生环境教育视角[J]. 经济师，2020（2）：217-219.

[3] 曾青. 厦门城市生态文明建设研究[D]. 福州：福建农林大学，2015.

[4] 王金南，万军，王倩. 以高品质生态环境创造"雄安质量"[N]. 中国环境报，2018-04-23（3）.

[5] 万军，李新，吴舜泽，等. 美丽城市内涵与美丽杭州建设战略研究[J]. 环境科学与管理，2013，38（10）：1-6.

[6] 刘丹，田翠翠，徐婷婷，等. 三亚市"山海河城"模式的生态文明建设实践探索[J]. 环境工程技术学报，2020，10（1）：126-132.

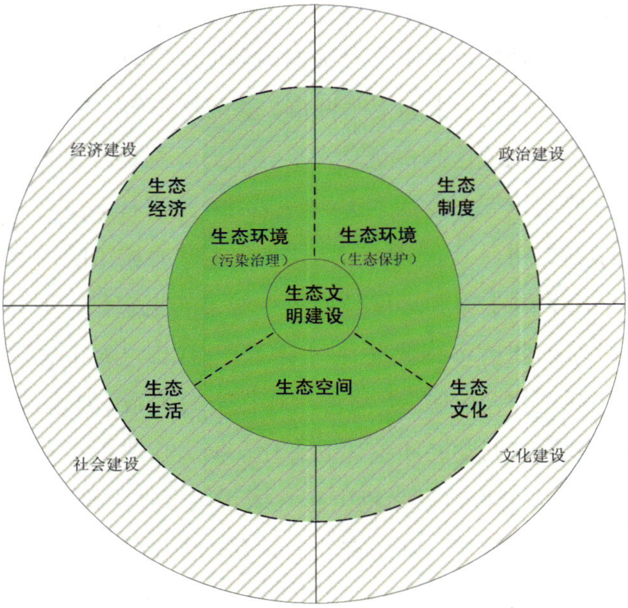

图 1-1 美丽城市建设的内涵

1.3 县域城市美丽建设的特点

在我国的城市体系中，县级城市属于最基本的层次，虽然许多县级城市的规模不大，但由于其所具有的特殊行政地位，县级城市通常都具备城市所应有的结构和功能。在某种程度上，县级城市可以说是一定区域内经济、政治、文化、科技以及其他各项事业的发展中心，是连接大中城市和广大农村的纽带[1]，因而做好县级城市的美丽建设，对于建设美丽城市、美丽乡村和实现美丽中国目标起着非常重要且基础的作用。王金南[2]提出“十四五”期间在环境治理领域上，将从大气、水、土壤污染等环境问题以及常规污染物的治理，逐步拓展到应对全球气候变化、生物多样性保护、海洋环境保护、环境风险防控等更广泛的领域；在治理范围上，将从目前的以城市为重点尤其是地级以上城市，向区县、乡镇和农村地区扩展延伸。

中国地域广博，各地资源禀赋、经济和社会发展水平差异很大，生态文明建设的进度不一。在新阶段推进美丽建设过程中，县域城市一方面要全面深入落实国家、省、市的相关要求，另一方面又要密切结合区县、乡镇的实际特点，既要坚持高标准要求，又

[1] 殷小菲.论我国县级城市的基本特征[J]. 金融经济，2012（10）：25-27.

[2] 王金南. 打好升级版的污染防治攻坚战[EB/OL].（2021-03-17）[2021-08-17]. http：//www.inewsweek.cn/society/2021-03-17/11997.shtml.

要鼓励差异化发展，体现特色性、落地性和创新性。第一，应始终坚持以人为中心的原则配置城市资源，让人民群众有明显的获得感和幸福感。第二，应充分立足地方经济社会发展状况、资源环境禀赋和比较优势，从实际出发，把经济发展与当地绿水青山、民族文化等有机结合起来，在美丽城市发展定位上充分彰显鲜明的地域特色和独特发展潜力，打造自己独特的美丽城市名片。第三，高度重视规划和顶层设计的作用，做好科学谋划，既统筹兼顾、整体施策，又突出重点，明确阶段目标和任务。第四，积极转变政府职能，充分发挥市场在资源配置中的决定作用，全面建设服务型政府，勇于探索和创新有利于生态文明建设的政策、制度、机制。

1.4 县域城市美丽建设的框架

县域城市美丽建设主要通过七美建设来实现（图 1-2）。空间美，即科学优化国土空间，合理布局三生空间，筑牢生态安全屏障；经济美，大力发展绿色、低碳、循环经济；环境美，深入推进污染防治，补短板、强优势，实现“蓝天繁星”“碧水绿岸”“无废净土”；生态美，开展生态系统保护与修复，筑牢“绿山青山”和“金山银山”转化基础；生活美，建设宜居智慧生活环境，推广绿色低碳生活，实现“精致秀美、智慧便捷、健康宜居”的美好人居愿景；人文美，深入挖掘生态文化，培育和践行生态文化，传承和发扬传统文化，塑造本地文化特色和个性；制度美，加快制度优化创新，全面提升生态保护和治理能力现代化水平，健全社会美丽建设共建共享大格局体系。

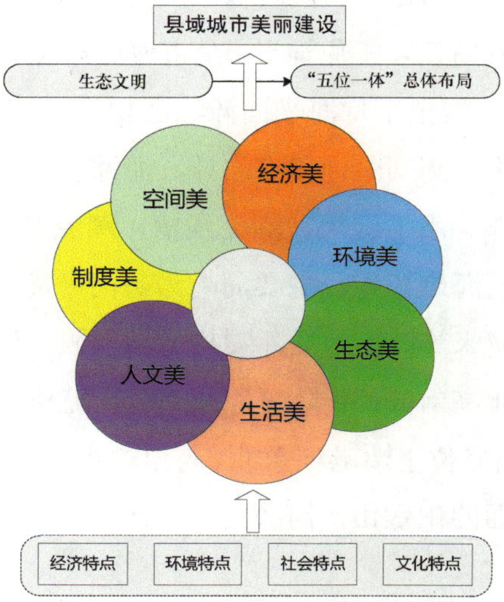

图 1-2 县域城市美丽建设框架

第 2 章　玉环市区域基本情况

2.1　自然地理状况

2.1.1　地理位置

玉环市是位于浙江东南沿海、中国黄金海岸线中部、台州市域南端的海岛市，东经 121°05′～121°32′，北纬 28°01′～28°19′，介于宁波、温州两个都市区之间，在长三角经济圈南翼，东临东海，西隔乐清湾与温州市乐清市相望，北部与温岭市相连，南部与温州市洞头县隔海相望。玉环市是台州的海上门户。全市陆域面积为 420.49 km^2，海域面积为 1 516.67 km^2[1]，所辖海域内海岛数量为 155 个（不含玉环本岛）。

玉环市主要地貌类型为丘陵和平原，丘陵与山地面积约占陆域面积的 68%，平原面积占陆域面积的 32%。市域地势受东北、东西、东南走向三组断裂构造与气候、溪流、潮汐、海浪、人为围垦等因素的影响，形成以丘陵为主、北高南低、丘陵平原相间、河流依山脉走向自成体系的海岛丘陵平原地形。全市海岸线总长为 329 km，海岸线系数为 0.871，滩涂面积广阔，海岸线至平均海平面滩涂面积为 52 km^2，由于人工围涂，天然的淤泥质海岸面积大大减少；潮间带地貌有岩滩、海滩、潮滩，以潮滩为主；沿海水下地貌比较复杂，有水下浅滩、水下缓坡、潮流浅槽、潮流深槽等（图 2-1）。

玉环市境内岛屿林立、海礁棋布，主要岛屿为楚门半岛、玉环岛、鸡山、洋屿、披山、大鹿、江岩、茅埏、横床等。受地质断裂构造与气候、溪流、潮汐、海浪及人为围垦等因素影响，总体形成北高南低、丘陵平原相间、河流依山脉走向自成体系的海岛丘陵平原地形。半岛部分最高峰位于清港镇东北、与温岭市相邻的大雷山，海拔为 433 m。玉环岛上最高峰为玉城西面的田螺山，海拔为 375.5 m。田螺山、古城头山绵亘于玉环

---

[1] 根据玉环市自然资源局的 2019 年大陆岸线数据统计，玉环市区域空间总面积为 1 937.16 km^2，其中陆域面积为 420.49 km^2（含有居民海岛 12.98 km^2），海域面积为 1 516.67 km^2（含漩门三期部分围区 25.78 km^2、无居民海岛 5.49 km^2）。

岛上，山体系侏罗纪火山喷出岩构成，以酸性、中性熔结凝灰岩为主。河流以玉环岛上的城坎河、天开河、庆澜河、西青大塘河、长屿塘河及楚门半岛上的同善塘河、徐都塘河、芳杜塘河等为主。受地形的影响，流程短，流量少，且多独流入海，虽无内河舟楫之利，但也少内涝之害。

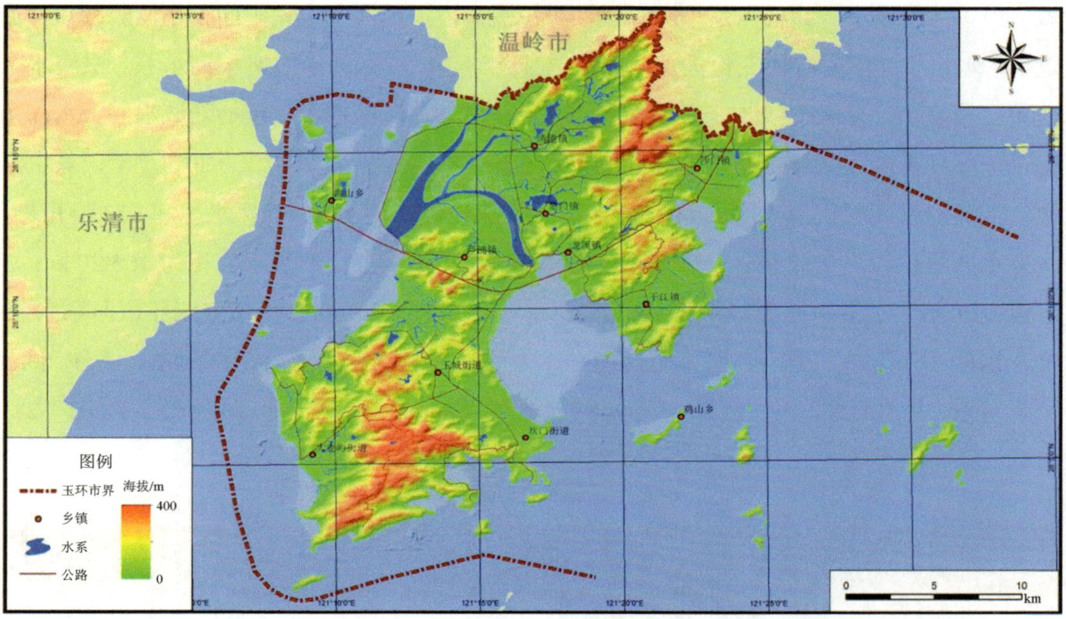

图 2-1　玉环市地形

2.1.2　气候气象

玉环地处亚热带季风气候区，濒临东海，具有明显的海洋性气候特征。常年温暖湿润，四季分明，雨量充沛，日照充足，常年无霜期一般为 252～266 d，无霜期较长。常年平均气温为 16.9～17.6℃，极端最低气温−5.6℃，极端最高气温 36.0℃。海拔高程差异一般每垂直升高 100 m，气温降低 0.48℃。全年气温最高是 8 月份，平均 27.2～28.8℃，最低是 1 月份，平均 6.8～7.2℃。常年日照时数 1 600～2 100 h。地表水主要靠降水补给，降水量时空分布不均，大多集中在每年的 6—9 月。常年降水 1 300～1 500 mm，有两个明显的雨季和少雨期；第一个雨季是 3—6 月，雨量 610～640 mm（3—4 月为春雨，雨量 250～260 mm；5—6 月为梅雨，雨量 360～380 mm）；第二个雨季是 8 月中旬至 9 月，雨量 260～320 mm，而且雨量的多少取决于台风过境降水的多少。10 月至翌年 2 月是第一个少雨期，5 个月的雨量为 300～330 mm；7 月至 8 月上旬是第二个少雨期，雨量为 130～180 mm。境内风力、风向随季节转换，常年风速 2.9～9.6 m/s，风向以北到东北为多，其中 3—5 月多为东北风，6—8 月多为西南风，9 月至翌年 2 月多为东北风。

2.1.3 河流水系

玉环市特殊的地理位置致使市内河流多为浦港疏浚而成，依山脉走向自成体系，源短流急，河道浅窄。其特点是小河纵横，源短流急，河道浅窄，集雨面积小，流程短，流量小，水量小，年内洪枯变化大。大部分单独入海，统称东南沿海诸小河水系。沿海水下地貌比较复杂，有水下浅滩、水下缓坡，潮流浅槽、潮流深槽等。包括陆域水网、水库山塘及玉环湖在内，玉环市总水域面积为 29.76 km^2，蓄水容积为 10 300.20 万 m^3，其中常水位下河网水面面积为 15.98 km^2，蓄水容积为 1 950.77 万 m^3；16 座水库和 373 座山塘，水位水域面积约为 2.62 km^2，蓄水容积为 2 079.43 万 m^3；玉环湖集水面积为 166.20 km^2，水位 0.20 m，水位水域面积为 11.16 km^2，水域容积为 6 270.00 万 m^3。玉环市河系共 13 个，包括九眼河系、芳清河系、楚门河系、龙溪河系、桐丽河系、干江河系、青沙河系、庆澜河系、普竹河系、玉坎河系、芦浦河系、人民塘河系和茅埏河系，详见表 2-1、图 2-2。

表 2-1 玉环市主要河流水系

分区	河系名称	主河长度/km	流域面积/km^2	主要河流	发源地	备注
港北	九眼河系	12.5	49.5	4	横山	九眼河系为跨境流域，上游属温岭市城南镇，下游属玉环市，玉环市境内集雨面积约为 12 km^2
	芳清河系	7.2	47.2	6	大雷山	—
	桐丽河系	12.0	53.0	3	大雷山	桐丽河系集雨面积约为 53 km^2，玉环市域流域面积为 28.5 km^2，其主要排水河桐丽河源自上游温岭市
	龙溪河系	3.6	20.5	3	大密溪	—
	楚门河系	5.7	29.0	8	大皿田	—
	干江河系	4.3	12.6	5	垟岭	—
港南	玉坎河系	6.9	38.0	5	田螺山	—
	青沙河系	2.5	17.0	6	田螺山	—
	庆澜河系	3.6	14.0	5	田螺山	—
	普竹河系	2.0	14.0	4	田螺山	—
	人民塘河系	1.0	3.0	1	恋岩山	—
	芦浦河系	3.9	130.0	3	谢家山	—
诸岛	茅埏河系	1.4	3.0	1	大岙	—

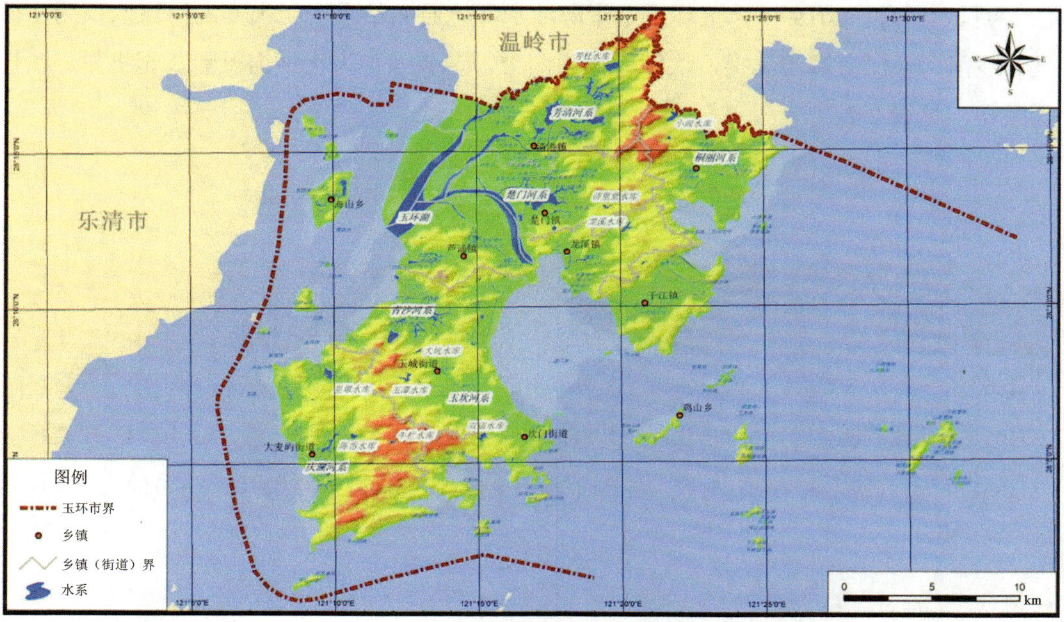

图 2-2　玉环市水系

2.1.4　海域状况

玉环市海域辽阔，东至东海，南至洞头洋，西至乐清湾，海岸线长 329 km，其中岛屿岸线 262 km。玉环市所辖海域内海岛数量为 155 个（不含玉环本岛），其中有居民海岛 8 个，无居民海岛 147 个，面积大于 500 m^2 的岛屿有 111 个。玉环市主岛为玉环岛，面积为 178.9 km^2，是浙江省第二大岛。玉环市境内的海以披山洋最为著名，披山洋位于披山岛之东，北自温岭市洛屿以东，南至洞头区虎头屿以东，东北与大陈洋相通，西南与洞头洋相连，东西长 347 km，南北宽 51 km，面积约为 17 697 km^2。披山洋洋面开阔，底部平坦，均为泥质海底，水深在 10～80 m。

全市主要海湾有乐清湾、坎门湾、漩门湾。乐清湾位于玉环岛西侧、乐清市大陆东侧，系乐清、玉环、温岭三县所共有。乐清湾北部有一乐清澳，其间构成多条水道，乐清湾中的大麦屿港，三面环山，港阔水深，为一优良避风港。坎门湾位于玉环岛东南侧，有坎门港和 3 条水道，坎门港为浙南沿海重要渔港之一。漩门湾位于玉环岛东侧，楚门半岛西侧之间，因漩门海峡而得名，漩门海峡一带海域，习惯称为漩门港，目前该港湾已处在漩门二期、三期的围区内。

2019 年，玉环市对辖区内近岸海域水质进行了监测，监测站点有沙门、干江二类区，大麦屿四类区，坎门四类区 3 个点位。监测总面积为 67.3 km^2，共监测 2 期，监测时间在 4 月、10 月。2019 年，玉环市近岸海域水环境监测结果表明大麦屿海域水质为劣四类，沙门、干江海域为三类，坎门海域为四类，定类因子为化学需氧量、无机氮、活性磷酸盐，见表 2-2。

表 2-2 2019 年玉环市近岸海域水质监测统计结果

单位：mg/L

站位编号	功能区	化学需氧量	无机氮（以 N 计）	活性磷酸盐（以 P 计）	石油类
ZJ1060	沙门、干江二类区	2.95（二类）	0.308（三类）	0.019（二类）	＜0.04（一类）
ZJ1061	大麦屿四类区	5.40（劣四类）	0.371（三类）	0.034（四类）	＜0.04（一类）
ZJ1062	坎门四类区	2.05（二类）	0.306（三类）	0.037（四类）	＜0.04（一类）

2.2 资源禀赋

2.2.1 水资源

玉环市多年平均径流量为 2.688 9 亿 m^3，其中地表径流量为 2.214 亿 m^3，地下径流量为 4 749 万 m^3，人均水资源量为 630 m^3，属资源型和水质型缺水。

玉环市现共有水库山塘 390 座，其中中型水库 1 座——即漩门二期水库（正常库容为 6 410 万 m^3）、小（1）型水库 7 座、小（2）型水库 9 座、山塘 373 座。小型水库及山塘总库容为 2 076.18 万 m^3，其中小型水库库容为 1 869.18 万 m^3，山塘库容为 207 万 m^3。玉环市主要水库包括龙溪水库、双庙水库、石门坎水库、芳杜水库、小闾水库、里墩水库、小陈岙水库、玉潭水库。

根据《2019 年玉环市水资源公报》，2019 年玉环市年降水量为 1 932 mm（折合水量 7.31 亿 m^3），比多年平均值偏多 1.84 亿 m^3，偏多 34%。产水系数为 0.64，产水模数为 124.6 万 m^3/km^2，人均水资源量为 746.4 m^3，属丰水年份。人均水资源量为 746.4 m^3。2019 年，全市总地表水资源量为 4.71 亿 m^3（折合水深 1 245.6 mm），比上年（2.78 亿 m^3）偏多 69%，与多年平均（2.66 亿 m^3）相比偏多 77%；全市地下水资源量为 0.73 亿 m^3，其中地表水与地下水重复量为 0.73 亿 m^3。

2019 年，玉环地表水总体水质为轻度污染，主要污染物为氨氮、总磷、化学需氧量。在五大河流和水库的 15 个市控以上监测断面中，Ⅱ类水断面 8 个，占 53.3%；Ⅲ类水断面 1 个，占 6.67%；Ⅳ类水断面 5 个，占 33.3%；Ⅴ类水断面 1 个，占 6.67%。满足功能要求断面占比 86.7%。监测统计结果见表 2-3。

表 2-3 2019 年玉环市各站点监测评价结果

河流水库站点名称		功能类别	水质类别	超功能区因子及质量浓度	是否满足功能
芳清河	泗头	Ⅲ	Ⅳ	总磷（0.23 mg/L） 化学需氧量（23 mg/L）	否
楚门河	西岙	Ⅲ	Ⅲ	—	是
	龙王	Ⅳ	Ⅳ	—	是
玉坎河	城南	Ⅳ	Ⅴ	氨氮（1.81 mg/L）	否
	礁头闸	Ⅳ	Ⅳ	—	是
庆澜河	长屿闸	Ⅳ	Ⅳ	—	是
青沙河	青马	Ⅳ	Ⅳ	—	是
龙溪水库		Ⅱ	Ⅱ	—	是
双庙水库		Ⅱ	Ⅱ	—	是
石门坎水库		Ⅱ	Ⅱ	—	是
芳杜水库		Ⅱ	Ⅱ	—	是
小闾水库		Ⅱ	Ⅱ	—	是
里墩水库		Ⅱ	Ⅱ	—	是
小陈岙水库		Ⅱ	Ⅱ	—	是
玉潭水库		Ⅱ	Ⅱ	—	是

2.2.2 土地资源

根据玉环市自然资源局提供的 2019 年大陆岸线数据，全市陆域总面积为 420.49 km^2，耕地面积为 5 883.87 hm^2，加上可恢复和工程恢复的地类面积 4 715.16 hm^2，实际耕地保有量为 10 599.02 hm^2，超出下达任务指标 1 200 多 hm^2。玉环市耕地中基本农田保护面积为 8 327.75 hm^2，耕地面积占陆域总规模的 25.2%，人均耕地面积少，仅为 0.25 亩[1]/人。玉环市区域空间用地现状如图 2-3 所示。

[1] 1 亩≈0.066 7 hm^2。

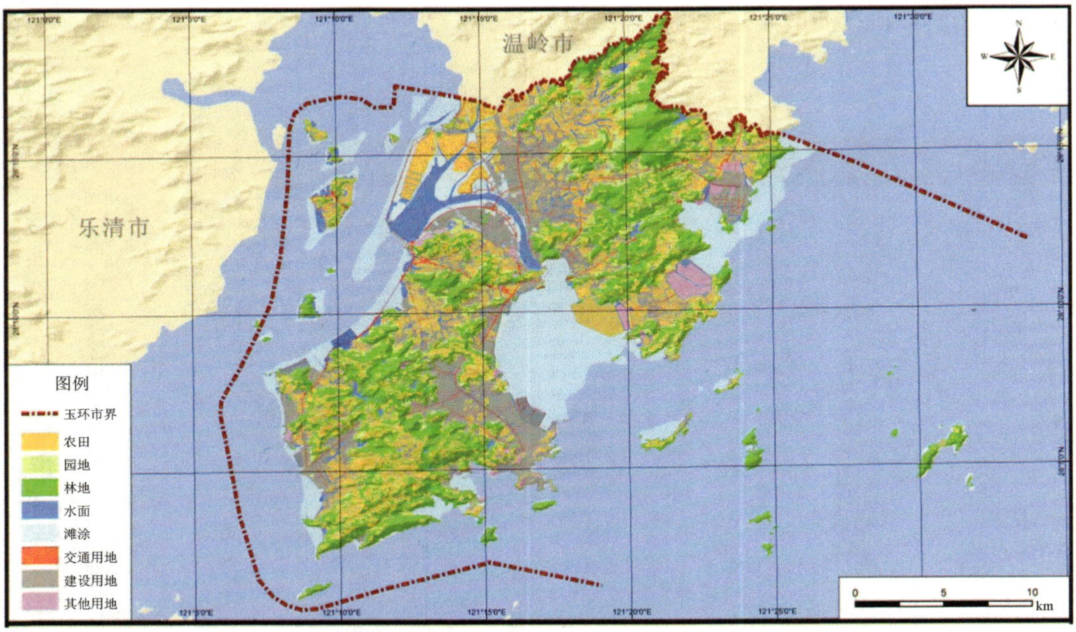

图 2-3 玉环市区域空间用地现状

根据2018年玉环市土地变更调查，城乡建设用地总量为8 833.83 hm^2。建设用地中，现状以工业用地为代表的第二产业发展类用地占比较高。2018 年，玉环的工业用地面积为 2 713.83 hm^2，物流仓储用地面积为 27.89 hm^2，采矿用地面积为 419.85 hm^2。具体情况见表 2-4。

表 2-4 2018 年玉环市土地利用现状结构

一级类		二级类		面积/hm^2
00	湿地	—		6 288.06
01	耕地	—		5 883.87
02	园地	—		3 349.27
03	林地	—		15 427.53
04	草地	—		962.49
05	商服用地	05H1	商业服务业设施用地	152.26
		0508	物流仓储用地	27.89
06	工矿用地	0601	工业用地	2 713.83
		0602	采矿用地	419.85
07	住宅用地	0701	城镇住宅用地	1 624.81
		0702	农村宅基地	2 171.45

一级类		二级类		面积/hm^2
08	公共管理与公共服务用地	08H1	机关团体新闻出版用地	102.32
		08H2	科教文卫用地	306.89
		0809	公用设施用地	109.18
		0810	公园与绿地	318.86
09	特殊用地	—		384.42
10	交通运输用地	1003	公路用地	1 101.46
		1004	城镇村道路用地	693.01
		1005	交通服务场站用地	75.34
		1006	农村道路	603.65
		1008	港口码头用地	109.39
11	水域及水利设施用地	—		7 449.05
12	其他土地	—		701.62
合计	—			50 976.50

2.2.3 森林资源

玉环市森林面积为 181.92 km^2，森林覆盖率为 39.42%。林业用地 25.7 万亩，占全市土地总面积的 35.4%，其中重点生态公益林面积 11.01 万亩，占全市林地面积的 42.84%。近年来，生态公益林的大力发展对维护生态安全起到了重要作用，全市纳入补偿的省级以上公益林面积为 120 264 亩，其中按照事权等级分：国家级公益林 39 708 亩，省级公益林 80 556 亩。全市公益林面积相对较少，人均面积指标极低，公益林补偿金受益面广但人均补偿较低，群众领取补偿金的积极性不高。沿海地区工程建设等涉公益林建设项目较多，公益林变更调整压力大。公益林区与居民的生产生活区交错，区划落界完善后，公益林分布更趋分散，且森林防火压力形势严峻。

全市现有 37 位专职护林员和 50 位兼职护林员，按照“五个一”标准对护林员进行严格要求，利用护林员考勤系统加强对护林员的考勤管理。在森林火险等级持续偏高的情况下，全市各乡镇在各入山口均安排专人设卡检查森林防火工作。

2.2.4 生物资源

玉环市地处中亚热带常绿阔叶林带，自然植被多为残存次生林或灌草丛。人工植被有马尾松、黑松、湿地松、火炬松、杉木、青冈、石栎、木麻黄、樟树、枫香树、青皮竹、箬竹、毛竹、刚竹、文旦、橙、桃、橘等以及映山红、檵木灌丛、白茅草丛、蕨草从等灌草丛和大米草、芦苇等水生植被。这些植物隶属151科809种，分为针叶林、针阔混交林、竹林、灌草丛、滨海盐生植被、木本栽培植被、草木栽培植被等10个植被型组和51个植被群系。植物中银杏、金钱松、罗汉松、水杉、鹅掌楸为国家二级保护植物，凹叶厚朴为国家三级保护植物。水库周边山体植被主要有松树、杉木、樟树、低矮灌木、蕨类、茅草等，河道两岸陆地主要有芦苇、柳树等，常见农作物为水稻、油菜、番薯、豆类、瓜果、蔬菜等作物。

全市境内有山兔、獾、刺猬、田鼠、蛙、蛇、鸟等各类野生动物500余种，属于国家重点保护野生动物的有6种。其中，穿山甲、黑嘴鸥为国家一级保护动物，水獭、红隼、雕鸮和草鸮为国家二级保护动物。水库鱼类主要为青鱼、草鱼、鲢鱼、鳙鱼、鲈鱼、鲤鱼、鲫鱼、鳗、鳝等。

受人为活动的影响，自然生态系统退化，对维持物种多样性具有重要作用的天然植被面积减少。天然湿地逐渐萎缩，野生生物的原生栖息地破碎化，影响其生存和繁衍。

2.2.5 矿产资源

玉环市已发现的矿产有赤铁矿、锰矿、铅锌矿、石英、高岭土、建筑石料、砖瓦黏土7种。其中，金属矿产种类少、规模小，仅发现赤铁矿、锰矿、铅锌矿（化）点4处，除披山铅锌矿曾经开采过外，其他均未利用。非金属矿以建筑石料、石英、高岭土等为主。其中，可供开发的有钾长花岗岩、花岗斑岩、辉绿岩、流纹质晶屑熔结凝灰岩、角砾凝灰岩、凝灰角砾岩等。建筑石料和黏土矿产是玉环市的主要矿产资源，建筑石料分布广泛，可作为建筑石料的凝灰岩最为丰富，其次是可作饰面石材和用于石雕工艺的花岗岩和青石矿；本岛海积层中的黏土层是砖瓦黏土的主要来源，可制造新型墙体材料。高岭土分布在龙溪镇东南的高山头、清港东北的下岙里。

根据《玉环县矿产资源开发利用与保护规划（修编）》，全市有规划开采区18个，均为建筑石料开采区。禁止开采区3个，芳杜水库禁采区位于清港镇，面积为5.90 km^2，该禁采区系水源地保护区；港北禁采区位于楚门镇、清港镇、沙门镇和龙溪镇，面积为72.65 km^2，禁采区内有楚门镇、清港镇、沙门镇和龙溪镇4个城镇城区，76省道，县道，龙溪水库和小闾水库等；港南禁采区，位于玉城街道—坎门街道—大麦屿街道一带，面积为73.25 km^2，禁采区内有玉城、坎门、大麦屿街道建成区，76省道，县道，里墩水库，玉潭水库，陈岙水库和双庙水库等。

2.2.6 海洋资源

玉环市海域辽阔，总面积为 1 516.67 km^2。海域与岛屿、半岛形成的港湾众多，海湾面积 10 km^2 以上的有乐清湾（东侧）、坎门湾、漩门湾和隘顽湾。因此，天然的港口资源相当丰富，主要有大麦屿港、坎门港和鸡山、洋屿、茅埏、下礁门、下小屿、下栈台、分水等港口。经勘查，大麦屿港岸线长 30 km，其中 13 m 以上水深的岸线长达 15 km，20 m 以上水深的岸线长 4 km，深水区平均宽约 4.5 km，是我国东海岸宁波至福州之间不可多见的可建设 3 万～10 万 t 级泊位的理想港址，具有很大的开发潜力。海域中的海涂、浅海和披山洋，历来是玉环市海水养殖和海洋捕捞的主要场所。海洋水产资源种类多，有鱼类 163 种、甲壳类 66 种、软体动物 20 种、其他 11 种。在鱼类中有黄鱼、鲳鱼等诸多名特优品种。因处于北上的台湾暖流和南下的沿岸流汇冲地带，又因处于瓯江、椒江等河流入海汇冲范围，是各种鱼类栖息、产卵、繁殖、索饵的良好场所，形成披山渔场。玉环市水产资源丰富，盛产经济鱼类，一年四季皆有鱼可捕。全市海涂广阔，可用滩涂面积达 112.67 km^2，其中泥涂分布较广，以玉环岛上的漩门湾西涂和楚门半岛上的鲜坑涂、苔山涂、五门涂等最为著名，沙涂面积较少，主要有坎门的后砂岙滩和鸡山的黄沙滩等；可供养殖的海涂有 83.93 km^2、浅海有 133.33 km^2。

2.3 社会经济状况

2.3.1 行政区划及人口

玉环市辖玉城街道、坎门街道、大麦屿街道、楚门镇、清港镇、芦浦镇、干江镇、沙门镇、龙溪镇、鸡山乡、海山乡、玉环经济开发区 3 个街道、6 个镇、2 个乡、1 个开发区。共 36 个社区、1 个居委会、185 个村委会、3 804 个村民小组。截至 2019 年年底，全市常住人口为 63.1 万人，户籍人口总户数为 14.25 万户，户籍人口总数达 43.66 万人。玉环市行政区划如图 2-4 所示。

2.3.2 经济总体状况

2019 年实现生产总值 617.5 亿元，按可比价格计算，同比增长 5.2%，见表 2-5，总量稳居台州市第五位。全市经济总体平稳有序，位居全国中小城市综合实力百强县市第二十七位。

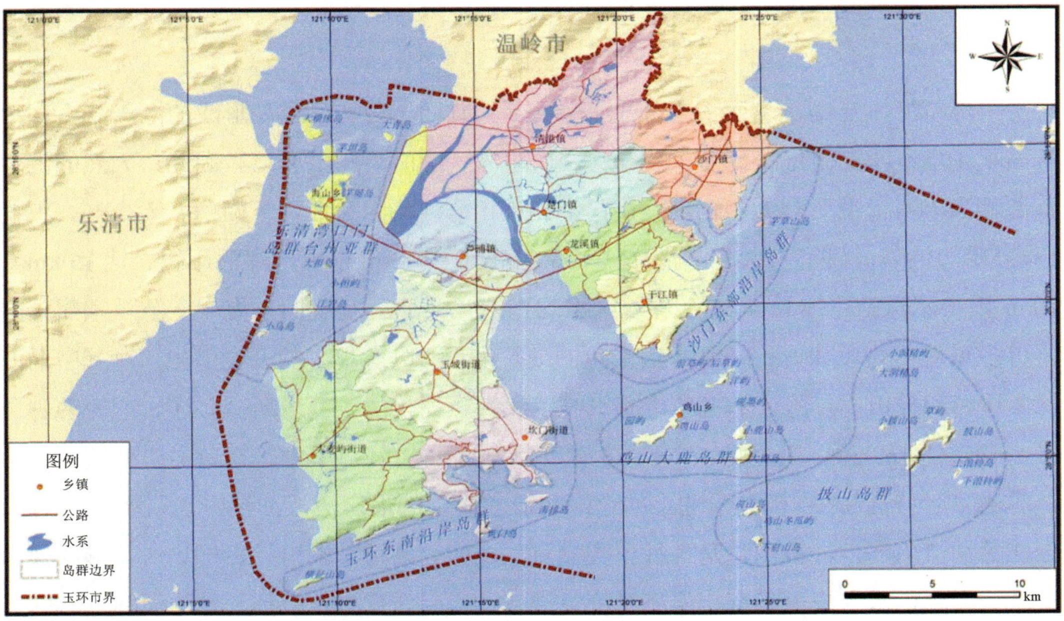

图 2-4　玉环市行政区划

表 2-5　2019 年玉环市生产总值

	总值/亿元	比上年增长/%
地区生产总值	617.5	5.2
第一产业	37.11	2.6
第二产业	339.85	4.5
第三产业	240.54	6.7

人民生活水平不断提高，居民人均可支配收入为 57 691 元，比 2018 年增长 8.8%，居台州市第二位。城镇常住居民人均可支配收入为 71 344 元，比 2018 年增长 8.1%，居台州市第二位；农村常住居民人均可支配收入为 35 340 元，比 2018 年增长 8.9%，居台州市第一位。

2.3.3　产业发展现状

目前，玉环已形成了汽摩配、阀门水暖、家具、眼镜配件、药械包装、机床等特色产业集群，机械装备、海洋生化、新能源等新兴产业迅速发展，成为浙江省重要的制造业基地，先后被授予中国阀门之都、中国五金建材（阀门）出口基地、中国汽车零部件产业基地、中国新古典家具精品生产（采购）基地、中国欧式古典家具生产基地等区域品牌。

2019 年，全年工业实现增加值 315.85 亿元，增长 4.9%，总量仅次于温岭市，稳居台州市第二位。其中，规模以上工业实现增加值 194.56 亿元，增长 2.5%，增速居全市第六位，经济外向性较高，受中美贸易摩擦影响较大。规模以下工业发展形势好于规模以上，增加值增速每季度均在 9%上下波动，全年增长 9.0%，居台州市第三位。金属制品业和仪器仪表制造业保持平稳发展，增加值分别增长 4.5%和 6.8%。

2019 年，玉环市经济运行稳中有进。根据《玉环市 2019 年国民经济和社会发展统计公报》，第一产业增加值 37.11 亿元，增长 2.6%；第二产业增加值 339.85 亿元，增长 4.5%；第三产业增加值 240.54 亿元，增长 6.7%。三次产业结构更趋合理，玉环市三次产业结构从 2007 年的 6.14∶66.1∶27.76 调整到 2019 年的 6.01∶55.04∶38.95，见图 2-5。与 2007 年相比，第一产业较为稳定，第二产业由 66.1%下降为 55.04%，第三产业则由 27.76%上升为 38.95%，第二、第三产业贡献率差值由 2007 年的 38.34%缩小到 2019 年的 16.09%。

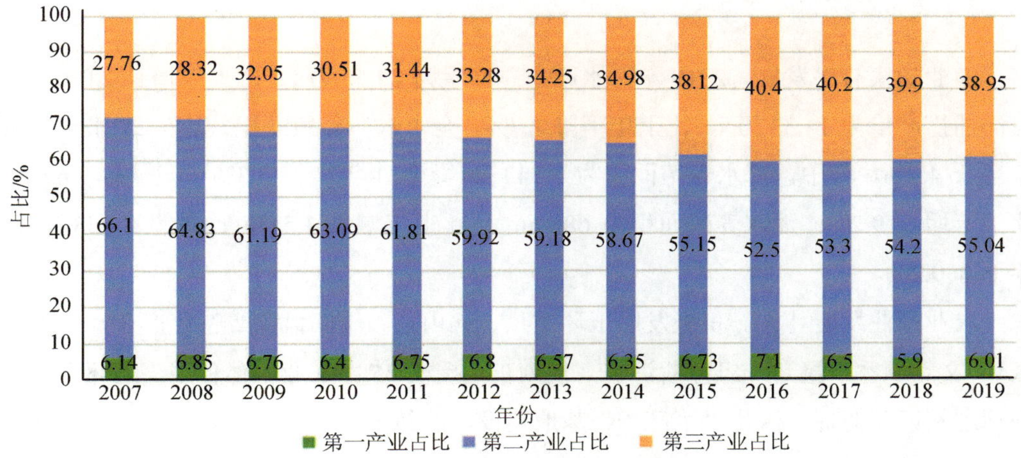

图 2-5　玉环市三次产业结构变化

玉环市产业发展存在明显的特征，第一产业的比重比较低，以工业为主的第二产业和以旅游、国内外贸易为主导的第三产业比重基本维持不变。当前玉环市产业结构正在逐步调整优化，第二产业的主导地位正逐渐向第三产业过渡，具备从工业化阶段后期向后工业化阶段转型的初步基础。为创建生态文明示范市，玉环市应进一步优化产业结构，尤其在生态环境保护前提下寻找三次产业的合理结构模式非常重要。

（1）第一产业。2019 年，农业结构转型，全市实现农林牧渔业总产值为 69.93 亿元，按可比价格计算，比上年增长 2.5%，增加值为 37.90 亿元，比上年增长 2.7%。其中，农业产值为 7.09 亿元，比上年下降 0.6%；林业产值为 0.11 亿元，比上年增长 3.7%；牧业产值为 1.14 亿元，比上年下降 21.7%；渔业产值为 60.75 亿元，比上年增长 3.4%；农林牧渔服务业产值为 0.84 亿元，比上年增长 5.0%。全年蔬菜播种面积为 3 938 hm^2，比上年增长 1.4%，产量为 106 551 t，比上年下降 2.2%；果用瓜种植面积为 1 107 hm^2，比上年增长 1.9%，产量为 28 408 t，比上年增长 0.4%。全年水果产量为 87 507 t，比上年下降 9.1%，其中柚子产量为 28 554 t，比上年下降 17.0%，见表 2-6。

表 2-6　2019 年玉环市主要农产品产量

	产量/ t	比上年增长/%
蔬　菜	106 551	−2.2
棉　花	7	16.7
油菜籽	1 297	86.6
水　果	87 507	−9.1
其中：柚	28 554	−17.0

渔业健康有序发展。2019 年，水产品总产量为 24.58 万 t，比上年增长 2.0%，其中海洋捕捞产量为 14.33 万 t，比上年下降 1.7%。全市水产养殖面积共达 4 231 hm^2，比上年增长 4.7%。其中，海水养殖面积为 3 543 hm^2，比上年增长 5.3%，产量为 9.62 万 t，比上年增长 9.2%；淡水养殖面积为 688 hm^2，比上年增长 1.5%，产量为 3 043 t，比上年下降 0.2%。

农业产业发展壮大。积极发展玉环文旦、火山茶、干江盘菜等特色产业，以“美丽玉环 文旦飘香”冠名一组苏浙沪皖高铁列车，授权 25 家农业主体使用“玉环文旦”地理标志和证明商标。深化“菜篮子”基地建设，网易未央（玉环）商品猪养殖场开工建设。龙溪精品水果特色农业强镇、“文旦印象”美丽田园综合体有序建设。完善农业保险政策，推进文旦低温指数保险试点。全市共有农业龙头企业 53 家，其中省级 3 家，市级 22 家，产值超亿元以上的有 2 家。新增国家级示范性专业合作社 1 家、省级示范性家庭农场 2 家，新发展农民专业合作社 20 家、家庭农场 10 家、无公害农产品 45 个、绿色食品 11 个。

2019 年，玉环市第一产业中农业和渔业总值占比达到 97%，各产业占比情况如图 2-6 所示。

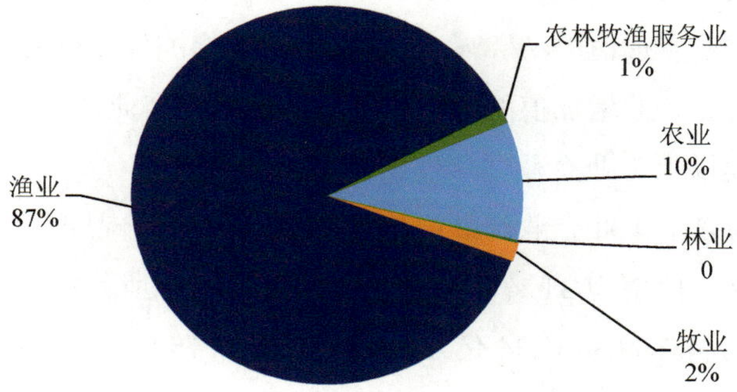

图 2-6　玉环市第一产业各产业占比

（2）第二产业。2019 年，全市实现工业增加值为 315.85 亿元，按可比价格计算，比上年增长 4.9%。其中，年主营业务收入 2 000 万元及以上工业企业（以下简称规模以上工业企业）有 860 家，共实现产值 830.80 亿元，比上年增长 3.0%，增加值为 194.56 亿元，比上年增长 2.5%。

全市规模以上轻工业实现产值 107.27 亿元，比上年增长 5.0%，占规模以上工业总产值的 12.9%；重工业实现产值 723.52 亿元，比上年增长 2.7%，所占比重为 87.1%。全市规模以上主要行业中，通用设备制造业实现增加值 55.75 亿元，比上年增长 0.6%；电力、热力生产和供应业增加值 28.02 亿元，比上年下降 3.9%；汽车制造业增加值 50.93 亿元，比上年增长 5.2%；金属制品业增加值 14.46 亿元，比上年增长 4.5%；家具制造业增加值 2.03 亿元，比上年下降 15.7%。

规模以上工业企业主要工业产品产量和增长率见表 2-7。

表 2-7　2019 年玉环市规模以上工业企业主要工业产品产量

	单位	产量	比上年增长/%
水泥	万 t	15.30	−1.2
供电量	亿 kW·h	46.77	0
家具	万件	32.81	−17.8
阀门	t	203 052	−3.8
塑料制品	t	55 994	6.5
金属切削机床	台	10 818	−12.4
齿轮	t	30 249	18.7
铜材	t	100 175	13.8

全市规模以上工业企业中，装备制造业实现增加值 151.43 亿元，比上年增长 5.0%，占规模以上工业增加值的 77.8%；高新技术产业增加值 109.81 亿元，比上年增长 5.1%，占规模以上工业企业增加值的 56.4%；战略性新兴产业增加值 13.48 亿元，比上年增长 7.2%，占规模以上工业企业增加值的 6.9%。

全市规模以上工业企业产品产销率为 93.8%，新产品产值 258.65 亿元，比上年下降 0.8%，新产品产值率为 31.1%，比上年下降 1.2%。利税总额为 92.24 亿元，比上年增长 9.0%；其中利润总额为 61.34 亿元，比上年增长 15.5%。

（3）第三产业。2019 年，全市第三产业增加值 240.54 亿元，增长 6.7%。全市交通迎来大发展。9 月 27 日，温岭泽国至玉环大麦屿疏港公路顺利通车，玉环告别无国道的历史；杭绍台高铁温岭至玉环段开工建设，完成先行段总工程量的 30%；漩门湾大桥及接线项目（月环桥）加快推进，完成路基工程的 75%、桥梁工程的 65%、隧道工程的 65%。

海岛旅游发展较好。全年共接待旅游总人数 1 206.45 万人次，比上年增长 19.73%，实现旅游总收入 134.84 亿元，比上年增长 21.67%。对外贸易平稳开展。全年外贸进出口总额为 267.94 亿元，比上年下降 0.1%，其中自营出口额为 257.92 亿元，下降 0.3%，具体见表 2-8。

表 2-8　2019 年玉环市对外贸易情况

	产值/万元	比上年增长/%
进出口总额	2 679 381	−0.1
其中：自营出口额	2 579 189	−0.3
按行业类别分：阀门	1 372 623	0.0
汽摩配	784 694	−1.6
家具	35 299	−17.5
按出口市场分：亚洲	451 333	1.6
欧洲	1 046 922	7.3
北美洲	624 200	−11.4

招商引资成效明显。全年引进省外资金 85 亿元。新签约 5 亿元以上产业项目 32 个，协议总投资额为 350 亿元。海山生态旅游岛岛屿整治及综合开发项目顺利开工入统，计划总投资额达 138 亿元。全年合同利用外资为 2.26 亿美元，实际利用外资为 1.53 亿美元，分别居台州市第二位和首位。

2.3.4　资源能源消耗

（1）水资源消耗。2019 年，玉环市总供水量为 1.073 4 亿 m^3，另外环境配水量为 0.067 0 亿 m^3，海水利用量为 19.653 8 亿 m^3。总用水量为 1.073 4 亿 m^3，其中地表水用水量为 1.071 3 亿 m^3，地下水用水量为 0.002 1 亿 m^3，人均综合用水量为 170.1 m^3/（人·a），农田灌溉亩均用水量为 329 m^3，万元 GDP 用水量为 17.4 m^3（当年价）。总耗水量为 0.527 9 亿 m^3，平均耗水率为 49.2%；其中，农田灌溉耗水量为 0.178 0 亿 m^3，占总耗水量的 33.7%；林牧渔畜耗水量为 0.031 1 亿 m^3，占总耗水量的 5.9%；工业耗水量为 0.092 4 亿 m^3，占总耗水量的 17.5%；城镇公共耗水量为 0.059 6 亿 m^3，占总耗水量的 11.3%；居民生活耗水量为 0.115 0 亿 m^3，占总耗水量的 21.8%；生态环境耗水量为 0.051 8 亿 m^3，占总耗水量的 9.8%（图 2-7、表 2-9）。

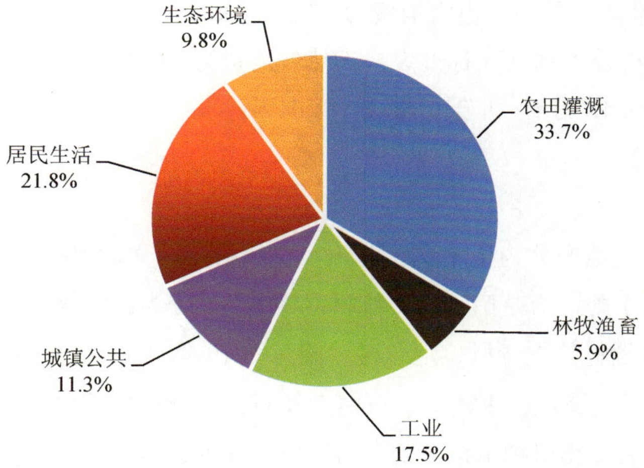

图 2-7　2019 年玉环市耗水量结构比例

表 2-9　2019 年玉环市供、用、耗水量情况

单位：亿 m^3

范围	供水	用水	耗水
玉环市	1.073 4	1.073 4	0.527 9

（2）土地资源消耗。2018 年，玉环市耕地面积为 10 599.02 hm^2，人均耕地面积为 0.25 亩/人。根据玉环市第三次国土调查，2018 年已经开发为城镇村、工矿、交通、水利设施的建设用地总规模为 11 066.68 hm^2，占陆域总面积的 21.7%，已超出上级下达指标，剩余可拓展开发建设的空间有限，主要集中在漩门三期未利用地空间。受地形地貌

影响，建设空间较为分散，各组团独立生长，各镇街发展建设相互独立，缺少市域层级的城市结构中心。

根据 2006 版玉环总体规划调查和近十年实测城镇用地增长趋势，2005 年城镇建设用地 41.07 km^2；根据总体规划修编调查，2017 年城镇建设用地为 55.07 km^2，比 2005 年增加 14 km^2，年均增长 1.17 km^2。

（3）能源消耗。2018 年，玉环市能源产业（规模以上工业企业）实现产值 85.4 亿元，增加值 26.1 亿元，占全市规模以上工业企业增加值的 14%，牵引带动全市 GDP 增长 0.43 个百分点。2018 年，玉环市清洁能源发电量为 4.57 亿 kW·h，折合 13.0 万 t 标准煤（等价值），占全市全社会供电量的比重已经达到 9.70%，在全省处于领先水平，且各类新能源开发利用覆盖面较广，涉及除核能外的大多数清洁能源应用。

玉环市能源消费以电力、石油、天然气、原煤等为主。2018 年，玉环市能源消费总量为 207.6 万 t 标准煤。其中，电力消费为 47.11 亿 kW·h，折合 57.9 万 t 标准煤；石油消费为 0.77 万 t，折合 1.15 万 t 标准煤；天然气消费为 686.78 万 m^3，折合 0.91 万 t 标准煤；原煤消费为 0.18 万 t，折合 0.13 万 t 标准煤。

2.3.5 历史文化状况

玉环市物质文化遗产分为历史文化名镇、传统村落、文物保护单位（文物点）。有省级历史文化名镇 1 处，为楚门镇；传统村落 3 处，1 处为国家级传统村落白马岙村，另外 2 处为省级传统村落大青村、炮台村。截至 2019 年 4 月，已公布的各级文物保护单位 20 余处，包括古遗址、古建筑、石窟寺及石刻、近现代重要史迹及代表性建筑等类型。其中，国家级文物保护单位 1 处，为坎门验潮所；省级文物保护单位 7 处，分别为三合潭遗址、纪恩诗摩崖题记、苔山寨城遗址、海山潮汐电站、玉环碉楼、泗边小鹿巡检司城遗址、《圣训诗》摩崖题记等，见表 2-10；县级文物保护单位 13 处，文物点 14 处。

表 2-10 省级以上历史文化保护单位

名称	级别	地址	公布文号	公布日期	备注
坎门验潮所	国家级	坎门街道灯塔社区平石岙	国发〔2013〕13 号	2013/3/5	第七批
三合潭遗址	省级	玉城街道南山村三合潭	浙政发〔2005〕18 号	2005/3/16	第五批
纪恩诗摩崖题记	省级	芦浦镇道头村深浦寿星山麓	浙政发〔2011〕2 号	2011/1/7	第六批
苔山寨城遗址	省级	清港镇凡塘苔山村东南山顶	浙政发〔2011〕2 号	2011/1/7	第六批
海山潮汐电站	省级	海山乡南滩村南滩自然村	浙政发〔2011〕2 号	2011/1/7	第六批

名称		级别	地址	公布文号	公布日期	备注
玉环碉楼	隔岭潘氏碉楼	省级	芦浦镇隔岭村潘家山头	浙政发〔2011〕2 号	2011/1/7	第六批
	尖山吴氏碉楼		芦浦镇尖山村尖山脚			
	分水梁氏碉楼		芦浦镇分水村蔡家芦岙路分水 40 号西面			
	东头碉楼		海山乡横床村东头岛东路 48 号			
	西跳碉楼		海山乡大青村西跳自然村			
	盐盘应氏碉楼		干江镇盐盘村 5 路			
	苔山碉楼		清港镇苔山村“苔山寨城遗址”东北方向百余米处			
	陈凤祥碉楼		楚门镇三联村小塘自然村田马老公社东北面			
	西岙陈氏碉楼		楚门镇东西村西岙炮台里 17 号南			
泗边小鹿巡检司城遗址		省级	沙门镇泗边村	浙政发〔2017〕2 号	2017/1/13	第七批
《圣训诗》摩崖题记		省级	玉城街道西山村牛脊岭	浙政发〔2017〕2 号	2017/1/13	第七批

玉环市非物质文化遗产包括民间文学、传统音乐、传统舞蹈、传统戏剧、曲艺、传统体育、游艺与杂技、传统美术、传统技艺、传统医药、民俗等。截至 2019 年 1 月，玉环市已公布的非物质文化遗产名录中，国家级非物质文化遗产有坎门花龙；省级非物质文化遗产分别为玉环渔民号子、坎门鳌龙鱼灯舞、玉环剪纸、延绳钓捕捞技艺、玉环鼓词等；有市级非物质文化遗产名录 30 余项，县级非物质文化遗产名录 80 余项。

第 3 章　美丽玉环建设成效与问题

3.1　美丽玉环建设成效

3.1.1　生态环境保护与治理成效显著

空气环境质量总体良好。近五年，玉环市空气质量良好，各类污染物年均浓度均达到《环境空气质量标准》（GB 3095—2012）二级标准，$PM_{2.5}$、PM_{10}、SO_2 年均浓度均呈明显下降趋势（表 3-1）。2016 年，$PM_{2.5}$ 年均浓度首次跻身全省前十行列。2018 年，$PM_{2.5}$ 年均值首次低于 25 μg/m³。优良天数逐年增加，仅轻度污染天数在 2015 年、2016 年和 2018 年出现反弹，其他各类污染天数基本呈逐年下降趋势。2018 年，玉环市优良天数为 351 d，占比 96.2%；轻度污染天数为 14 d，占比 3.8%（图 3-1）。

表 3-1　玉环市空气质量现状值

单位：μg/m³

序号	污染物	站点名称	浓度					二级标准	一级标准
			2014 年	2015 年	2016 年	2017 年	2018 年		
1	$PM_{2.5}$	玉环环监站	34	31	27	27	23	35	15
		楚门中心小学	40	38	36	29	25	35	15
2	PM_{10}	玉环环监站	51	49	47	44	41	70	40
		楚门中心小学	77	74	55	47	40	70	40
3	NO_2	玉环环监站	19	17	20	21	17	40	40
		楚门中心小学	17	22	35	28	15	40	40
4	SO_2	玉环环监站	19	10	5	4	4	60	20
		楚门中心小学	15	12	20	9	6	60	20
5	CO-95%/（mg/m³）	玉环环监站	1.9	1.3	1.2	1.0	1.0	4	4
		楚门中心小学	2.0	1.2	1.3	0.9	0.8	4	4

序号	污染物	站点名称	浓度					二级标准	一级标准
			2014 年	2015 年	2016 年	2017 年	2018 年		
6	O_3-8h-90%	玉环环监站	133	120	137	126	146	160	100
		楚门中心小学	84	101	137	88	135	160	100

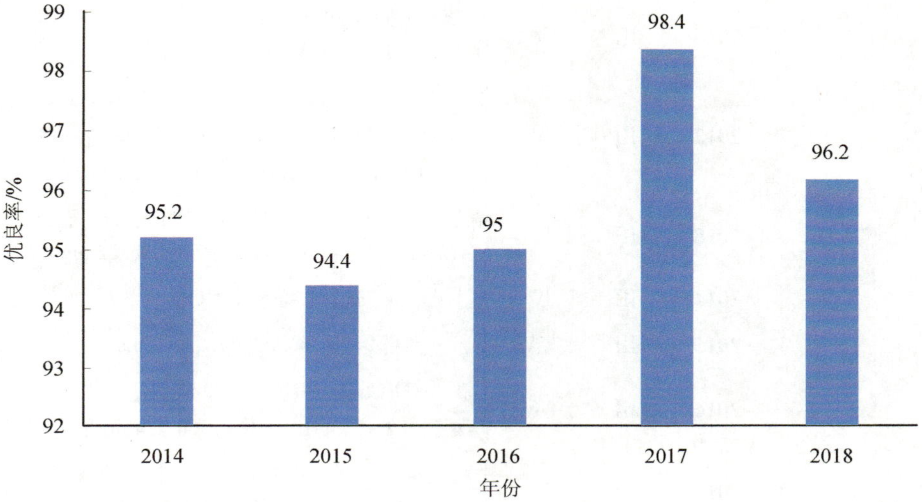

图 3-1　2014—2018 年玉环市 AQI 优良率变化情况

治水工作取得良好成效。玉环市水质不断改善，连续三年获得浙江省“五水共治”（河长制）工作优秀县（市、区）“大禹鼎”。河道、小微水体、市控以上断面水质持续向好，7 个市控以上劣Ⅴ类断面全部完成消劣，875 条列入整治的小微水体达到消劣标准并通过省市剿劣验收，18 个河道自动监测点监测数据显示，15 个点位水质明显改善，饮用水水源保护工作不断加强，上游工业企业污染隐患基本清除。与 2017 年相比，2018 年全市Ⅱ类水断面持平，Ⅲ类水断面持平，Ⅳ类水断面增加 13.3%，Ⅴ类水断面减少 13.3%，无劣Ⅴ类水断面，满足水功能区要求的断面比例上升 28.6%。8 个水库水质均为Ⅱ类，均能满足水域功能的要求。集中式饮用水水源地达标率为 100%。全市满足功能要求的断面增加 2 个（长屿闸、龙王闸断面均由Ⅴ类提升为Ⅳ类），全市交接断面水质评价结果为优秀，23 个自动监测点中 80%以上水质有显著提升，地表水环境质量改善情况居全省首位。市污水处理中心、大麦屿污水处理厂、沙门滨港工业城污水处理厂完成准Ⅳ类提标改造，全市城镇污水处理厂污水处理率、出水达标率分别提升 20%、10%以上（表 3-2、图 3-2）。

表 3-2 2014—2018 年玉环市各站点监测评价总结果

河流水库名称		年份	功能类别	水质类别	主要超标因子	是否达标
芳清河	泗头	2014	III	IV	COD_{Mn}、COD_{Cr}	否
		2015	III	V	氨氮、总磷	否
		2016	III	V	氨氮（1.97 mg/L）、总磷（0.302 mg/L）、五日生化需氧量（5.16 mg/L）	否
		2017	III	IV	氨氮（1.32 mg/L）、总磷（0.263 mg/L）、五日生化需氧量（4.26 mg/L）、化学需氧量（21.0 mg/L）、石油类（0.124 mg/L）	否
		2018	III	IV	氨氮（1.33 mg/L）、总磷（0.28 mg/L）、五日生化需氧量(4.4 mg/L)、化学需氧量(22 mg/L)	否
楚门河	西岙	2014	III	IV	氨氮、总磷、COD_{Cr}	否
		2015	III	劣V	氨氮、总磷、COD_{Mn}、COD_{Cr}	否
		2016	III	劣V	高锰酸盐指数（7.72 mg/L）、氨氮（2.47 mg/L）、总磷（0.224 mg/L）	否
		2017	III	IV	高锰酸盐指数（6.03 mg/L）、化学需氧量（22.5 mg/L）、氨氮（1.24 mg/L）	否
		2018	III	IV	五日生化需氧量（4.4 mg/L）化学需氧量（23 mg/L）	否
	龙王	2014	IV	V	氨氮、总磷、COD_{Mn}、COD_{Cr}	否
		2015	IV	劣V	氨氮、总磷、COD_{Mn}、COD_{Cr}	否
		2016	IV	劣V	氨氮（3.05 mg/L）、总磷（0.356 mg/L）、五日生化需氧量（6.30 mg/L）	否
		2017	IV	V	总磷（0.342 mg/L）	否
		2018	IV	IV	—	是
玉坎河	城南	2014	IV	V	氨氮、总磷、COD_{Mn}、COD_{Cr}	否
		2015	IV	劣V	氨氮、总磷	否
		2016	IV	劣V	氨氮（3.12 mg/L）、总磷（0.469 mg/L）	否
		2017	IV	V	氨氮（1.82 mg/L）	否
		2018	IV	V	氨氮（1.90 mg/L）、总磷（0.37 mg/L）	否
	礁头闸	2014	IV	IV	—	是
		2015	IV	IV	—	是
		2016	IV	IV	—	是
		2017	IV	IV	—	是
		2018	IV	IV	—	是

河流水库名称		年份	功能类别	水质类别	主要超标因子	是否达标
庆澜河	长屿闸	2014	Ⅳ	Ⅴ	氨氮、COD_{Cr}、总磷、COD_{Mn}	否
		2015	Ⅳ	Ⅴ	氨氮、COD_{Crr}、总磷、COD_{Mn}	否
		2016	Ⅳ	Ⅴ	氨氮（1.96 mg/L）、总磷（0.351 mg/L）	否
		2017	Ⅳ	Ⅴ	氨氮（1.79 mg/L）、总磷（0.336 mg/L）	否
		2018	Ⅳ	Ⅳ	—	是
青沙河	青马	2014	Ⅲ	Ⅳ	总磷、COD_{Mn}	否
		2015	Ⅳ	Ⅴ	氨氮、总磷	否
		2016	Ⅳ	劣Ⅴ	氨氮（2.26 mg/L）、总磷（0.301 mg/L）	否
		2017	Ⅳ	Ⅳ	—	是
		2018	Ⅳ	Ⅳ	—	是
龙溪水库		2014	Ⅱ	Ⅱ	—	是
		2015	Ⅱ	Ⅱ	—	是
		2016	Ⅱ	Ⅱ	—	是
		2017	Ⅱ	Ⅱ	—	是
		2018	Ⅱ	Ⅱ	—	是
双庙水库		2014	Ⅱ	Ⅱ	—	是
		2015	Ⅱ	Ⅱ	—	是
		2016	Ⅱ	Ⅱ	—	是
		2017	Ⅱ	Ⅱ	—	是
		2018	Ⅱ	Ⅱ	—	是
石门坎水库		2014	Ⅱ	Ⅱ	—	是
		2015	Ⅱ	Ⅱ	—	是
		2016	Ⅱ	Ⅱ	—	是
		2017	Ⅱ	Ⅱ	—	是
		2018	Ⅱ	Ⅱ	—	是
芳杜水库		2014	Ⅱ	Ⅱ	—	是
		2015	Ⅱ	Ⅱ	—	是
		2016	Ⅱ	Ⅱ	—	是
		2017	Ⅱ	Ⅱ	—	是
		2018	Ⅱ	Ⅱ	—	是
小闾水库		2014	Ⅱ	Ⅱ	—	是
		2015	Ⅱ	Ⅱ	—	是

河流水库名称	年份	功能类别	水质类别	主要超标因子	是否达标
小闾水库	2016	II	II	—	是
	2017	II	II	—	是
	2018	II	II	—	是
里墩水库	2014	II	II	—	是
	2015	II	II	—	是
	2016	II	II	—	是
	2017	II	II	—	是
	2018	II	II	—	是
小陈岙水库	2014	II	II	—	是
	2015	II	II	—	是
	2016	II	II	—	是
	2017	II	II	—	是
	2018	II	II	—	是
玉潭水库	2014	II	II	—	是
	2015	II	II	—	是
	2016	II	II	—	是
	2017	II	II	—	是
	2018	II	II	—	是

注：以上评价数据为年均值。

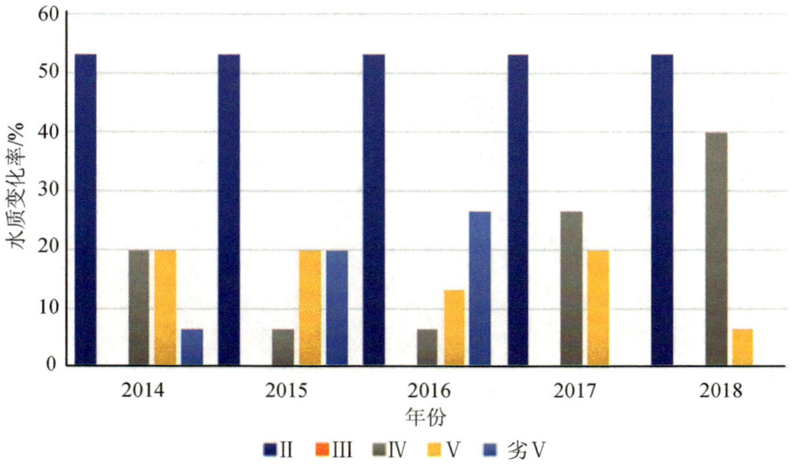

图 3-2 2014—2018 年玉环市断面水质变化情况

净土保卫战稳步推进。不断深化土壤风险管控措施，大力推进土壤先行区建设，健全完善覆盖全市的土壤监控监测体系。狠抓危险废物产生、贮存和转移全周期管理，推行危险废物规范化管理，清理整顿废弃电子产品、废轮胎、废塑料、家电拆解、废旧衣服五大再生利用行业，在 13 家产生危险废物的企业建成视频监控平台并联网，每月至少对处置单位开展 1 次专项检查，启用危险废物（污泥）全过程监控系统，完成市乳化液处置公司等 5 家规范化管理标杆企业培育，危险废物处置利用率达到 100%。提升土壤防控能力，先后购入省内环保系统土壤及地下水采样仪器等土壤监测设备，基本建成重点区域（领域）土壤环境监控检测体系。

生态保护建设工作卓有成效。坚持“绿水青山就是金山银山”理念，以中心山体、大型公共绿地、生态公益林和湿地为基础，以沿道路、水系、海岸线等生态廊道为依托，提升生态功能保障能力，构建“一环四区、三带多点”生态安全格局。近 10 年投入资金约 13 亿元，新增林木覆盖面积 3 万多亩，被评为“浙江省森林城市”，是全省第三个实现市域省级森林城镇全覆盖的县（市、区）。构筑了以红树林为特色的沿海防护林，种植面积达到 1 800 多亩，是我国种植面积较大的红树林景观区。漩门湾国家湿地公园建设稳步推进，丰富生物多样性、改善水质等方面成效显著，公园内鸟类种类已由试点前的 137 种增加到 154 种，其中黑脸琵鹭、黑嘴鸥等国家一级、二级保护鸟类达 15 种，世界濒危水鸟黑脸琵鹭连续三年达到全球整个种群数量的 3%，主体水质达到Ⅲ类标准，获得“中国生态保护最佳湿地”称号。

环境监测管理能力不断加强。全力推进网格化监管，在乡镇网格下共建立 422 个子网格，建立了玉环市环境保护网格化监管工作的监管运行制度，搭建了玉环监管数据大平台，对镇、村两级网格化工作实行综合考核评价制度，对镇、村两级网格运行进行定期评价，并按照评价结果实行差异化的专项资金补贴。同时，不断加强环境监测能力。全市 12 个乡镇、街道及开发区建立大气环境质量自动监测站，$PM_{2.5}$、臭氧等六参数是每个站点的必测因子，依据站点不同增加二氧化硫、氮氧化物、VOCs 等监测指标，对环境空气质量进行全面监测。在原有的 18 个乡镇水质出境断面自动站基础上，新增 5 个自动站，目前均已建成投用。所有水气自动站监测数据，通过电台、广播、网页、手机 App、微信公众号对外发布，让市民可以从手机上直接查看空气、地表水质量状况。

3.1.2 绿色高质量发展动力强劲

经济发展质量不断升级。围绕工业强市战略，创新转型深入推进，经济高质量发展态势不断加强。玉环市先后被授予“中国汽车零部件产业基地”“国家汽车及零部件出口基地”“浙江省汽摩配品牌基地”“中国汽车零部件出口基地”等 11 块国家级金字招牌。2018 年，玉环市建设了水暖阀门供应链一体化创新基地，水暖阀门产业创新服务综合体列入省级创建名单，国家重点扶持高新技术企业突破 100 家，新增省级科技型中小企业 270 家、上云企业 1 941 家，“两化”融合发展指数位列全省第一梯队。玉环市不断推进产业融合发展，成立全省首家县级服务业联合会，中国（玉环）国际机床展升格为国字号展会。

表 3-3 全国—浙江—玉环 2011—2018 年国内生产总值变化对照

年份	全国 GDP/亿元	增幅/%	浙江省 GDP/亿元	增幅/%	玉环市 GDP/亿元	增幅/%
2011	473 104	9.3	32 319	9	359.47	16.2
2012	519 322	7.8	34 606	8	372.23	3.5
2013	568 845	7.7	37 568.5	8.2	403.05	8.3
2014	636 463	7.4	40 154	7.6	423.68	5.1
2015	676 708	6.9	42 886	8	438.7	5.0
2016	740 061	6.7	47 251	7.6	465.1	6.0
2017	820 754	6.8	51 768	7.8	504.7	8.5
2018	900 309	6.6	56 197	7.1	580.8	6.8

产业融合水平不断提升。围绕“产业议题、共生共荣”理念，以工业振兴带动第一产业、拉动第三产业，实现三次产业联动提升，重点发展现代金融、文化创意、检验检测等业态。金融支持经济力度不断加大，创新免还本金直接续贷等模式，成立了科技银行、人才银行、民资转贷公司，2018 年信保基金玉环分中心为小微企业承保 19 亿元，全市本外币各项存款余额 691 亿元、贷款余额 550.2 亿元，分别增长 11.6%、10.8%。特色农业稳步发展，现代农业园区纳入省级创建名单，粮食功能区提标改造 2 285 亩。农村集体产权制度改革列入国家试点，基本完成农村土地承包经营权确权登记颁证。建成全国首个海捕虾全产业链海上加工中心，成立全省首个县级海洋产业子基金。现代旅游业不断发展，推动漩门湾国家湿地公园创建国家 4A 级景区，清港大雷山、芦浦百丈岩、干江栈头渔村创建国家 3A 级景区，支持鸡山创建省级旅游风情小镇，实质性启动海山国际旅游岛建设。编制海景村落保护规划，推动民宿经营规范化、产业化，扶持民宿型农家乐特色村发展。实现全市旅游总产值增长 15%以上。

营商环境不断优化。积极应对国内外复杂形势，不断优化营商环境，出台《支持民营经济健康稳定发展的实施意见》《促进外贸稳定发展若干措施》等扶持政策，多次组织企业参加境内外展会，2018 年实现外贸出口 266.2 亿元，居台州市第三位。以提升传统制造业为主线，出台了工业经济“1+X”“股改 10 条”“上市 10 条”“人才 32 条”“科技 35 条”等一系列力度大、含金量高的工业发展政策，兑现扶持资金 1.2 亿元，减免税费 11 亿元。加大对企业的服务力度，开展了“大走访、大调研、大服务”“五问入企、五心服务”等一系列活动，累计走访企业 1 200 多家次，帮助协调解决问题 1 500 多个，兑现各类工业性扶持资金 2.1 亿元，为企业减负 13.6 亿元。

3.1.3 生态文化建设不断深入人心

生态文化建设不断推进。大力提倡生态文化建设，成功创建国家级生态乡镇（街道）9 个，省级生态乡镇（街道）11 个，2015 年被列入国家级海洋生态文明建设示范区。目前，共有省级绿色学校 15 个，省级绿色社区 5 个，省级和台州市级生态文明教育基地各 2 个。玉环市楚门镇东西村先后获得“浙江省生态文化基地”“浙江省特色农家乐示范村”“浙江省市文化示范村”“全国生态文化村”等荣誉称号。建成市文化馆、公共图书馆、市图书馆新馆、博物馆和档案馆新馆，形成了“1 家市级图书馆+7 家乡镇分馆+4 家和合书吧+276 家农家书屋”的图书馆总分馆体。

文旅结合工作不断深入。结合自身特色，形成特色文化和品牌，荣获“中国东海渔仓”“中国东海带鱼之乡”“中国东海鳗鱼之乡”“中国休闲垂钓之都”“中国小型‘专特精’机床生产基地”“中国汽车零部件出口共建基地”等称号，吸引了大量游客前来。2018 年，玉环市成功举办中国台州唐诗之路——2018 玉环文旦旅游节等主题活动，全年接待旅游总人数突破 1 000 万人次，旅游总收入突破 100 亿元，分别比上年增长 13%、15%，玉环旅游知名度、美誉度不断提升。同时，玉环市建成农村文化礼堂 38 家，全省首个融入非遗元素的大型舞台剧“玉环映象”成功展演。

3.1.4 人居环境得到全面改善

卫生城市创建工作不断突破。近些年，玉环市围绕“我爱我家”环境大整治大提升行动，实现省级卫生乡镇全覆盖，清港、沙门创成国家卫生乡镇。获评全省小城镇环境综合整治优秀单位，大麦屿、清港、龙溪入选省级样板名单。开展了环境卫生集中整治、“厕所革命”、春季病媒防控及倡导健康生活方式等系列活动，推动创建国家卫生城市工作向纵深发展。污水零直排区建设稳步推进，创成省级“清三河”达标市。

城乡环境基础设施建设不断加快。全面打响“公厕革命”“物业革命”“垃圾革命”，推动城区公厕新建、改造任务，完成公厕改造 100 座以上，实现农村公厕应改尽改。全面实施生活垃圾分类工作，推进城区生活垃圾源头减量，获评省农村生活垃圾分类处理工作优胜市。垃圾焚烧发电厂二期工程、一般工业固体废物和飞灰填埋场开工建设，餐厨垃圾处理中心基本建成，10 个示范小区启动垃圾分类市场化运作，创建城镇生活垃圾分类省级示范小区 3 个、台州市级示范小区 17 个，新建和改造城区公厕 20 座、农村公厕 402 座，“智慧物业”应用水平居台州市前列。农村生活污水应纳尽纳城镇污水管网，台州市南部湾区引水工程全线动工。

小城镇环境整治成效显著。玉环市各镇、乡（街道）以拆开路，集中对“两路两侧”、城乡接合部、农贸市场等重点区域严重影响城镇形象的乱搭建、乱堆放、乱拉线行为及“低小散”行业进行全面整治，大力改善城镇面貌。全面实施“一加强三整治”（即加强规划设计引领，整治环境卫生、整治城镇秩序、整治乡容镇貌）以及 12 个专项行动，使小城镇环境质量全面改善，服务功能持续增强、管理水平显著提高，乡容镇貌大为改观、乡风民风更加文明、社会公认度不断提升。

拆违治危行动持续发力。坚持以拆开路，拆改结合，持续深化区块拆违、集中拆违、整村拆违，聚焦十大重点区域，开展以道路两侧、沿河两侧、消防安全隐患、违建房改造、老旧工业点、历史违法用地案件等为主题的拆违，持续加强危旧房改造治理，全速推进老旧工业点改造提升。每月开展两次集中拆违行动，20 个老旧工业点违法建筑基本实现“清零”。改造老旧工业点，拆除一批违法建筑，清除一批城乡“脏乱差”，消除一批安全隐患。拆违完成率和拆后土地利用率均居台州市前列。

3.1.5 社会现代化治理能力不断提升

不断强化美丽玉环顶层设计。玉环市委、市政府围绕美丽玉环建设建立了一系列的体制机制，持续完善美丽玉环顶层设计，发布了《中共玉环市委关于推进新时代美丽玉环建设的决定》，先后编制了《玉环县“十三五”环境保护规划》《玉环县饮用水水源地环境保护规划》《玉环县生态环境功能区规划》《全市绿化建设总体规划》《玉环市生态文明建设规划》，并经市人大批准实施。成立了“美丽玉环”建设工作领导小组和污水共治工作领导小组，总体协调推进玉环生态文明建设和美丽玉环建设工作。印发实施水、大气、土壤污染防治行动计划，强化美丽玉环的支撑保障。

不断加大环境行政执法与司法联动力度。积极建立环境执法与司法良性互动机制，加强公安、生态环境主管部门联合执法，充分发挥人民检察院在生态环境保护工作的法律监督职能，印发实施了《玉环市人民法院 玉环市环境保护局关于建立环境执法与司法协调联动办公室工作制度的通知》《玉环市人民检察院 玉环市环境保护局关于建立环境保护行政执法与司法联动机制的通知》，成立了市人民法院与市环境保护局环境执法与司法协调联动办公室（常设在市环境保护局），建立了玉环市公安局驻市环境保护局工作联络室，设立了人民检察院派驻环保部门检察官办公室，检察官办公室设在玉环市环境保护局。其间查处违法行为 259 起，移送公安案件 32 件，刑事拘留 29 人，行政拘留 12 人，检察院起诉 7 人，法院判决 5 人。

率先探索排污权资产化试点工作。大力推进排污权资产化试点，并获得上级肯定，并在《中国环境报》等环境主流报纸上报道。玉环市将排污权资产化试点作为生态文明体制改革的先行区，通过改革排污权交易体制，构筑二级交易市场，激发了企业内生环境治理动力。2017 年年底，玉环市首次尝试第一期 16 t 化学需氧量和 3 t 氨氮的政府储备排污权竞拍，总成交额共 50 万元。

积极落实“区域环评+环境标准”改革。在浙江省政府有关文件精神的指导下，积极推进“区域环评+环境标准”改革，印发《玉环市“区域环评+环境标准”改革实施方案（试行）》（玉政办发〔2017〕66 号），对负面清单外且符合环境标准的项目，根据建设项目对环境影响的程度实施免办环评手续、网上在线备案、精简环评内容、实行承诺备案和同步验收等多项改革措施。改革实施后，初步估计减少了区域内 80%的环评审批项目，减少了 60%的项目申报材料，审批实效提速 50%，可以有效提升环评审批管理效能，为实现玉环市建设项目环保审批提速增效、便捷服务和“最多跑一次”改革，营造更好的发展环境提供了保障。

3.2 美丽玉环建设存在的问题

3.2.1 国土空间狭小，功能分区杂乱

玉环市陆域面积仅为 420.49 km^2，与之相比，百强县前十名县市的陆域面积大都在 1 000 km^2 左右，其中最小的晋江市也达到 649 km^2。玉环市的地貌特点为“七山一水两分田”，丘陵和山地约占陆域面积的 68%，余下 32%的平地上分布着大量水面和滩涂，全市 83.3 km^2 的基本农田也主要位于这些区域，因此可用于生产、生活的建设用极其紧缺。玉环市早期实施以工业为先导的低质化城镇外延扩张，工业、农业、服务业、居住等功能区布局缺乏科学规划，导致了定位不清、分区杂乱、无序蔓延等问题。以作为主城区的玉城街道为例，由于受地形所限，平整土地面积较小，无法继续拓展，同时老旧工业点较多，规划布局零乱，乱搭乱建普遍。工业区大量存在着“村、企”混居现象，呈现产业无序蔓延、单体规模偏小、要素配套不全、散乱污严重等特点，部分落后产业未及时淘汰，“活”下来的企业未能及时入园，不能形成高效的产业链，降低了土地利用效率，且管理难度大、管理成本高。这些问题在坎门街道、楚门镇等部分农村地区较为突出。农业区土地利用分散，资源环境承载能力相对较弱，环境容量不大，区域特色

不明显，资源要素松散，配套设施薄弱，不同类型的农业产业没有依据地形地貌特点因地制宜地发展。

3.2.2 产品附加值低，产业升级任务艰巨

第一产业方面，农业因土地面积所限规模较小，渔业虽然产品种类多、品质好，但相对于第二产业规模依然不大，2019 年 GDP 占比仅为 2.3%。第二产业方面，玉环市的制造业规模较大，汽车及摩托车零配件、阀门等产业在全国占有一定的市场份额。2018 年，全市汽车零部件实现产值 564 亿元，水暖阀门行业产值 349.79 亿元，汽车制造业产值 186 亿元。但由于玉环的汽摩配以及阀门产品大多属于低端产品，附加值不高。同时，信息化和工业化融合度较低，导致企业自动化、智能化制造发展速度缓慢，具有核心竞争力的产品较少，大多数企业创新、创牌意识薄弱，技改投入能力有限，很多企业停留在贴牌生产或模仿生产水平，产品原创性不够，缺乏市场竞争力。第三产业方面，仍以传统型服务业为主。主要集中在物流、交通运输、本地金融与通信等领域，业务范围主要限于玉环市本地。生产性服务业发展相对滞后，高端生产性服务业与周边发达城市相比存在较大差距，且与玉环市优势制造业现状明显不相适应。

产业层次不高，产品附加值低，还导致资源利用效率问题相对突出。2019 年，全市万元 GDP 用水量为 17.4 m^3，万元工业增加值用水量为 8.3 m^3，虽远低于全国平均水平（66.8 m^3、41.3 m^3，2018 年）和浙江省平均水平（30.9 m^3、21.5 m^3，2018 年），但是由于玉环市水资源长期紧张，2019 年仅占台州市水资源量的 3.17%，进一步提升水资源利用效率始终是玉环市面临的重要挑战。能耗方面也存在进一步降低的空间，2018 年玉环市万元 GDP 能源消耗 0.382 t 标准煤，与之相比，同时期慈溪市的能耗为 0.128 t 标准煤，温州市为 0.33 t 标准煤，杭州市为 0.317 t 标准煤。土地资源利用方面，尽管土地资源极为紧张，但玉环市土地利用水平并不优于周边地区，2018 年单位建设用地 GDP 产出为 36.5 万元/亩，与同时期的乐清市的 37.8 万元/亩以及瑞安市的 39.2 万元/亩相比仍有差距。

玉环市要进一步做大做强，必须推动传统产业转型升级，但升级之路充满挑战。人才是产业升级的核心要素，玉环市较低的人才聚集度是导致创新能力不足的首要原因。长江下游区域的中高端人才主要集中在上海、杭州、苏州、南京、合肥、宁波等区域中心城市，玉环市与这些城市距离较远，不但人才聚集效应低，而且享受中心城市人才溢出红利的机会也相对短缺。玉环市科技投入相对较低，导致技术积累不足，2019 年全市科技研发经费投入的 GDP 占比为 1.94%，不但低于 2018 年浙江省平均水平（2.57%），也低于 2018 年全国平均水平（2.19%）。

3.2.3 环境质量持续改善难度大，基础设施建设存在缺口

虽然近年水质改善较明显，但地表水水质问题仍相对突出，河流总体水质为轻度污染，氨氮、总磷、五日生化需氧量、化学需氧量均存在超标现象，7 个市控断面中Ⅳ类水断面占 71.4%，Ⅴ类水断面占 14.3%，且水质稳定性差，城南、长屿闸断面返劣风险较大，持续改善难度大。大部分河道水源性缺水严重，无过境水流，地表水水源和水流量受自然条件、降水量等因素影响，导致水面波动幅度大，河流蓄水能力和河道生态系统稳定性差，生态补水不足，枯水季节水体自净能力较差，影响水环境质量。2019 年，近岸海域 4 个监测片区中，大麦屿海域水质为劣四类，坎门海域为四类，不符合功能区要求的海域面积占监测海域面积的 66.7%，海域富营养化状况较严重。城镇污水处理设施的部分配套截污管网建设不完善，排水管网建设布局规划不统一，存在雨污混流、合流现象，雨水管网存在管网移位、破损、断裂等现象，“污水零直排”建设存在一定缺口，目前城市生活污水集中收集率仅为 63.65%。农村生活污水处理设施建设存在多、散等特点，终端设施大多建设于 2014 年、2015 年，老化、损坏加快，设施管理运行维护难度大。

大气污染防治尚存在部分突出问题，铸造、表面处理等行业落后生产工艺装备淘汰需要深入推进；家具、机电汽摩配等工业涂装和橡胶、塑料制品业的 VOCs 减排技术手段欠缺，治理难度较大；工地道路矿山扬尘、柴汽油车辆尾气、家具橡胶企业违规排放等问题造成城市局部 $PM_{2.5}$ 浓度较高；O_3 浓度总体呈上升趋势，成为城市空气质量持续改善工作所面临的首要污染因子。

3.2.4 生态服务能力受损，“绿水青山”和“金山银山”转化途径有限

近年来，玉环市大力开展绿化建设，海岛、岸线与滩涂湿地的生态修复也在进行中，生态环境不断改善，但是生态服务能力依然存在很大欠缺。2019 年，玉环市森林覆盖率为 39.42%，虽远高于全国平均水平，但明显低于 61.2%的浙江省平均水平。由于长期频繁的人为活动与自然灾害，当地原生植被几乎破坏殆尽，现状植被以人工林为主，生态稳定性较差，生物多样性保护和水源涵养功能较弱。随着城市的快速发展，全市大量的生态资源和生态空间被占用，生态用地与生产建设用地混杂，野生动植物栖息地退化、人工化严重，部分丘陵地区有较多的农村和农业人口聚集，景观格局破碎化程度不断加大，降低了生态空间的服务能力，也为生态保护红线划定和管理带来困难。多数海岛土层瘠薄，立地条件恶劣，生态系统较为脆弱，一旦被破坏，短期内难以恢复。海防海岸工程、港口码头、道路及填海造地等占用海岸线，降低了海岸线的整体生态服务能力。

虽然“绿水青山就是金山银山”的理念在玉环市早已深入人心，但是把“绿水青山”转变为“金山银山”的途径尚不丰富。玉环市在以文旦栽培、大黄鱼养殖（海上牧场）为代表的物质型转化领域已经做出了诸多亮点，但在覆盖推广方面尚有不足；以旅游、休闲、养生为代表的身心享受方面的转化途径已开始显现，但是还处在初级阶段，有待进一步提升；“绿水青山”还可以激发创造灵感，以此为依托发展研发设计和创意等生产性服务业方面的转化途径尚不明显，未来需要着力引导。

3.2.5 海湾城市风貌特色不鲜明，绿色低碳元素体现不足

玉环市坚持规划引领，大力推进老城改造工程，仍面临城区特色亮点不明显、海岛城市特色不突出等诸多短板。居住区与工业区混杂问题突出，人居环境满意率仅为62%。老城改造仍处于起步阶段，大部分属于大拆大建，较少注重局部微改造、微更新。现有公园面积偏小且分布不均匀，尚未形成大、中、小相结合的公园体系结构。居住区和城市道路绿地率较低且绿化质量不高，不能很好地融入城市绿地系统之中。绿色消费理念认识远未到位，享受型消费渐成时尚，产品过度包装及一次性产品大量消费和使用造成资源浪费。海绵城市建设缺乏专项资金支持，建设进度迟缓，距离浙江省县级市 2020 年建成区 20%以上的面积达到海绵城市建设要求仍有一定差距。

3.2.6 传统文化与新时代精神衔接不足，生态文化融入度不高

城市文化的凝聚力和向心力不够，传统文化的扬弃与新时代精神的培育结合点不足。工业经济发展过程中形成的工匠精神对经济振兴起到重要作用，但是尚没有形成全社会的强大精神力量和共识，没有形成全社会有意识的行为动力。创新精神和开拓精神需要进一步培育和挖掘。生态意识普及和提升与生态文明建设的要求尚有差距，公众对生态文化的认知度仍然较低。2019 年，生态环境公众满意度为 82.02%，公众参与度为 70.93%，整体水平不高，且相比 2018 年均有所下降。生态旅游、美丽城镇等建设需要与生态文化深度融合。

3.2.7 山海岛特点导致环境复杂性高，生态环境管理难度大

玉环市三面环海，具有山、水、林、田、海、岛多种环境要素，工业发达、产城交融、土地匮乏，环境复杂性高，导致生态环境监管难度较大，环境治理能力和体系需要进一步提升。生态环境保护责任落实机制不完善，“党政同责”“一岗双责”尚未完全到位，生态文明理念没有深度融合到经济发展中。责任追究制度、生态环境损害赔偿制度尚不健全。部门间横向联动和协调度不强，未形成系统优势。生物多样性保护工作基础

薄弱，本底不清。未建立生态产品价值核算体系和价值实现机制。重点生态环境信息公开范围有限，跨部门信息公开和共享机制尚不完善。企业环境信用评价制度、环境信息披露制度不健全。公众参与环境保护的广度和深度远远不够，公众参与配套政策有待细化，政府对参与者、监督者与举报者支持和保护的相应政策激励与保障不足。政府、企业、公众多方共治的格局尚未形成。监测、监管的智能化、信息化水平不足，距离实现治理能力现代化还有一定距离。

第 4 章　环境与人体健康风险评价

4.1　玉环市居民健康状况分析

根据《台州市 2019 年居民健康报告》显示，2019 年台州市户籍居民人均期望寿命为 80.58 岁，与 2018 年相比增加 0.67 岁。户籍人口死因前五位依次是恶性肿瘤、脑血管病、呼吸系统疾病、心脏病、损伤和中毒，占总死亡数的比例为 85.52%。2019 年，玉环市户籍居民人均期望寿命为 77.94 岁，比 2018 年增加 0.66 岁，低于台州市户籍居民人均期望寿命，略高于中国居民人均期望寿命。玉环市期望寿命在 2014 年、2015 年、2017 年下降，在 2018 年开始有一个明显的回升（图 4-1）。玉环市居民健康素养高于浙江省平均水平。玉环市疾控中心监测数据显示，2018 年玉环市居民健康素养水平为 25.27%，相比全国（17.06%）的平均水平高出了 8.21 个百分点。

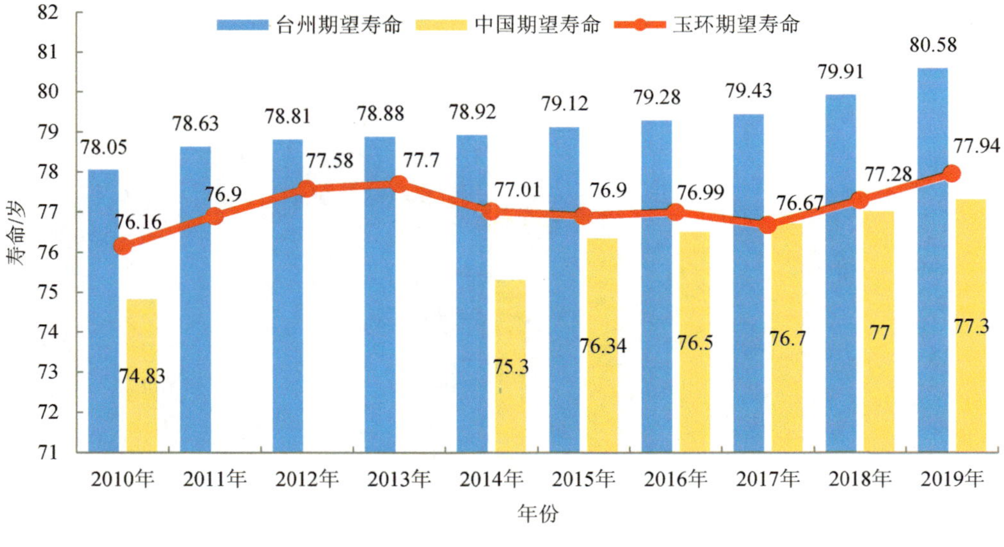

图 4-1　2010—2019 年玉环市居民期望寿命变化

注：2011—2013 年中国期望寿命数据在相关统计年鉴中未列出。

2019 年玉环市户籍人口共死亡 2 777 人，总死亡率为 6.36‰，低于 2019 年全省平均水平（6.45‰）。主要死亡原因为慢性非传染性疾病（简称慢性病），占比超八成。前五位死因依次是恶性肿瘤、脑血管病、损伤和中毒、心脏病、呼吸系统疾病，占总死亡数的 83.04%（图 4-2）。其中，恶性肿瘤是玉环市户籍居民的首位死因，占死亡总数的 33.33%，2019 年全市恶性肿瘤死亡率为 204.23/10 万，居前五位的恶性肿瘤依次为肺癌、肝癌、肠癌、胃癌和胰腺癌，占恶性肿瘤死亡数的 66.14%；2014—2018 年，玉环市肺癌和甲状腺癌的发病率相对较高，肺癌的发病率从 64.45/10 万增长到 82.24/10 万（图 4-3）。脑血管病是玉环市户籍居民死亡的第二位原因，占总死亡数的 21.9%，2019 年全市脑血管病死亡率为 134.16/10 万；损伤和中毒是玉环市户籍居民死亡的第三位原因，2019 年全市损伤和中毒死亡率为 64.78/10 万，损伤和中毒前三位死因依次是意外跌落、机动车辆交通事故和自杀；心脏病是玉环市户籍居民死亡的第四位原因，2019 年全市心脏病死亡率为 62.03/10 万，其中主要为冠心病和急性心肌梗死；呼吸系统疾病是玉环市户籍居民死亡的第五位原因，2019 年全市呼吸系统疾病死亡率为 43.65/10 万，处于前三位的呼吸系统疾病依次为慢性下呼吸道疾病、慢性支气管肺炎和肺炎。

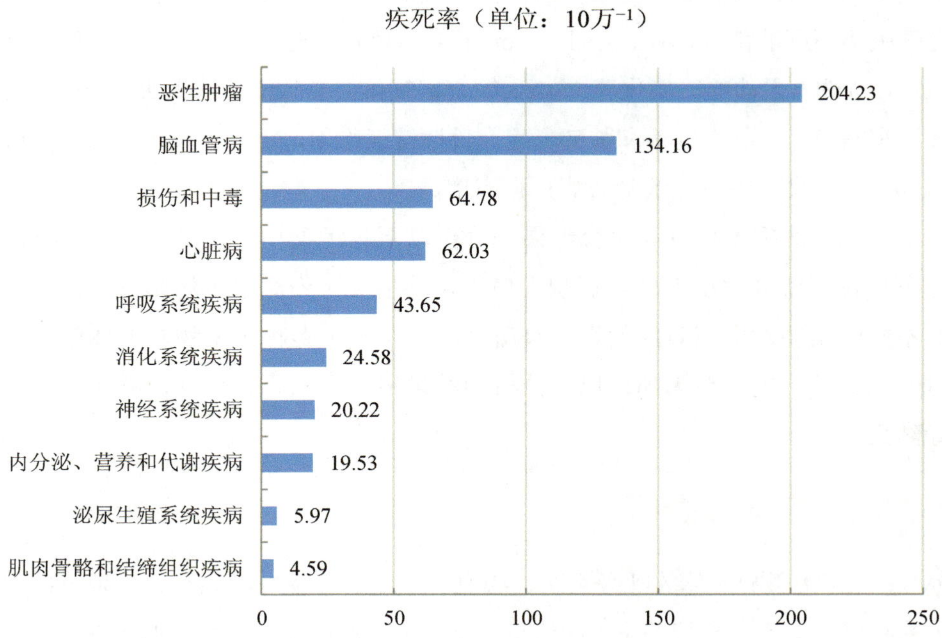

图 4-2　2019 年玉环市居民前十死因顺位

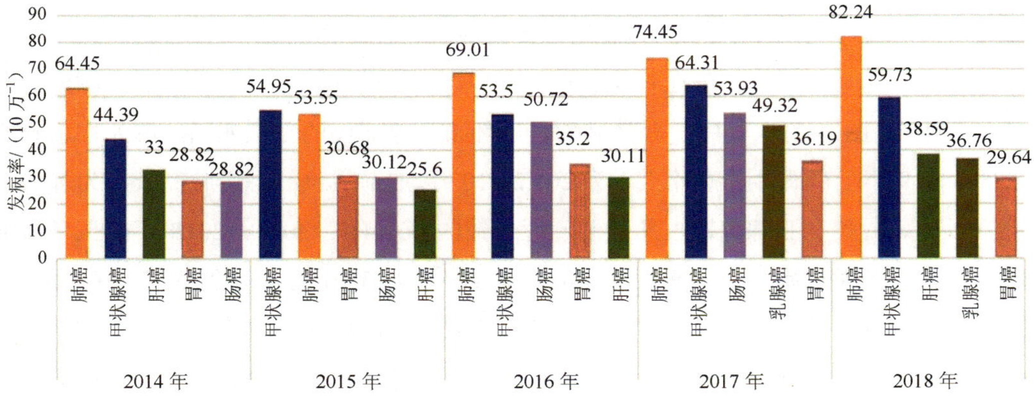

图 4-3 2014—2018 年玉环市肿瘤发病率情况

4.2 大气污染对居民健康的影响分析

空气中的可吸入颗粒物可随人体呼吸空气而进入肺部，以碰撞、扩散、沉积等方式滞留在呼吸道不同的部位，粒径小于 5 μm 的多滞留在上呼吸道。滞留在鼻咽部和气管的颗粒物，与进入人体的二氧化硫（SO_2）等有害气体会导致慢性鼻咽炎、慢性气管炎，损伤肺泡和黏膜，引起支气管和肺部炎症。长期持续作用，还会诱发慢性阻塞性肺部疾患并出现继发感染，最终导致肺心病死亡率增高。

基于文献中的模型估算和研究结果，分析以下各污染物对居民健康的影响，其中按玉环市户籍人口 43.66 万估算影响人口数量。空气污染对健康的影响存在时间滞后效应，不同污染物对健康效应的影响有所不同，空气中多种污染物对人体健康的影响是同时发生的，不能简单累加。以下分析的结果根据文献研究得到，不代表当前时间段实际结果。

4.2.1 $PM_{2.5}$ 对居民健康的影响

$PM_{2.5}$ 会直接影响人体的呼吸系统、心血管系统、中枢神经系统、生殖系统，同时与人体的肺癌发生率有直接关系。由清华大学、美国健康影响研究所联合发布的《2010 年全球疾病负担评估》指出，$PM_{2.5}$ 形式的室外空气污染所导致的公共健康风险每年在全球导致 320 多万人过早死亡及超过 7 600 万健康生命年（1 个人减少 1 年寿命为 1 健康生命年）的损失。根据陈竺估测，中国每年因室外污染导致的早死人数在 30 万～35

万人。美国康奈尔大学查理斯·戴森应用经济与管理学院李善军的研究[1]显示，大气中的 $PM_{2.5}$ 质量浓度平均每上升 10 μg/m^3，中国人就会为此多付出每年 750 亿元人民币的额外医疗费用。国内研究者[2]发现 $PM_{2.5}$ 质量浓度的上升可促使慢性阻塞性肺疾病和哮喘发作，$PM_{2.5}$ 每升高 10 μg/m^3，其每日入院人数分别增加 0.9%（95% CI：0.3%～1.5%）和 0.5%（95% CI：0.1%～0.9%）。$PM_{2.5}$ 也是肺癌发生的重要危险因素之一，对约 50 万美国居民的病历资料分析表明，空气中 $PM_{2.5}$ 质量浓度每升高 10 μg/m^3，肺癌死亡率会增加 8%。

玉环市空气质量改善对玉环市居民死亡率产生潜在的正面影响。根据哈佛大学公共卫生学院 J. Schwartz 等[3]1996 年研究结果，空气中的 $PM_{2.5}$ 与人类日常死亡率相关。研究指出，空气中的 $PM_{2.5}$ 质量浓度每增加 10 μg/m^3，日常死亡率就会相应上升 1.5%。由 50 个国家 303 个机构的 488 名研究人员共同完成的《2010 年全球疾病负担评估》显示，长期暴露在 $PM_{2.5}$ 超标的污染大气中，$PM_{2.5}$ 质量浓度每增加 10 μg/m^3，人的预期寿命将会缩减 0.98 年。玉环市近 5 年间空气质量明显改善，$PM_{2.5}$ 由 2015 年的 34 μg/m^3 降低到 2019 年的 23 μg/m^3，假设不考虑其他影响死亡和预期寿命的因素，预计由于 $PM_{2.5}$ 质量浓度降低可能减少约 6 500 人的死亡；肺癌死亡人数可减少约 130 人；使居民平均预期寿命增加 0.98 年。

4.2.2　SO_2 对居民健康的影响

SO_2 及其衍生物不仅对人呼吸系统产生危害，还会引起脑、肝、脾、肾病变，甚至对生殖系统也有危害。吸入高浓度 SO_2，可引起支气管炎、肺炎，严重时可发生肺水肿及呼吸中枢麻痹。国内学者黄金印通过模型计算发现，健康成本随着 SO_2 的增加而不断上升，由支气管炎、肺心病和肺癌造成的健康成本受 SO_2 排放量的影响十分明显，SO_2 每增加 1 万 t 的排放量，健康成本会增加 1 410 亿元[4]。徐宁利用模型研究发现，每平方千米土地面积上，SO_2 排放量每增加 1 t，由呼吸系统疾病导致的死亡人数比例就会上升 0.027 个百分点[5]。刘梦研究发现，SO_2 对肿瘤发病率的动态效应均呈现倒“U”形，从长期来看，SO_2 的人均排放量每增长 1%时，肿瘤发病率会上升 102.421 8%[6]。顾建祥

---

[1] Panle Jia Barwick，Shanjun Li，Deyu Rao，et al. Air pollution，consumer spending and willingness to pay for clean air[EB/OL].[2019-03-31]. https://zhuanlan.zhihu.com/p/30782716.

[2] 陈莎，刘影影，李素梅，等.京津冀典型城市 $PM_{2.5}$ 污染的健康风险及经济损失研究[J].安全与环境学报，2020，20（3）：1146-1153.

[3] $PM_{2.5}$ 中文名的由来及超标因素. https://www.bbogw.com/cs/548.htm.

[4] 黄金印. 大气污染的健康成本研究[D]. 杭州：浙江财经大学，2016.

[5] 徐宁. 空气污染对公众健康的危害[D]. 大连：东北财经大学，2016.

[6] 刘梦. 环境污染对肿瘤发病率的动态效应分析[D]. 武汉：华中科技大学，2015.

对湖州市大气污染对人体健康的影响进行研究，结果发现空气中 SO_2 质量浓度每增加 10 μg/m^3，会增加 0.7%的呼吸系统疾病（入院人数 5 793 人）、1.6%的肺炎（入院人数 869 人）、0.4%的心脑血管疾病（入院人数 4 262 人）、1.8%的高血压（入院人数 1 517 人）、2.1%的脑卒中（入院人数 520 人）全人群日入院人数[1]。

综上研究，玉环市 SO_2 质量浓度由 2015 年的 11 μg/m^3 降低到 2019 年的 3 μg/m^3，SO_2 排放量由 2015 年的 8 161 t 减少到 2019 年的 1 184 t，共减少 6 977 t。假设不考虑其他影响健康成本、死亡人数和疾病发病率的因素，预计玉环市由于 SO_2 排放量减少可能在五年间减少 10 亿元由支气管炎、肺心病和肺癌造成的健康成本；预计由于 SO_2 质量浓度降低可能在五年间减少呼吸系统疾病、肺炎、心脑血管疾病、高血压、脑卒中全人群日入院人数大约 32 人、11 人、14 人、22 人、9 人。

4.2.3 NO_x 对居民健康的影响

氮氧化物（NO_x）主要有一氧化氮（NO）和二氧化氮（NO_2），其中对人体健康危害最大的是二氧化氮，它能破坏呼吸系统。氮氧化物对眼睛和上呼吸道黏膜刺激较轻，主要侵入呼吸道深部和细支气管及肺泡。顾建祥通过研究湖州市大气污染对人体健康的影响，发现空气中 NO_2 质量浓度每增加 10 μg/m^3，就会增加 3.4%的呼吸系统疾病、8.1%的肺炎、3%的心脑血管疾病、10.7%的高血压、10.5%的脑卒中全人群日入院人数。孙欢通过研究太原市大气污染物与人群死亡健康效应的暴露-反应关系，发现 NO_2 质量浓度每升高 10 μg/m^3，居民非意外死亡率、心血管疾病死亡率、呼吸系统疾病死亡率增加百分数分别为 1.13%、1.03%、1.00%[2]。

综上研究，玉环市 NO_2 质量浓度由 2015 年的 19 μg/m^3 降低到 2019 年的 15 μg/m^3，NO_x 排放量由 2015 年的 12 735 t 减少到 2019 年的 3 088 t，共减少 9 647 t。假设不考虑其他影响疾病发病率的因素，预计玉环市由于 NO_2 质量浓度降低可能在五年间减少呼吸系统疾病、肺炎、心脑血管疾病、高血压、脑卒中全人群日入院人数大约 79 人、28 人、51 人、65 人、22 人；引发呼吸系统疾病死亡人数预计可大约减少 10 人。

4.2.4 O_3 对居民健康的影响

O_3 对生物的眼睛和呼吸道有刺激作用，对肺功能也有影响。人体短期暴露于高浓度的 O_3 中，可出现呼吸道疾病相关症状，如肺功能改变、气道反应性增高，以及呼吸道炎症反应等。国内外大量流行病学研究发现，O_3 暴露可对人群造成健康影响，包括心血

[1] 顾建祥. 湖州市大气污染对人体健康影响研究[D]. 杭州：浙江工业大学，2015.
[2] 孙欢. 太原市大气污染对人体健康的影响研究[D]. 太原：山西财经大学，2019.

管和呼吸系统疾病发病率、住院率和死亡率增加。研究表明，空气中每立方米臭氧含量增加 100 μg，人的呼吸功能就会减弱 3%。孙欢研究太原市大气污染物与人群死亡健康效应的暴露-反应关系发现，O_3 质量浓度每升高 10 μg/m^3，居民非意外死亡率、心血管疾病死亡率、呼吸系统疾病死亡率增加百分数分别为 0.66%、0.75%、0.81%。闫美霖等研究发现，O_3 质量浓度每增加 10 μg/m^3，广州、中山、上海、苏州人群心血管系统疾病死亡风险分别增加 0.98%、0.77%、0.53%、0.63%[1]。董继元等研究发现，大气 O_3 质量浓度每上升 10 μg/m^3，人群非意外总死亡率、心血管系统疾病的死亡率和呼吸系统疾病的死亡率分别上升 0.400%（95%CI：0.303%～0.498%）、0.448%（95%CI：0.171%～0.724%）和 0.461%（95%CI：2.25%～6.97%）[2]。

综上研究，不同研究者得到的 O_3 质量浓度与人体健康危害的反应关系不同，这可能与地域、气候、污染物浓度、人群体质等有关，但均说明 O_3 对人群健康存在严重危害。玉环市 2015—2019 年的 O_3 日最大 8 小时滑动平均值第 90 百分位数（实况值）（O_3-8h-90%）分别为 102 μg/m^3、124 μg/m^3、104 μg/m^3、128 μg/m^3、126 μg/m^3，2018 年达到近 5 年的最高值。按董继元的研究结果估算，假设不考虑其他影响疾病死亡率的因素，预计玉环市在 2015—2018 年 4 年间由于 O_3 质量浓度升高可能增加居民非意外死亡人数大约 45 人，其中增加呼吸系统疾病死亡人数大约 5 人[3]。

4.3　水污染对居民健康的影响分析

4.3.1　水污染对居民健康影响的途径

氰化物、酚类、醛类、油类以及铬和铅等有毒金属可通过排污河道、渗井、渗坑或随降水渗透到含水层中，造成地下水污染，同时有毒有害物质可通过地下水进入食物链系统，当食物链中被污染的动植物食品或地下水直接进入人体后，就可能使人体罹患一系列疾病。

水污染对于人体的健康影响主要有以下方面：一是以水为传播途径的传染病，这类疾病主要是大肠杆菌等细菌、病毒通过不洁饮用水或者日常接触等途径传播，导致传染疾病的流行，例如，受致病性大肠杆菌污染的饮用水容易造成感染性腹泻的暴发，出现

---

[1] 闫美霖，李湉湉，刘晓途，等. 我国臭氧短期暴露的人群健康效应研究进展[J].环境与健康杂志，2012，29（8）：752-761.

[2] 董继元，刘兴荣，张本忠，等. 我国臭氧短期暴露与人群死亡风险的 Meta 分析[J].环境科学学报，2016，36（4）：1477-1485.

[3] 2019 年全市呼吸系统疾病死亡率为 43.65/10 万，约 190 人。假设 5 年因呼吸系统疾病死亡人数 950 人。

群体性腹痛、腹泻、恶心、发热等症状，另外霍乱、脊髓灰质炎等传染病也是水体受病原微生物的感染所致；二是水污染引起的中毒，包括急性和慢性中毒，水体中的有毒物质通过饮水或者食物链进入人体造成中毒，重金属和有机物是常见的有毒物质，例如，水俣病是甲基汞中毒引发，镉中毒造成痛痛病；三是水污染的致癌作用，受污染的水体中含有多种致癌物质，主要是重金属和有机化合物等具体污染物，例如，铬、苯并芘等，这些物质通过饮用水、食物链等途径进入人体，不断积累的各种污染物诱发了各种癌症；四是间接影响，受到污染物污染后的水体通常会发生水的感官性状恶化，例如，某些水体污染物在一定浓度范围内对人体健康不会造成直接影响，但是水体会因此而产生异味、异色等变化，造成水体卫生状况的恶化并影响其正常使用。

工业废水排放中含有的金属污染物会对人体健康造成危害。工业废水排放中往往含有各类重金属污染物，按照元素特征，主要可以将这些污染物分为亲硫元素、铁族元素和亲岩元素。水污染中的亲硫元素包括汞、镉、铅等，它们容易与硫元素形成硫化物，也容易发生价态变化，进入人体后会抑制酶活性，产生毒害作用。汞污染物主要来自工业生产中的含汞废水，并且能够在一定条件下转化为剧毒的甲基汞，进入人体后主要侵害神经系统，形成不可逆损伤。铅污染具有很大危害，铅污染物进入水体之后能够保持长时间活性，对于生命组织具有很强的潜在毒性，被列入强污染物范围内。急性铅中毒的症状有胃疼、头痛等，严重的可能导致昏迷，甚至死亡；而低浓度的慢性铅中毒会影响大脑、神经系统，导致脑组织肿胀、周围神经受损，阻碍神经冲动传导，影响红细胞引发贫血，造成肾小管损伤等。此外，铅还具有致癌作用。而作为人体非必需元素的镉可以通过水污染之后的生物富集进入食物链，进而在人体形成慢性中毒。被人体吸收后的镉会在人体内形成镉硫蛋白，在肝、肾等脏器中蓄积，能够损伤肾小管，使骨骼代谢受阻，引发骨质疏松等症状，镉中毒为慢性过程，一般而言最短潜伏期为 2～8 年，病程可分为潜伏期、警戒期、疼痛期、骨骼改变期和骨折期。铁是最常见的铁族元素，较为常见的还有镍。铁元素是人体血液的重要成分，缺铁会引起贫血，但是含铁过多容易引发肠胃病。工业废水中的镍及其化合物在进入人体后会在各个组织、脏器中积累，抑制酶活性，并引发相应的病变。铬、锰元素是常见的水污染中的亲岩元素。铬是废水污染常见的污染物，具有较大的毒性，六价铬是蛋白质和核酸的沉淀剂，还原过程中会对细胞造成损害。

4.3.2 玉环市水污染对居民健康的影响分析

世界卫生组织调查显示，全世界 80%的疾病是由饮用被污染的水造成的；50%儿童的死亡是由饮用被污染的水造成的；有 12 亿人因饮用被污染的水而患上多种疾病；每年有 2 500 万儿童死于饮用被污染的水引发的疾病；每年因水污染患上霍乱、痢疾和疟疾等传染病的人数超过 500 万。

玉环市环境统计数据显示，2019 年玉环市工业废水排放量 482.54 万 t，比 2018 年增加 107.5 万 t，工业企业共排放 88 kg 氰化物、284.83 kg 总铬，砷、铅、镉、汞排放量极少，几乎为 0。城镇生活污水集中收集率为 63.65%，估算 2019 年直接排入环境中的废水量为 175 万 t，比 2018 年增加 39 万 t，直接排入环境中的氰化物和总铬分别约为 32 kg 和 104 kg，可能会对地下水造成污染，从而间接影响人体健康。如果饮用水受工业废水中的铬污染，会导致腹泻等中毒症状，接触可能引起过敏性皮炎，铬污染从呼吸道进入，会产生刺激、腐蚀作用，引发鼻炎、支气管炎等呼吸道疾病。国内学者研究结果表明，工业废水排放对居民健康具有显著的负面影响，工业废水排放量每增加 1%，居民报告生病的概率上升 0.32%，而身体质量指数（BMI）指标偏离健康区间的概率上升 0.20%，自评健康等级下降的概率上升 0.17%[1]。王学渊等[2]构建联立方程模型分析了工业水污染的公众健康影响效应，研究结果表明工业水污染的负面公众健康影响效应存在，工业废水排放强度对食管癌、胃癌和结直肠肛门癌死亡率的影响效应都是显著的。工业废水排放强度每增加 1%，食管癌、胃癌和结直肠肛门癌的死亡率将分别增加 0.548%、0.38%和 0.062%。

根据《2018 年度台州市地下水质量考核点水质评价报告》，玉环市大麦屿地下水质量综合评价结果为Ⅳ类，主要超标组分为高锰酸盐指数（Ⅳ）、氨氮（Ⅴ）、亚硝酸盐（Ⅴ）。大量研究发现了水环境污染与介水性疾病之间的显著关系，地下水污染可能会对玉环市居民身体健康产生影响。蔡鹤生等[3]通过对河南林州安阳地区的饮用水的调查，发现当地居民食管癌及食管上皮增生的患病率与饮用水中 NO_3^- 的超标程度呈正相关。王志强等[4]对福建长乐县 16 年的定群调查表明，饮用河水人群的胃癌死亡率明显高于饮用井水人群，胃癌高发区的饮用水中重金属（Pb、Hg）污染物以及有机污染物（亚硝酸盐、氨氮等）含量明显高于中低发区。陈坤等[5]通过对不同饮水类型与结直肠癌发病率关系的流行病学研究，同样发现，河水、池塘水饮用者患结直肠癌的危险性比其他的如饮用

[1] 张勇如. 工业废水排放对居民健康的影响[D]. 厦门：厦门大学，2017.

[2] 王学渊，潘康婷.中国工业水污染的公众健康影响研究——来自肿瘤登记地区的经验证据[J].中共浙江省委党校学报，2015，31（4）：61-68.

[3] 蔡鹤生，刘存富，周爱国，等. 饮用水 NO_3^- 污染与食管癌发病率及死亡率相关性探讨——以河南省林州安阳地区为例[J].地质科技情报，2002（1）：91-94.

[4] 王志强，陈昱，林育纯，等.胃癌高发现场长乐县饮水类型、改水与胃癌死亡率的研究[J].中国公共卫生学报，1997（1）：8-9.

[5] 陈坤，周伦，沈高飞，等. 不同饮水类型与结直肠癌发病率的流行病学研究[J].中华流行病学杂志，2000（4）：9-12.

井水者至少要高出 7 倍。赵宁等[1]通过对江苏海门、启东，广西扶绥等地的饮水因素与肝癌发病率之间关系的研究，指出饮用沟塘水是肝癌发生的一个重要原因，且饮用沟塘水年数与肝癌两者之间存在显著的剂量-反应关系。

水库中的底栖生物以底泥为食，形成食物链的关键一环，污染物质可以通过食物链不断传递，达到生物放大的效果，进一步影响人体健康。陈怡凝等[2]对玉环湖水库底泥重金属开展了累积指数评价和生态风险评价，结果表明，玉环湖整体重金属污染程度较低，生态风险危害较轻，但各测点之间存在较大差异，2 号和 7 号监测点重金属污染程度较高，尤其是 Cu 达到了极高的程度，生态危害风险则到了重度级别，说明库区部分地点已存在重金属污染和富集现象，须引起重视，加大入库支流的水质治理力度，减少对玉环居民身体健康的影响。

在对玉环市水质和伤寒、副伤寒发病情况的分析中发现，玉环市伤寒、副伤寒的发病率与水质的改善有着直接的联系。从近 20 年来的流行趋势看，玉环市伤寒、副伤寒经历了从散发到暴发流行，直到目前散发的发病过程。1998—2003 年的疫情呈恶化的趋势，2001—2004 年发病数占 10 年以来的 89.1%，2003 年发病率达到最高点，之后经过采取一系列综合措施，发病率与发病数逐年下降，且下降幅度较快，从 2005 年开始下降明显，未出现明显反弹趋势。水环境污染是当年玉环市伤寒、副伤寒发病的重要原因之一[3]。历年来对井水的细菌学指标监测发现，当年玉环市 91.3%的井水受到肠道细菌不同程度的污染。2002 年开始，玉环在农村地区开展户厕改造工程，并建立公厕，同时拆除露天粪坑，解决常住人口和流动人口的粪便处理难题，以实现农村地区粪便的无害化处理，2004 年，完成改厕工作，2005 年发病数迅速下降，比 2004 年下降 73.9%。2004 年，开始聘请专职消毒员对发病数较多的村居开展井水定期消毒，发病数比 2003 年下降 34.5%。经过井水消毒和改厕工作，玉环市的肠道传染病发病率迅速下降，成效显著。

4.4 土壤污染对居民健康的影响分析

4.4.1 土壤污染对居民健康影响的途径

随着城市人口的急剧增长和工业经济的迅猛发展，固体废物不断向土壤表面堆放和倾倒，有害废水不断向土壤渗透，大气中的有害气体及颗粒物也不断随雨水降落到土壤

[1] 赵宁，俞顺章，陈钢，等. 肝癌危险因素病例对照研究的综合分析[J].中国公共卫生学报，1994（2）：65-68.
[2] 陈怡凝，潘珊珊，周永潮，等.玉环湖水库底泥重金属污染及生态风险评估[J].科技通报，2018，34（5）：244-250.
[3] 刘灿磊，陈坤. 玉环县 1998—2007 年伤寒副伤寒流行特征[J]. 浙江预防医学，2009，21（8）：22，24.

中，导致土壤污染。土壤污染一旦发生，仅仅依靠切断污染源的方法往往很难恢复，有时要靠换土、淋洗土壤等方法才能解决问题，治理污染土壤通常成本较高、治理周期较长，在治理措施实施时具有一定的难度。污染物质在土壤中并不像在大气和水体中那样容易扩散和稀释，因此容易在土壤中不断积累而超标，土壤从遭受污染到产生恶果有一个相当长的逐步积累过程，其影响具有长期性。陈怀满[1]认为土壤污染是指人类有意或无意地将对人类本身和其他生命体有害的物质施加到土壤中，使其某种成分的含量明显高于原有含量，并引起现存或潜在的土壤环境质量恶化的现象。

土壤环境一旦遭受污染，土壤污染带来的生物性传染病、重金属污染、残留农药污染等将对人体健康造成严重侵害。土壤污染中的重金属污染基本上是一个不可逆转的过程，被污染的土壤可能需一两百年时间才能够恢复。另外，许多有机化学物质的污染也需要有一个比较长的降解时间。周景明等[2]认为土壤污染后，污染物可通过水、大气、生物等介质传输并引起风险暴露。受生活污水、某些工业废水及人畜粪便污染的土壤会引发生物性传染病。这些污染物可存活 100～170 d，伤寒杆菌能存活 100～400 d。李仲华[3]提出，农业生产中的污水灌溉，农药、化肥的施用，固体废弃物的堆弃及汽车尾气的排放等对土壤造成了污染。生物性污染物使土壤中产生大量的虫卵、细菌、病毒，蛔虫卵、钩虫卵、粪便虫卵在土壤中能存活 7 a，这些虫卵可能会因直接接触人体，如儿童游戏、土建、农田作业等使人体感染；也可通过间接方式如食用被污染的蔬菜、瓜果等使人体感染。

土壤污染物通过食物链传递进入人体，严重威胁着人体健康，如著名的拉夫运河污染事件。1942 年，美国胡克化学公司购买了已经干涸的拉夫运河（Love Canal）用于处理工业废弃物，十余年间，共计 2 万余 t 有毒废弃物被埋入地下。1953 年，纽约市政府以极其低廉的价格从胡克化学公司购得这块土地，并将其开发成了一块住宅小区。被埋入地下的有毒物质并没有随着小区的建成而消失，而是悄悄地潜伏了下来，等待一个暴发的时机。自 1977 年开始，小区居民不断罹患各种怪病，包括婴儿畸形、儿童夭折、孕妇流产和各种癌症。事情被揭露后，拉夫运河污染事件直接推动了美国土壤污染立法的进步，也强化了国际社会防治土壤污染的意识。事实证明，当土壤污染超出了土壤的承受极限时，其引发的后果将是让人难以承受的。

4.4.2　土壤污染对居民健康的影响分析

土壤污染不但影响农产品产量与品质，而且影响大气和水环境质量，并可通过食物

[1] 陈怀满.环境土壤学（第二版）[M].北京：科学出版社，2010.

[2] 周景明，秦占芬，丛淋，等. 多氯联苯内分泌干扰作用及机理研究进展[J]，科学通报，2004，1（1）：34-39

[3] 李仲华.试述土壤污染对人类健康的侵害[J].环境科学与管理，2009，34（7）：192-194.

链危害动物和人类的健康，影响环境安全和社会稳定。土壤环境污染往往要通过对土壤样品分析测定和作物残留检测，甚至人和动物的健康状况受到影响后才能反映出来，土壤污染从产生到出现问题通常会滞后较长时间，如日本的“骨痛病”经过一二十年才被人们所认识。

人体长期暴露于重金属污染物（如 Pb、Cd、Hg 等）会引起神经系统、肝脏、肾脏等损害，而暴露于多氯联苯、多环芳烃等持久性有机污染物，癌症发病率会大大升高，并干扰与损害内分泌系统。何鹏[1]认为土壤污染会使污染物在植物体内积累，并通过食物链富集到人体和动物体中，危害人体健康，引发癌症和其他疾病。兰鹏鹏等[2]以湖南省某冶炼厂污染场地为研究对象，开展场地土壤重金属污染分析及健康风险评价，结果表明，场地土壤受到砷、锑、锌、铅重金属和类金属污染，其中以砷污染最为严重，表层土壤样品重金属超标率达 90%。李嘉蕊[3]研究表明，土壤重金属铬对儿童、成人的综合非致癌风险控制值分别为 0.76 mg/kg、0.28 mg/kg。作物重金属砷对儿童和成人的综合风险值分别为 0.35 mg/kg 和 0.55 mg/kg；作物重金属铬对儿童和成人的综合风险值分别为 1.56 mg/kg 和 2.43 mg/kg；作物重金属镉对儿童和成人的综合风险值分别为 2.52 mg/kg 和 3.92 mg/kg。

浙江省快速的经济社会发展已经对当地农田土壤环境造成一定的影响。张云芸等[4]研究了浙江省典型农田土壤重金属的污染水平、空间分布特征及生态风险，采集并分析了 67 个代表性农田土壤表层样品中的 8 种重金属和类金属元素（As、Cd、Cr、Cu、Mn、Ni、Pb 和 Zn），对农田土壤重金属污染与环境风险进行评价。结果表明，浙江省典型农田土壤环境重金属为轻度污染状态，研究区域农田土壤中的铬、镍和砷处于轻微污染水平；铅、汞、铜和锌处于轻度污染水平；镉处于重度污染水平，应作为优先控制元素。

4.5 海洋污染对居民健康的影响分析

4.5.1 海洋污染对居民健康影响的途径

《联合国海洋法公约》（*The UN Convention on the Law of the Sea*），将海洋污染定义为，人类直接或间接把物质或能量引入海洋环境，其中包括河口湾，以至造成或可能造

[1] 何鹏.土壤污染现状危害及治理[J].吉林蔬菜，2012（9）：55-56.

[2] 兰鹏鹏，万大娟，董法秀，等.冶炼厂遗留场地土壤重金属污染分析及健康风险评价[J].湖南农业科学，2019（4）：59-63.

[3] 李嘉蕊. 基于土壤-作物-人体系统的耕地重金属污染评价和健康风险评估[D]. 杭州：浙江大学，2019.

[4] 张云芸，马瑾，魏海英，等. 浙江省典型农田土壤重金属污染及生态风险评价[J].生态环境学报，2019，28（6）：1233-1241.

成损害生物资源和海洋生物、危害人类健康、妨碍包括捕鱼和海洋的其他正当用途在内的各种海洋活动、损坏海水使用质量和减损环境优美等有害影响。近年来，随着国家加大对海洋的开发力度，各种海洋环境质量问题不断出现，近岸海域污染形势依然严峻。海洋的主要污染物质为石油、金属、农药、放射性物质、生活污水、塑胶物质等。海洋污染物对人体健康产生危害，主要通过食用受污染海产品和直接接触受污染海水两种途径。

4.5.2 浙江沿海海产品对居民健康的影响分析

海洋生物对重金属等污染物具有较强的富集能力，可通过食物链对人体健康造成威胁。通过文献研究浙江沿海海产品对人体健康的影响，发现通过食用海产品摄入的重金属铅、汞、镉、铬对人体的健康风险较低，但部分海产品重金属超标情况仍存在，应该引起高度重视。

梅光明等[1]调查了浙江沿海 50 个品种共计 891 个样本中的甲基汞含量，并结合浙江省居民水产品消费量，对海产品甲基汞污染食用风险进行了评估。结果显示：94.2%的海产品均有甲基汞检出，甲基汞含量范围均低于国家标准限量值；不同鱼类甲基汞含量存在差异，营养级别高的鱼类对甲基汞的生物富集能力较强，鲨鱼、金枪鱼等大型肉食性鱼类甲基汞含量明显高于一般鱼类，存在超标可能性；风险评估表明，浙江沿海一般海产品甲基汞污染食用风险较低，但长期或大量食用金枪鱼和鲨鱼等甲基汞污染较高的海产品，存在健康风险。

高志杰等[2]对宁波市市售的鱼类、甲壳类、软体类、海藻类等海产品进行检测，了解其重金属铅、汞、镉、铬含量和对人体健康危害，结果显示，部分品种海产品重金属含量较高且超标。近海、滩涂养殖的海产品重金属污染程度要严重很多，而非养殖的海产品重金属含量均较低。不同海产品中重金属铅、汞、镉、铬的危害商数都小于 1，说明通过食用这些海产品摄入的重金属铅、汞、镉、铬对人体不具有潜在的健康风险。但由于重金属在生物体内可以高度富集，从长远看其危害不容忽视，应高度重视海洋环境的保护。

台州是典型的沿海城市，居民的海产品食用量往往高于内陆以及国家平均水平，经食用海产品摄入的重金属及有害元素极有可能对人体产生潜在危害。罗亚翠等[3]通过对台州市主要滩涂养殖区域甲壳类、贝类、鱼类海产品中铅、镉、汞、砷、镍、铬、铜、

---

[1] 梅光明，张小军，钟志，等.浙江沿海海产品甲基汞污染调查及膳食风险评估[J].食品科学，2016，37（17）：207-212.

[2] 高志杰，汪娌娜，姚浔平，等.海产品中重金属铅、汞、镉、铬对人体健康的潜在风险评价[J].中国卫生检验杂志，2014，24（7）：1019-1021，1025.

[3] 罗亚翠，张海君，潘碧枢，等. 台州市近海养殖区海产品中 8 种元素污染状况及健康风险评价[J]. 中国卫生检验杂志，2019，29（3）：344-347，350.

锌的污染物现状进行调查，评估当地居民膳食暴露风险，结果发现，这些海产品中砷、铜、镉等元素较多，出现了不同程度的污染，存在一定的健康风险。其污染源大概是养殖区的近海底泥以及这些生物食物链中的水生生物。成人和儿童食用甲壳类存在砷的摄入风险；儿童各类海产品的有害元素的健康风险大于成人。

4.6 噪声污染对居民健康的影响分析

4.6.1 噪声污染对居民健康影响情况

噪声污染主要来自交通、工业、建筑施工以及生活噪声。其中，交通噪声是噪声污染的主要来源，约占 70%，产生的噪声能量较大，对居民夜间休息产生影响，并且对居民的交流以及工作产生影响。从浙江省城市环境噪声声源构成比来看，生活噪声源和交通噪声源始终是主要噪声源，其中交通、建筑施工和工业噪声平均声级相对较高[1]。

近年来，越来越多的研究开始关注交通噪声暴露对心血管系统的影响，并且发现交通噪声暴露与高血压、冠心病、心肌梗死、缺血性心脏病、肺动脉高压等多种心血管疾病的发生危险度增加呈显著正关联[2]。研究结果显示昼间交通噪声升高 10 dB（A），冠心病的发生危险度为 1.08（95% CI：1.04，1.13）。对交通噪声暴露与心肌梗死间关系的 Meta 分析结果则显示，当交通噪声高于 60 dB（A）时，二者之间的变化存在正关联。交通噪声暴露可导致神经衰弱综合征，表现为负性情绪（焦虑、紧张、烦恼等）增加、失眠等，也可导致认知功能损害等对神经系统功能的影响。有研究者在对 9～10 岁儿童交通噪声暴露与记忆力关系的研究中发现，交通噪声暴露条件下儿童的认知记忆、阅读能力和信息复述等水平都明显低于未受到交通噪声暴露的儿童（$p<0.5$）。

工业噪声主要来自工厂施工中的机器以及设备声音。赵远等[3]的调查结果显示，393 名接触噪声的汽车制造工人中检出听力异常者 276 名，听力损失检出率为 35.1%；而非噪声接触工人的听力损失检出率仅为 16.1%。汪琳等[4]的研究表明：接触噪声组工人的听力损失检出率明显高于非噪声接触工人组，噪声作业会明显增加劳动者的听力损失，噪声作业工人的听力损失检出率随着工人年龄、工龄的增长而逐渐增加；接触噪声组工人心电图异常、心律失常、血压偏高的检出率均明显增高，说明噪声不仅会对工人的听

[1] 姜婷.浙江省城市噪声污染现状及对策研究[J].湖南农机，2014，41（7）：119-120.
[2] 黄婧，郭斌，郭新彪.交通噪声对人群健康影响的研究进展[J].北京大学学报（医学版），2015，47（3）：555-558.
[3] 赵远，周浩，李艳华，等. 2006—2010 年广州大型汽车制造企业噪声暴露与听力损失的调查[J].中华劳动卫生职业病杂志，2014，32（2）：117-120.
[4] 汪琳，王春芳，张庆玲.噪声对工人听力损伤和其他健康影响的调查[J].工业卫生与职业病，2018，44（3）：195-197.

力造成损害，还会对其他健康指标造成不利影响。

4.6.2 玉环市噪声污染对居民健康的影响分析

玉环市声环境质量监测包括区域环境噪声测点数 102 个，功能区定点噪声测点数 7 个，交通噪声测点数 21 个。2015—2019 年声环境状况如图 4-4 所示，区域环境噪声平均值范围为 54.2～54.9dB（A），功能区噪声平均值范围为 61.1～66.9dB（A），交通噪声平均值范围为 68.3～69.8dB（A），区域环境噪声和交通噪声变化幅度小，而功能区噪声变化幅度较大。近五年来，声环境状况均存在不同程度的超标情况，功能区噪声超标率和交通噪声超标率都较高，其中区域环境噪声超标率 2016 年达到最高 36.3%，2017—2019 年整体呈下降趋势；功能区噪声超标率不稳定，在 2015 年达到最高 58.3%，2017 年最低 27.4%，2017 年之后呈上升趋势；交通噪声超标率 2017 年达到最高 52.4%，2017 年之后呈下降趋势，2019 年为这五年最低值 23.8%。

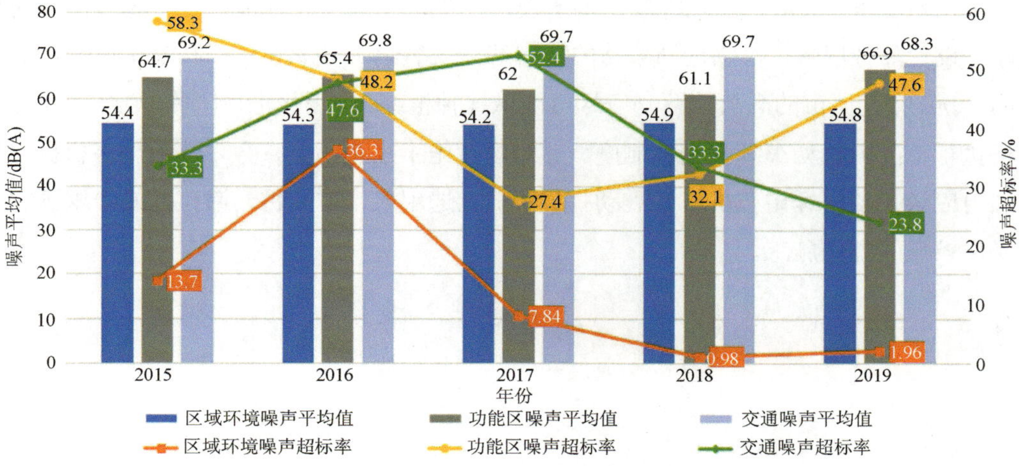

图 4-4 玉环市 2015—2019 年声环境状况

考虑玉环市当前的声环境状况，较高的噪声超标率可能会对居民健康造成一定影响。除了对听觉系统产生特异性损伤，如听力损伤或耳聋，还影响人们的情绪、睡眠和工作效率，诱发高血压和冠心病，并对神经、消化和生殖等系统产生不良的影响。长期接触强噪声主要表现出耳鸣、听阈移位、高频听力丧失的症状，甚至出现不可逆的听力损伤和耳聋。持续性噪声能引起人的大脑皮层功能紊乱，导致抑制和兴奋平衡失调，出现头痛、烦躁、失眠、健忘、耳鸣、心悸等神经衰弱症状。

玉环市 2019 年城市交通噪声等效声级范围在 61.0～75.4dB（A），玉环东风汽车配件厂处监测点达到重度污染，0576 量贩式 KTV 南侧和玉城中学东侧榴岛国际花园两个监测点达到中度污染。交通噪声对健康的影响主要是听觉外效应，包括其对心血管系统、神经系统、生殖系统、消化系统和内分泌系统的影响等。交通噪声长期作用于人的中枢神经系统，可使大脑皮层的兴奋和抑制失调，条件反射异常，出现头晕、头痛、耳鸣、多梦、失眠、心慌、记忆力减退、注意力不集中等症状，严重者可产生精神错乱。交通噪声对生殖系统的影响主要表现在早产、难产、低出生体重、妊娠合并症以及先天畸形等发生率增加；妊娠期暴露于高水平交通噪声可能导致受精卵着床失败、胎盘调节异常、子宫血流量减少等的发生。长期暴露于交通噪声环境中会导致人产生不良负面情绪，烦恼、焦虑、紧张的情绪会进一步影响消化液分泌和食欲，表现为胃肠功能紊乱、胃液分泌减少、胃蠕动减慢、食欲不振等消化系统的不良反应。

采取对策措施做好噪声污染防治。针对生活噪声污染，难以通过单一的手段治理，生态环境、工商等部门应联合共同治理，防止噪声扰民。针对交通噪声污染，需要采取综合治理方式，根据不同的生活噪声源选择有针对性的措施。如将污染防治纳入社区管理中来，对于卡拉 OK、酒吧等娱乐场所噪声污染，加强社区管理；对穿越居民区的高架路，设置隔音屏障，对临近高架路的楼房统一安装隔音玻璃窗，以减轻交通噪声对居民的干扰。穿越城市的高架路两侧应尽可能悬挂种植绿化，绿化也可吸收一定量的噪声。严格执行市区内机动车禁鸣喇叭制度。针对建筑施工噪声污染，合理选用施工机械，如市区内应禁止使用锤击打桩机及震动打桩机，宜选用人工挖孔桩、钻孔桩或静压预制桩等噪声较低的方法施工。

第 5 章　美丽玉环建设的 SWOT 分析

5.1　优势与劣势

5.1.1　美丽玉环建设的优势

市领导高度重视生态文明建设。玉环市领导一向高度重视生态文明建设工作，坚持“生态立县”战略目标，持续推进生态文明建设工作。近些年来，玉环市深入贯彻习近平生态文明思想和重要讲话精神，坚定不移地走绿色发展道路，建成国家级海洋生态文明示范区、国家森林城市、省级生态文明示范市、省级示范文明城市、省无信访累积案市、实现省级卫生乡镇全覆盖。各级领导对生态文明建设工作的高度重视以及持之以恒的推动，成为玉环市生态文明建设的最大优势之一。

经济基础雄厚。玉环市工业实力强，具有较好的投资潜力，绿色发展动力强劲。在 2019 年中小城市发展战略研究院、国信中小城市指数研究院等机构联合发布的《2019 年中国中小城市高质量发展指数研究成果》中玉环市连续稳居 2019 年度全国综合实力百强县市第二十七位、2019 年度全国投资潜力百强县市第十位、全国绿色发展百强县市第五十九位、全国科技创新百强县市第四十位。2018 年，玉环市实现生产总值 580.8 亿元，其中第二产业总产值达到了 1 663.87 亿元，有工业户 2 万多户（其中企业近 1.3 万家），个体工商户 4 万户，具有中国“中国汽车零部件产业基地”“中国阀门之都”等 16 个国字号生产基地，数量居台州首位。汽车零配件国内细分市场份额超过 30%、水暖阀门国内市场份额超过 25%、特种医疗器械及制造设备国内市场份额达 90%，成为我国名副其实的特色产业名城。玉环市雄厚的经济实力和工业基础为玉环市生态文明建设提供了有力保障。

港口资源优越。玉环市港口资源优越，主要有大麦屿港、坎门港和鸡山、洋屿、茅埏、下礁门、下小屿、下栈台、分水等港口。其中大麦屿港大麦屿港岸线长 30 km，其中 13 m 以上水深的岸线长达 15 km，20 m 以上的水深的岸线长 4 km，深水区平均宽约

4.5 km，是我国东海岸宁波至福州之间不多见的可建设3万～10万t级泊位的理想港址，是中国航海学会推荐的中国沿海8个天然避风港湾之一，是浙中南及闽北沿海唯一可进第三代集装箱船的深水良港。玉环市拥有渔港17处，其中有国家级中心渔港1处，二级渔港3处以及若干群众性渔港。2018年，全市港口货物吞吐量3 200万t，其中集装箱年吞吐量突破15万标箱，大麦屿港正式完成与宁波舟山港并购合作。

空气质量优良。玉环市空气质量优良，各类污染物浓度均达到《大气环境质量标准》（GB 3095—2012）二级标准，空气质量常年居台州市首位。近些年，国家不断加大大气污染防治力度，发布了《打赢蓝天保卫战三年行动计划》《大气污染防治行动计划》等重要文件，不断提高环境准入门槛，推进重点区域联防联控，对空气质量较差的区域采取更为严格的措施。玉环市优良的大气环境质量为玉环市进一步发展创造了良好的基础。

5.1.2 美丽玉环建设的劣势

可利用土地资源较少。受地形地貌影响，建设空间较为分散，各组团独立生长，各镇街发展建设相互独立，缺少市域层级的城市结构中心。2018年，玉环市已经开发为城镇村、工矿、交通、水利设施的建设用地总规模为11 066.68 hm^2，占陆域总面积的21.7%，已超出上级下达指标，剩余可拓展开发建设的空间有限，主要集中在漩门三期未利用地空间。在玉环市已开发的土地中，工业用地占地比大，公共服务设施占比较低，造成了用地结构失衡，部分公共服务设施均难以满足现状人口需求，对城市的空间品质也造成了一定影响。耕地资源紧缺，人均耕地面积少，仅为0.25亩/人，人均耕地面积不足全国人均耕地面积1.38亩/人的1/5，不足浙江省人均耕地面积0.54亩/人的1/2，远低于准国际公认人均耕地危险线0.5亩/人。同时，玉环市往耕地补充以沿海滩涂造田造地为主，受海洋、土地、生态政策等影响，未来造田造地的可行性存在不确定性，耕地补充路径的可持续性较差。

产业转型升级难度较大。玉环市产业多为劳动密集型产业，产品附加值不高，容易受国际贸易、劳动成本上升、环境保护升级等方面因素冲击，未来不确定性较大。企业研发和实验发展经费投入强度不高，低于全省、全国平均水平，产品难以向中高端市场发展。同时，玉环市汽摩配、阀门、家具等主导产业发展过程中，所需的铜、木材等原材料大量依靠外地运输，容易受原材料价格波动影响，导致企业规模受限。在玉环市产业转型升级过程中，企业转型动力不足，传统产业的技术、工艺、产品、市场都已成熟，思维固化而不易改变，难以快速找到转型方向。

水资源水环境成为发展制约因素。玉环市水资源总量不足，本地区水资源难以满足用水需求，尽管玉环市用过深挖本地水源、海水淡化、建设饮水工程等措施缓解了用水紧张局面，但是仍未从根本上解决城乡供水不足的问题。人均水资源占有量仅为 689 m^3，不到全国平均水平的 1/5。根据《玉环县水资源综合规划（修编）》成果，到 2020 年，95%保证率下玉环市优质水缺口达到 4 611 万 m^3，缺水率为 30.5%，水资源短缺严重制约了社会经济转型发展。玉环市水环境质量较差，2018 年玉环地表水总体水质为轻度污染。五大河流和水库监测 15 个市控以上断面中，Ⅱ类水断面 8 个，占 53.3%；Ⅲ类水断面 0 个，占 0%；Ⅳ类水断面 6 个，占 40%；Ⅴ类水断面 1 个，占 6.67%。玉环市河流总体水质为Ⅳ类。2018 年玉环市明沙门、干江海域，坎门海域，大麦屿海域水质等近岸海域水质均为劣四类

对外来人才吸引力不足。随着全国人口迁移放缓的大趋势，全国人口向东部沿海集聚的趋势正在转变，中西部核心城市正在吸引人口回流，长三角集聚核的人口增长趋势普遍放缓。此外，当前我国城镇化发展呈现都市圈化新特征，人口将逐渐向大都市聚集，对周边地区的人口“虹吸效应”明显。2015 年以来，除玉城、沙门外，各乡镇流动人口均减少。玉环市人才短缺，企业大部分员工为大中专生，中高端人才严重不足，相对于浙江省其他县市区，每万人人口人才资源数较少。对于玉环市主导的汽摩配、阀门、家具等产业，翻译、外贸、家具设计等专业人才严重短缺。在教育、医疗等领域，玉环市同样面临人才短缺的问题。同时，玉环市对外来人口的公共服务保障明显不足，导致难以吸引外来人口。

5.2　机遇与挑战

5.2.1　美丽玉环建设的战略机遇

党的十八大将生态文明建设提升到重要的战略高度，擘画了美丽中国建设的战略要求和实施路径，长三角一体化发展上升为国家战略，为美丽玉环建设提供了良好的外部环境和有力支持。浙江省锚定“要努力成为新时代全面展示中国特色社会主义制度优越性的重要窗口”新定位新目标，全面开启美丽浙江建设新征程，台州市将“建设新时代美丽台州”作为高质量发展的重要抓手，为玉环市突出生态特色、加快美丽建设提供了高质动能和全新机遇。在经济向高质量发展阶段转变、全面迈向美丽中国目标的新时期，高水平建设美丽玉环，是满足民生期待的重要途径，是实现经济高质量发展和生态环境高水平保护的现实路径和决胜未来的战略之举。

生态文明建设成为国家发展战略。党的十八大报告将生态文明建设与经济建设、政治建设、文化建设、社会建设并列，构建“五位一体”的国家发展战略，提出大力推进

生态文明建设。之后，国家推进生态文明建设的力度不断加大，行动不断加快，陆续出台了一系列的重要指导文件和意见。中共中央 国务院先后印发了《关于加快推进生态文明建设的意见》（中发〔2015〕12 号）和《生态文明体制改革总体方案》（中发〔2015〕25 号），确立了生态文明建设的指导思想和生态文明体制改革的基本思路，强调生态文明建设关系人民福祉，关乎民族未来。党的十八届三中全会要求深化生态文明体制改革、加快建立生态文明制度，党的十八届五中全会审议通过《中共中央关于制定国民经济和社会发展第十三个五年规划的建议》，强调牢固树立并切实贯彻创新、协调、绿色、开放、共享五大发展理念，要求加快补齐生态环境短板，将生态环境质量总体改善列为全面建成小康社会目标。党的十九大进一步提出，加快生态文明体制改革，建设美丽中国。十三届全国人大一次会议第三次全体会议通过了《中华人民共和国宪法修正案》，把“生态文明建设”写入宪法，成为国家纲领。在此后召开的第八次全国生态环境保护大会上，习近平总书记在报告中强调生态文明建设是关系中华民族永续发展的根本大计；生态环境是关系党的使命宗旨的重大政治问题，也是关系民生的重大社会问题。这一系列文件和法律的出台，为玉环市生态文明建设提供了强有力的指导。

长三角一体化成为国家战略。2018 年 11 月 5 日，习近平总书记在首届中国国际进口博览会上宣布，支持长江三角洲区域一体化发展并上升为国家战略，2019 年 12 月，中共中央、国务院印发《长江三角洲区域一体化发展规划纲要》。长三角一体化发展，对于增强长三角地区创新能力和竞争能力，提高经济集聚度、区域连接性和政策协同效率，对引领全国高质量发展、建设现代化经济体系意义重大。《长江三角洲区域一体化发展规划纲要》中提出支持浙江温州、台州开展跨区域发展政策协同试验，为民营经济参与长三角一体化发展探索路径。玉环市与温州市相邻，同时作为民营经济的发源地之一，在长三角一体化发展中具有独特的优势和地位。

美丽浙江建设为玉环市生态文明建设提供新机遇。近年来，浙江省坚定不移地沿着“八八战略”前进，以高质量发展和生态浙江建设为引领，提出了“两个高水平”和“六个浙江”的宏伟目标，“最多跑一次”改革、“千万工程”等先进经验做法逐渐走向全国。近年来，浙江省加快推进大湾区、大花园、大通道、大都市圈建设，出台“富民强省十大行动计划”，全面启动浙江生态省建设评估和美丽浙江建设规划，为进一步丰富美丽中国的内涵和外延，助力浙江省各地市可持续发展提供了顶层指引和战略路线，浙江省级层面的目标、要求、行动方案，为玉环市突出生态特色、加快美丽建设提供了精确制导、上层支持、高质动能和全新机遇。

5.2.2　美丽玉环建设的挑战

当前至中长期，国内外形势更加复杂、经济社会发展不确定性显著提升，生态文明建设正处于“三期叠加”阶段。玉环市作为全国首个县级海岛市和浙江省高水平滨海型生态文明建设示范县，积极打造美丽宜居、充满活力的现代化海湾城市，既担负着成为新时代全面展示中国特色社会主义制度优越性“重要窗口”美丽示范点的重要使命，也面临着产业绿色转型升级、生态环境质量持续改善、群众高品质幸福生活等方面的更高要求，高水平推进美丽玉环建设和打造滨海型城市生态文明建设玉环样板面临压力和挑战。

经济增速将进一步放缓。在我国经济整体由高速增长向高质量发展转型攻坚期，产业结构分工和布局将进行深度调整、能源和主要工业产品供应态势将进行变革，绿色引领型、科技创新型、消费主导型的经济模式将持续构建，去杠杆、严监管、抓环保叠加共振仍将对经济产生持续影响，经济增速将进一步放缓。参与世界产业分工的程度将进一步加深，一定程度上利于国内生态环境的压力的缓解，但也将为国内绿色高质量发展动能培育带来更加复杂多变的竞争环境，可能造成潜在的发展制约和流失风险。在经济增速放缓的趋势下，玉环市生态文明建设工作将面临多种挑战。

新技术研发和普及应用将带来新的生态环境问题。未来一段时间以信息科技为核心的未来网络技术、虚拟现实技术、人工智能技术，以新能源科技为驱动的储能释能技术，以材料科技为支撑的制造技术革命，将全方位革新社会生产、生活、消费等各个环节方式。一方面有利于经济社会发展的清洁化、绿色化升级，从根本上改变环境污染特征，另一方面，新技术、新业态也将带来新的生态环境问题，尤其是生态安全问题，例如新能源汽车的电池处置等问题。生态环境管理范畴呈“天、地、水”一体化、生态环保行动全球化、产业和领域界限模糊化等特征，生态环境保护需积极抓住新技术发展的有利契机，加快推进治理能力现代化。

社会公众生态环境诉求不断上升与环境质量改善相冲突。随着社会富裕程度和科学技术水平的持续提升，社会公众的环境意识进一步觉醒，对环境风险的认知和防范意识越来越强，对环境风险容忍度越来越低，社会公众的“可接受环境风险水平”处于转变期，对环境保护、风险防控和优质生态产品供给的要求越来越高。生态环境尽管持续改善，但改善幅度跟不上社会预期的上升，公众环境权益意识高涨，而环境责任意识、绿色生活行为滞后，“邻避”问题日益突出。

区位优势不明显导致城市发展受限。玉环市地处东南沿海一隅，自然资源缺乏，区位劣势相对明显。当前，我国大力推行“都市圈”发展，以核心大都市圈带动城市群发展。2019年2月，国家发展和改革委员会印发《关于培育发展现代化都市圈的指导意见》提出，培育发展一批现代化都市圈，形成区域竞争新优势，为城市群高质量发展、经济转型升级提供重要支撑。根据测算，在核心大城市周围50 km范围内，GDP增长潜力比其他地区每年高1～2个百分点。玉环市距离杭州、宁波等浙江核心大城市较远，在未来城市格局变化中所享受的资源有限，面临一定挑战。

第 6 章　总体战略和目标指标研究

6.1　玉环市经济与环境协调度研判

6.1.1　工业化进程研判

本章通过对玉环市的工业化进程研判玉环市近十年的经济发展水平。依据钱纳里工业化阶段理论，根据人均国内生产总值，综合三次产业结构、就业结构、城镇化水平等指标（表 6-1），将工业化进程划分为三个阶段六个时期[1]。从全国 31 个省（区、市，不含港澳台地区）的工业化进程结构来看，东部地区工业化进程处于全国领先地位，其中北京、天津、上海和江苏省已经率先进入后工业化发展阶段，山东、浙江、福建、广东四省也处于工业化发展后期，只有河北和海南两省仍处于工业化发展中期。中西部大部分地区仍处于工业化发展中期，只有内蒙古、陕西、重庆、湖北四个工业、能源强省（区、市）进入工业化发展后期。东北地区与中西部地区相似，工业发展水平较高的辽宁和吉林两省也进入工业化发展后期。

表 6-1　玉环市工业化进程研判方法

		人均 GDP（2008 年）/美元	三次产业结构	重工业占工业增加值比重	人口城镇化率	第一产业就业人员占比
前工业化		819～1 638	$A>I$	0～20%	30%以下	60%以上
工业化阶段	初期	1 638～3 277	$A>20\%$，且 $A<I$	20%～40%	30%～50%	45%～60%
	中期	3 277～6 553	$A<20\%$，$I>S$	40%～50%	50%～60%	30%～45%
	后期	6 553～12 287	$A<10\%$，$I>S$	50%～60%	60%～75%	10%～30%
后工业化		12 287 以上	$A<10\%$，$I<S$	60%以上	75%以上	10%以下

注：A，I，S 分别代表第一、第二、第三产业增加值在 GDP 中所占的比重。

[1] 李新，关杨，路路，等. 构建区域经济环境协调发展大格局[J]. 环境经济，2017（4），52-56.

该指标体系通常用于较大区域地区的工业化进程研判，为了便于对比，用该方法研判玉环市近十年（2009—2018 年）的工业化进程发展情况，结果见表 6-2。整体来看，玉环市部分指标已经达到后工业化阶段，但是总体上仍处于工业化发展后期。

表 6-2　玉环市工业化进程研判指标

指标	人均 GDP（2008 年）/美元	三次产业结构			重工业占工业增加值比重/%	人口城镇化率/%	第一产业就业人员占比/%
		A/%	*I*/%	*S*/%			
后工业化	12 287 以上	*A*＜10%，*I*＜*S*			60%以上	75%以上	10%以下
2009	8 554	6.76*	61.19	32.05	—	—	11.25
2010	10 678	6.4*	63.09	30.51	—	—	10.94
2011	12 294*	6.75*	61.82	31.44	—	—	11.14
2012	12 641*	6.8*	59.92	33.28	—	—	10.53
2013	13 598*	6.57*	59.18	34.25	—	—	10.36
2014	14 214*	6.35*	58.67	34.98	54.58	—	8.49*
2015	14 611*	6.73*	55.15	38.12	58.19	63.5	8.49*
2016	15 687*	6.98*	52.81	40.22	57.13	63.8	8.5*
2017	17 608*	6.44*	53.78	39.77	55.07	67.2	8.5*
2018	19 242*	5.92*	54.15	39.93	56.12	67.4	8.5*
2018（浙江）	14 203*	3.52*	41.83*	54.67*	25.57*	68.9	11.4

注：*A*，*I*，*S* 分别代表第一、第二、第三产业增加值在 GDP 中所占的比重；
“—”代表数据缺失；
“*”代表该数据达到后工业化阶段。

人均 GDP 和第一产业就业人员占比两项指标已经达到后工业化阶段。玉环市 2009 年、2010 年的人均 GDP 分别为 8 554 美元和 10 640 美元，处于工业化发展后期，自 2011 年起，玉环市人均 GDP 高于 12 287 美元，步入后工业化阶段。第一产业就业人员占比从 2014 年开始低于 10%，达到后工业化阶段水平（图 6-1，图 6-2）。

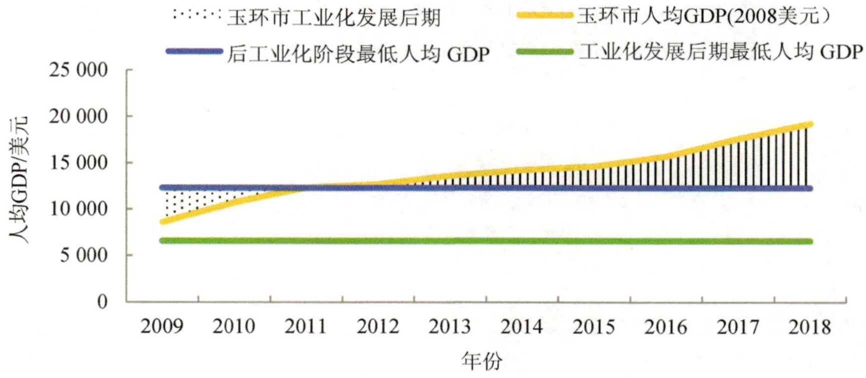

图 6-1　玉环市 2009—2018 年人均 GDP

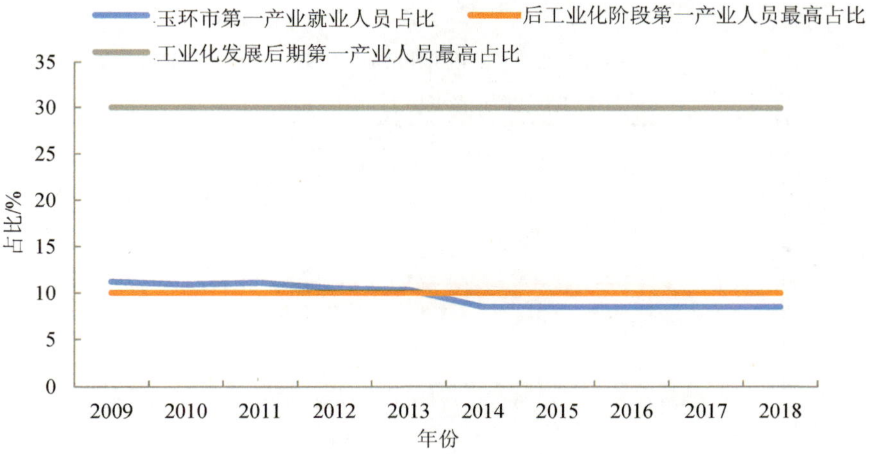

图 6-2　玉环市 2009—2018 年第一产业就业人员占比

三次产业结构、重工业增加值占工业增加值比重和人口城镇化率三个指标处于工业化阶段后期。玉环市近十年的第一产业占比均小于 10%，第二产业占比均高于第三产业，处于工业化发展后期水平。后工业化阶段要求第一产业占比小于 10%，且第二产业占比小于第三产业占比。玉环市主要差距是第二产业占比过高，但是从这十年的发展来看，第二产业占比与第三产业占比之间的差距在逐渐缩小。重工业增加值占工业增加值比重近几年在 50%～60%略有波动，处于工业化发展后期。人口城镇化率逐年提高，但距离后工业化阶段 75%的目标尚有一定距离。2014—2018 年，重工业增加值占工业增加值比重均小于 60%，与后工业化阶段标准有一定差距（图 6-3～图 6-5）。

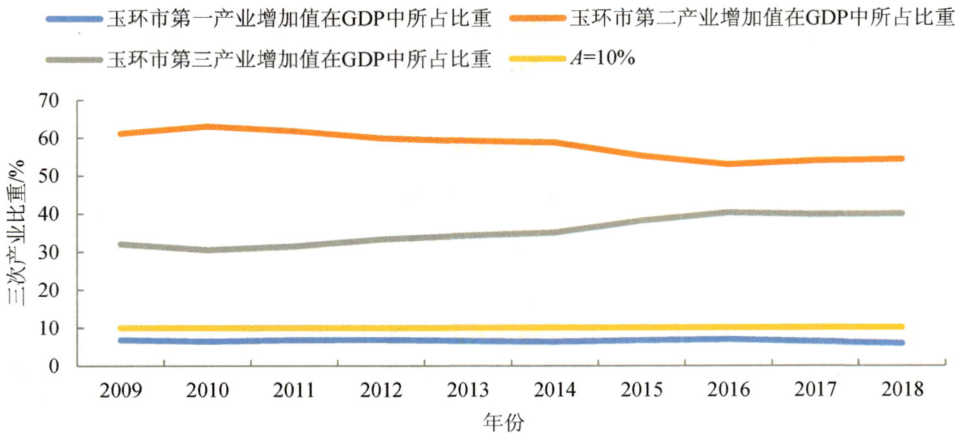

图 6-3 玉环市 2009—2018 年三次产业结构

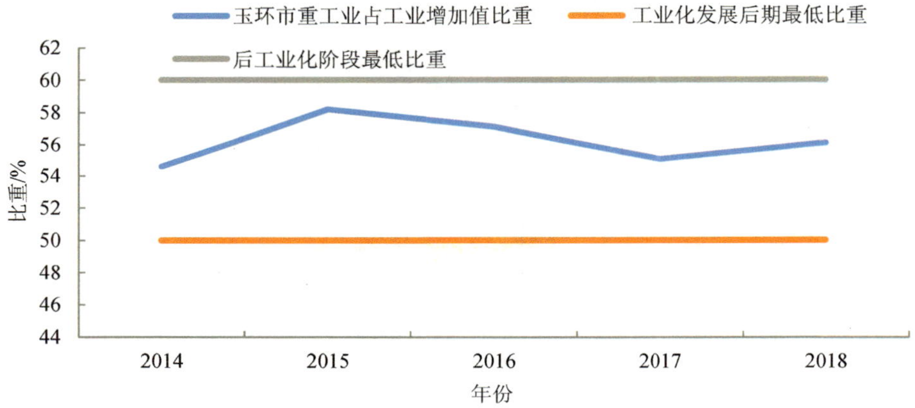

图 6-4 玉环市 2014—2018 年重工业增加值占工业增加值比重

图 6-5 玉环市 2015—2018 年人口城镇化率

6.1.2　经济与环境协调度分析

玉环市位于浙江省东南沿海地带，具有独特的滨海型生态环境特点，同时又是以工业发展为主的经济强市，已连续四年被评为全国综合实力百强县市。但随着城市建设进程的加快，玉环市经济与环境协调发展的矛盾越发突出，两者协调发展的难度较大。2019 年玉环市在百强县市排名第二十七位，但是在“两山”发展百强县公布名单中仅排名第七十六位[1]，绿色发展水平与经济实力不相匹配。经济和生态环境之间的协调发展是实现区域可持续发展的核心[2]，本节创建耦合协调度模型，测算玉环市经济发展和生态环境保护之间的耦合协调度水平，以期为玉环市制定经济与生态环境融合发展新政策提供参考，同时也为我国其他县市区经济与生态环境协调发展的评价提供借鉴。

本章研究选取了玉环市 2010—2019 年的发展数据，经济发展子系统数据源于《玉环市统计年鉴》；生态环境子系统中生态保护数据源于《玉环市国民经济和社会发展统计公报》，其余数据源于《玉环市环境质量公报》。

6.1.2.1　评价指标体系构建

经济发展和生态环境之间构成了一种复杂的非线性系统，因此要构建合理和严密的评价指标体系来评价两者间耦合协调程度。郭会君[6]指出经济高质量发展体系的核心指标有产业结构、污染排放与能耗、人口城市化水平等。李艳等[4]在构建经济和环境指标体系时提出要将动态指标和静态指标相结合，更好地反映经济—环境系统协调发展的整个过程。借鉴相关文献[7-9]，根据科学性和全面性原则，并考虑玉环市实际情况及数据可得性，选取玉环市 2010—2019 年经济和环境数据，把玉环市经济环境体系分为经济发展和生态环境两大子系统，选取经济发展实力、经济生活水平、经济结构、生态环境质量、环境建设、“三废”产生强度、生态保护方面等 7 个一级指标、26 项二级指标建

---

[1] 中国青年网. 2020 年“绿水青山就是金山银山”发展百强县发布[EB/OL]. [2020-09-29]. https：//www.sohu.com/a/421 58 3414_119 038.

[2] 潘明明，蔡玉婧，蒋世辉.区域经济、旅游、生态环境系统耦合协调发展研究——以新疆为例[J].新疆农垦经济，2014（1）：21-27.

[3] 宋马林，徐龙，王舒鸿，等.小样本数据下安徽省经济——环境系统协调发展的实证分析[J].地理研究，2013，32（8）：1402-1410.

[4] 李艳，曾珍香，武优西，等.经济—环境系统协调发展评价方法研究及应用[J].系统工程理论与实践，2003（5）：54-58.

[5] 李建新.环境转变论与中国环境问题[J].北京大学学报（哲学社会科学版），2000（6）：105-111.

[6] 郭会君.经济高质量发展与生态环境保护耦合效应研究[J].合作经济与科技，2020（14）：34-35.

[7] 童思聪.西部地区经济发展与生态环境耦合协调度分析[J].上海节能，2019（7）：595-600.

[8] 原琳娜，李富佳，董锁成，等.西安市生态环境与经济发展的耦合关系[J].地域研究与开发，2016，35（3）：128-132.

[9] 张乐勤，荣慧芳.安徽省经济发展与生态环境耦合协调评价与趋势预测[J].中国环境管理，2017，9（5）：77-83.

立指标体系。

设有 m 年、n 个指标评价，构建原始数据评价矩阵。由于本书选取的指标有正向指标"+"和负向指标"−"，需要进行以下标准化处理：

正向指标：$Z_{ij}=\dfrac{(a_{ij}-\min a_{ij})}{(\max a_{ij}-\min a_{ij})}$

负向指标：$Z_{ij}=\dfrac{(\max a_{ij}-a_{ij})}{(\max a_{ij}-\min a_{ij})}$

式中，a_{ij}——i 年 j 指标的原始数据；

$\max a_{ij}$ 和 $\min a_{ij}$——第 j 项指标在 i 年当中的最大值和最小值；

Z_{ij}——第 j 项指标在第 i 年的标准化值，$Z_{ij}\in[0，1]$。

采用熵权法确定各指标熵值并计算权重：

$$e_j=-\frac{1}{\ln 10}\sum_{i=1}^{10}P_{ij}\ln P_{ij},P_{ij}=\frac{Z_{ij}}{\sum\limits_{i=1}^{10}Z_{ij}}$$

$$W_j=\frac{(1-e_j)}{\sum\limits_{j=1}^{n}(1-e_j)}$$

式中，P_{ij}——第 j 项指标第 i 年所占的比重；

e_j——熵值，假设 P_{ij}=0，$P_{ij}\ln P_{ij}$=0，W_j 代表权重；

n——指标个数，其中经济发展系统 11 个指标，生态环境系统 15 个指标。

根据玉环市原始数据和以上处理计算公式计算得到玉环市经济与生态环境耦合协调指标体系权重 W_j（表 6-3）。

表 6-3 玉环市经济与生态环境耦合协调指标体系及权重

子系统	一级指标	二级指标	属性
经济发展系统	经济发展实力（A1）	人均 GDP/（元/人）	+
		人均社会消费品零售额/（元/人）	+
		人均社会固定资产投资/（元/人）	+
		人均财政收入/（元/人）	+
		人均外贸进出口总额/（元/人）	+
		人均工业产值/（元/人）	+
	经济生活水平（A2）	城镇居民人均可支配收入/（元/a）	+
		农村居民人均可支配收入/（元/a）	+

子系统	一级指标	二级指标	属性
经济发展系统	经济结构（A3）	第二产业比重/%	+
		第三产业比重/%	+
		第三产业从业人员占比/%	+
生态环境系统	生态环境质量（B1）	二氧化硫质量浓度（mg/m^3）	−
		二氧化氮质量浓度（mg/m^3）	−
		PM_{10}/（mg/m^3）	−
		酸雨 pH（B15）	+
		AQI 优良率/%	+
	环境建设（B2）	生活垃圾无害化处理率/%	+
		污水处理率/%	+
		工业固体废物利用率/%	+
	“三废”产生强度（B3）	工业废气排放量/（万 m^3/a）	−
		工业废水排放量/（万 t/a）	−
		工业固体废物产生量/（万 t/a）	−
		工业二氧化硫排放总量/（t/a）	−
		工业烟尘排放总量/（t/a）	−
	生态保护（B4）	人均公园绿地面积/（m^2/a）	+
		绿化覆盖率/%	+

6.1.2.2　耦合协调度模型及评判标准

查阅并借鉴其他文献[1-3]关于耦合协调度的设定，建立如下耦合协调度模型，设 X_j' 为经济发展系统中第 i 年第 j 个指标的标准化值，Y_j' 为生态环境发展系统中第 i 年第 j 个指标的标准化值。经济发展综合发展指数 $F(X)$ 和生态环境综合发展指数 $F(Y)$ 的计算公式如下：

$$F(X)=\sum_{j=1}^{11}W_jX_j'\text{，}\quad F(Y)=\sum_{j=1}^{15}W_jY_j'$$

同时引入耦合度 C，验证两者相互作用程度；协调度 T，反映两者整体协同水平；耦合协调度 D，反映两者整体的耦合发展程度。C、T、D 的计算公式如下：

[1] 李丹，邬锦雯，李敏.基于 GRA 的互联网经济与生态环境协调发展测度模型研究[J].情报探索，2020（6）：26-32.
[2] 马亚亚，刘国彬，张超，等. 陕北安塞县生态与经济系统耦合协调发展研究[J]. 生态学报，2019，39（18）：1-10.
[3] 吴玉鸣，张燕. 中国区域经济增长与环境的耦合协调发展研究[J]. 资源科学，2008（1）：25-30.

$$C=\left\{\frac{F(X)\times F(Y)}{\left[\frac{F(X)+F(Y)}{2}\right]^2}\right\}^k$$

$$T=\alpha F(X)+\beta F(Y),D=\sqrt{C\times T}$$

式中，α 和 β——待定系数，由于经济发展和生态环境保护两系统同等重要，故 $\alpha=\beta=0.5$；

k——调节系数，由于包含经济发展与生态环境保护两个系统，故 $k=2$。

借鉴廖重斌对珠江三角洲建立的协调发展度模型[1]，建立玉环市经济与环境耦合协调度评价模型；按照 $F(X)$ 和 $F(Y)$ 的大小关系将 D 分为 21 种综合评价类型，见表 6-4。

表 6-4 经济与环境耦合协调的分类体系及其判别标准

类别	D 范围	F（X）和 F（Y）关系	综合评价耦合协调类型
优质协调	0.9～1.0	$F(X)>F(Y)$	优质协调类，环境滞后型
		$F(X)=F(Y)$	优质协调类，环境与经济同步型
		$F(X)<F(Y)$	优质协调类，经济滞后型
良好协调	0.8～0.9	$F(X)>F(Y)$	良好协调类，环境滞后型
		$F(X)=F(Y)$	良好协调类，环境与经济同步型
		$F(X)<F(Y)$	良好协调类，经济滞后型
中等协调	0.7～0.8	$F(X)>F(Y)$	中等协调类，环境滞后型
		$F(X)=F(Y)$	中等协调类，环境与经济同步型
		$F(X)<F(Y)$	中等协调类，经济滞后型
初级协调	0.6～0.7	$F(X)>F(Y)$	初级协调类，环境滞后型
		$F(X)=F(Y)$	初级协调类，环境与经济同步型
		$F(X)<F(Y)$	初级协调类，经济滞后型
勉强协调	0.5～0.6	$F(X)>F(Y)$	勉强协调类，环境滞后型
		$F(X)=F(Y)$	勉强协调类，环境与经济同步型
		$F(X)<F(Y)$	勉强协调类，经济滞后型
濒临失调	0.4～0.5	$F(X)>F(Y)$	濒临失调类，环境滞后型
		$F(X)=F(Y)$	濒临失调类，环境与经济同步型
		$F(X)<F(Y)$	濒临失调类，经济滞后型
失调衰退	0.0～0.4	$F(X)>F(Y)$	失调衰退类，环境滞后型
		$F(X)=F(Y)$	失调衰退类，环境与经济同步型
		$F(X)<F(Y)$	失调衰退类，经济滞后型

[1] 廖重斌.环境与经济协调发展的定量评判及其分类体系——以珠江三角洲城市群为例[J].热带地理，1999（2）：3-5.

6.1.2.3　经济与环境协调度结果分析

（1）一级指标综合发展指数分析。经济发展系统一级指标发展综合发展指数如图 6-6 所示，可以看出 A1 的综合发展指数由 2010 年的 0.001 9 升至 2019 年的 0.490 9，表明玉环市经济发展实力快速提升，2017 年增幅较大；A2 直线上升，由 0 升至 0.174 1，居民经济生活水平持续提高；A3 在党的十八大以前略处于下降趋势，2012 年后呈“N”形波动缓慢型增长，究其原因与经济发展粗放密不可分，玉环市现有产业多为劳动密集型产业，产品附加值不高，产业结构一直面临转型升级困难问题。

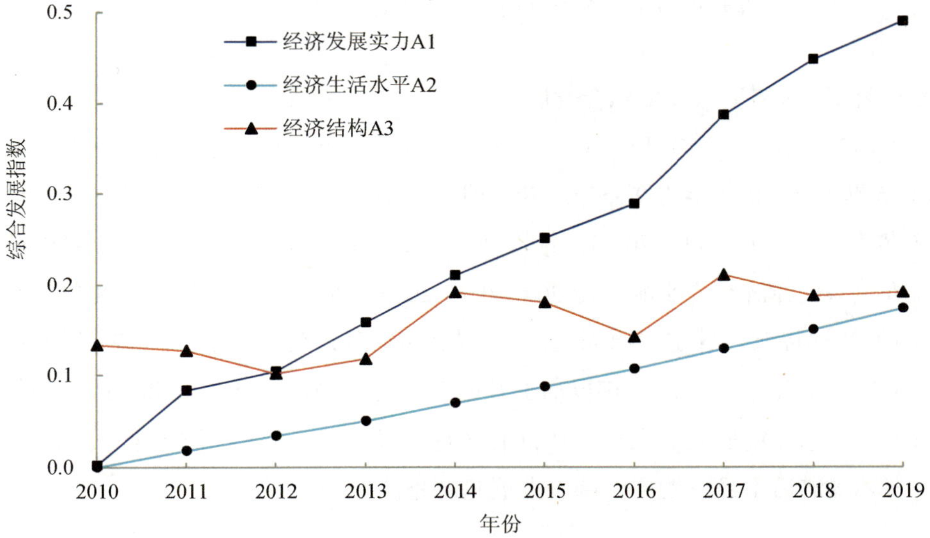

图 6-6　玉环市 2010—2019 年经济发展系统一级指标综合发展指数变化

生态环境系统一级指标综合发展指数如图 6-7 所示，生态环境系统一级指标中，B1 的综合发展指数在 2010—2013 年呈下降趋势，2014—2018 年增长迅速，得益于政府及有关部门环境政治工作的卓越成效，积极开展“五水共治”“四边三化”“三改一拆”等一系列环境综合治理行动，持续推进文明创建。B2 与 B4 均呈缓慢上升趋势，表明玉环市环境建设和生态保护工作进展较慢；B3 为逆向指标，2016 年迅速上升，上升幅度相对较大，表明该段时期玉环市“三废”产生强度下降，环境质量得到有效提升。B3 在 2019 年又急速下降，表明 2019 年相对 2018 年“三废”产生强度增大，也相应可以看出 2019 年生态环境质量 B1 呈下降趋势。

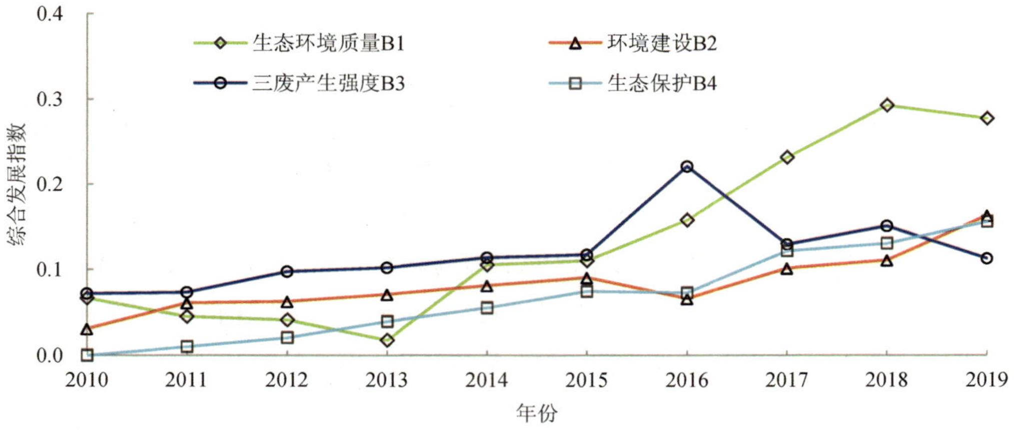

图 6-7　玉环市 2010—2019 年生态环境系统一级指标综合发展指数变化

（2）经济发展和生态环境综合发展指数分析。玉环市 2010—2019 年 *F*（*X*）和 *F*（*Y*）变化如图 6-8 所示，*F*（*X*）和 *F*（*Y*）均整体呈上升趋势，经济发展综合指数由 2010 年的 0.134 5 跃升至 2019 年的 0.857 0，年均升幅 22.85%，生态环境综合指数由 2010 年的 0.169 1 攀升至 2019 年的 0.709 3，年均升幅 17.27%。玉环市经济发展综合发展指数呈上升趋势，但受经济结构影响，在 2012 年和 2015—2016 年增速较慢，2014 年和 2017 年 *F*（*X*）快速提升，其主要原因是经济结构综合指数得到了提升。生态环境综合发展指数也呈稳步上升趋势，2013 年以前上升趋势较为缓慢，2014 年和 2016 年增长幅度较大的原因是生态环境质量的上升。从目前来看，玉环市 *F*（*Y*）增幅略低于 *F*（*X*），总体上生态环境滞后于经济发展，两者发展趋势不匹配。

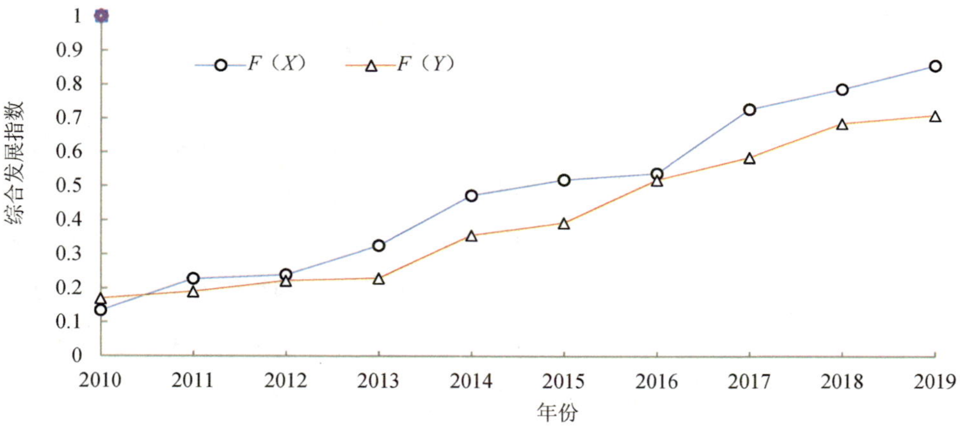

图 6-8　玉环市 2010—2019 年经济发展与生态环境综合发展指数变化

（3）经济发展和生态环境耦合协调水平分析。玉环市经济发展与生态环境耦合协调类型分别如表 6-5、图 6-9 所示。从 *C* 来看，两者的同步性变化不大。从 *T* 来看，两者整体协同水平逐步增加。从 *D* 来看，2010 年 *D* 处于失调衰退类。2011 年和 2012 年在保增长、抓转型、重民生、促稳定等措施下，玉环市经济运行呈增速发展；但传统产业快速发展导致产生的废水、废气、固体废物等不断增加，环境质量有所下降；*D* 由失调衰退类转化为濒临失调类，生态环境相对经济发展较为滞后。2012—2016 年，*D* 逐步由濒临失调衰退类演变为勉强、初级和中等协调类，2017 年转变为良好协调类并持续至今。对比 2010—2019 年 *F*（*X*）和 *F*（*Y*）的关系可知，除了 2010 年属于经济滞后型，其他年份均为环境滞后型。目前，玉环市经济发展和生态环境之间还未达到优质耦合协调类，且 2019 年 *F*（*X*）和 *F*（*Y*）差值变大，呈现出经济发展增长强于生态环境发展的势头，一定程度上体现出在经济持续下行压力下，政府对发展经济工作的重视和推进，同时说明如果放松生态环境保护，生态环境和经济发展的协调性可能会降低。在经济高速向现在高质量发展转变的关键时期，全国生态环境保护的战略定力不能减。玉环市在未来发展应着重经济的绿色转型升级，同时大力推进生态环境保护工作，促使经济和环境协调发展。

表 6-5　玉环市经济发展与生态环境耦合协调状况

年份	经济发展 *F*（*X*）	生态环境 *F*（*Y*）	耦合度 *C*	协调度 *T*	耦合协调度 *D*	耦合协调类型
2010	0.134 5	0.169 1	0.974 1	0.151 8	0.384 5	失调衰退类，经济滞后型
2011	0.227 9	0.189 2	0.982 9	0.208 6	0.452 8	濒临失调类，环境滞后型
2012	0.239 9	0.221 4	0.996 8	0.230 7	0.479 5	濒临失调类，环境滞后型
2013	0.325 8	0.229 7	0.941 0	0.277 8	0.511 3	勉强协调类，环境滞后型
2014	0.472 4	0.356 0	0.960 9	0.414 2	0.630 9	初级协调类，环境滞后型
2015	0.518 9	0.393 0	0.962 2	0.455 9	0.662 3	初级协调类，环境滞后型
2016	0.537 5	0.518 0	0.999 3	0.527 7	0.726 2	中等协调类，环境滞后型
2017	0.728 1	0.584 6	0.976 2	0.656 4	0.800 5	良好协调类，环境滞后型
2018	0.787 3	0.685 1	0.990 4	0.736 2	0.853 9	良好协调类，环境滞后型
2019	0.857 0	0.709 3	0.982 3	0.783 2	0.877 1	良好协调类，环境滞后型

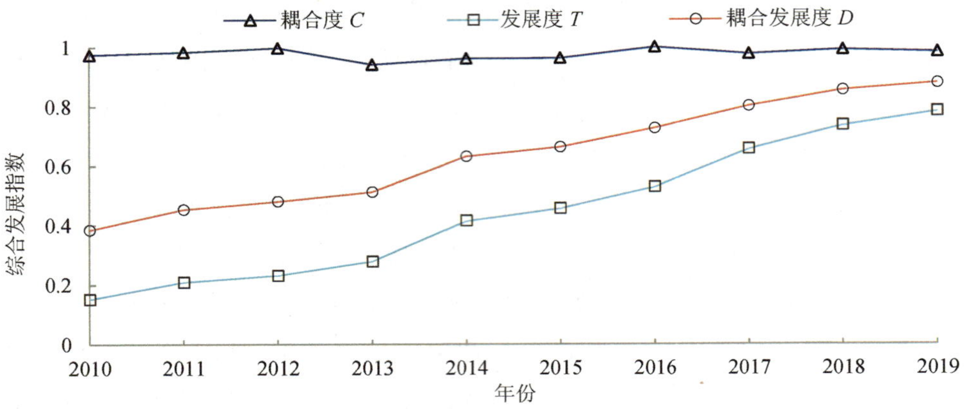

图 6-9　玉环市 2010—2019 年经济发展与生态环境耦合协调水平动态变化

6.1.2.4　小结

（1）剖析经济发展系统和生态环境系统的一级指标可知，玉环市经济发展实力逐渐提升，居民经济生活水平持续提高，但产品附加值不高，面临产业结构转型升级难的问题；生态环境质量虽有所提升，但生态保护和环境建设工作进展较慢，“三废”产生强度呈上升趋势，环境质量能否持续改善面临一定压力。

（2）玉环市经济发展和生态环境之间的耦合度一直高于 0.9，说明玉环市经济和环境之间相互作用和影响程度较高，耦合协调度经历了失调衰退到良好协调的发展历程。虽然玉环市经济发展和生态环境综合发展指数均呈稳步上升态势，但经济综合发展指数明显高于生态环境综合发展指数，两者仍呈不匹配状态，且 2019 年经济发展和生态环境之间的差值变大，呈现出经济发展增长强于生态环境发展的势头。说明近几年在经济持续下行压力下，政府加强了对经济工作的重视，产业结构和经济发展模式不合理导致高污染、高消耗，如果放松生态环境保护力度，生态环境和经济发展的协调性可能会降低。

（3）针对目前经济发展和生态环境之间相互影响的情况，玉环市应坚持在发展中保护、在保护中发展，积极响应协同推动经济高质量发展和生态环境高水平保护，力争实现经济发展和生态环境之间的优质耦合协调。一方面，应加快调整优化产业结构，大幅增加产品附加值，重点助推主导产业升级，打造与资源环境承载力相适应的产业结构和经济发展模式，实现低碳循环高效的美丽绿色经济；另一方面，更应将持续改善生态环境质量作为重点，通过系列工程措施降低“三废”产生强度，大力推进生态保护和环境建设工作，提高森林生态系统质量，建设天蓝水碧土净的美丽健康环境，抚育山青岛秀鱼跃的美丽自然生态。

6.2 环境质量对标分析

6.2.1 对标国际

充分考虑指标可得性、区域发展水平差异性、指标数据可得性、统计口径不同等因素，明确对标区域、对标时间段和对标指标。

对标区域选择。综合考虑数据可得性、区域可比性，选择美国、德国、欧盟、法国、韩国、日本、新加坡等具有长时间生态城市建设历史或者注重生态、宜居城市建设的国家或地区为对标区域。

对标时间段。就发展阶段而言，玉环市与发达国家尚有一定的差距。考虑到人口、GDP 总量差异较大，不具备比较的可能，选择了对标国家与玉环市 2018 年人均 GDP 相似阶段经济、环境、社会发展情况的相关指标进行对标。

对标指标。考虑到统计指标、统计口径的差异，对标筛选后，选择第三产业占 GDP 的比重为经济发展比较指标，选择森林覆盖率[1]、SO_2 污染物排放强度、$PM_{2.5}$ 年均浓度为环境保护比较指标，选择人口自然增长率、城镇化率为社会进步比较指标。具体对标结果如表 6-6 所示。

表 6-6 以人均 GDP 为基准对标发达国家历史阶段的玉环市 2018 年经济、环境、社会发展水平

指标	玉环市	美国	德国	欧盟	法国	韩国	日本	新加坡
年人均 GDP/美元	20 195[2]	20 100.86	22 219.57	19 860.22	21 690.63	20 888.38	20 745.25	21 578.46
对应年份	2018	1987	1990	1995	1990	2006	1987	1994
人口/万人	43.53	24 228.90	7 943.30	48 427.13	5 851.28	4 843.83	12 209.10	341.90
GDP/亿美元	87.76[3]	48 702.17	17 649.68	96 177.33	12 691.80	10 117.97	25 328.09	737.78
第三产业占 GDP 比重/%	39.9	72.10（1997）	56.30（1991）	60.84	61.99	54.24	63.03（1994）	61.85
森林覆盖率/%	45.3	33.02（1990）	32.37	35.77	26.36	64.50	68.43（1990）	24.40

[1] 本章玉环市森林覆盖率指标选择 2018 年数值作对标分析，数据来源《玉环市 2018 年国民经济和社会发展统计公报》，即 2018 年森林覆盖率为 45.3%。《玉环市 2019 年国民经济和社会发展统计公报》中森林覆盖率公开数据为 39.4%。

[2] 数据来源《玉环市 2018 年国民经济和社会发展统计公报》：2018 年，全市户籍人均生产总值为 133 639 元，比上年增长 6.3%，按年平均汇率 6.617 4 折算，人均生产总值约合 20 195 美元。

[3] 按照 2018 年人民币兑美元平均汇率为 6.617 4 折算。

指标	玉环市	美国	德国	欧盟	法国	韩国	日本	新加坡
SO_2污染物排放强度[1]/（kg/10^3美元）	0.15	2.31（1990）	2.28	—	0.76	0.35	0.34（1990）	—
$PM_{2.5}$年均质量浓度（μg/m^3）	23	11.38（1990）	17.45	17.16	14.16	25.94（2005）	12.72（1990）	19.02（1995）
人口自然增长率/‰	4.16	0.89	0.86	0.21	0.57	0.53	0.49	3.14
城镇化率/%	67.4	74.79	73.12	71.11	74.06	81.53	76.96	100.00

数据来源：中国国家统计局网站、2018年玉环市国民经济和社会发展统计公报、OECD数据库、世界银行数据库。

6.2.1.1 经济发展

以人均GDP对标分析，2018年玉环市的经济发展水平相当于发达国家1990年左右时期的水平。2018年，玉环市GDP、人均GDP分别为87.76亿美元和20 195美元/人。2018年，玉环市人均GDP相当于美国1987年（20 011.4美元）的经济水平、德国1990年（22 219.57美元）的经济水平、欧盟1995年（19 860.22美元）的经济水平、法国1990年（21 690.63美元）的经济水平、韩国2006年（20 888.38美元）的经济水平、日本1987年（20 745.25美元）的经济水平、新加坡1994年（21 578.46美元）的经济水平。

人均GDP相似阶段，玉环市第三产业占GDP的比重相比发达国家偏低，产业发展水平有待提高。选择第三产业占GDP比重作为经济发展水平表征指标，将注重生态、宜居城市建设的国家与玉环市2018年人均GDP相似水平时期的情况比较发现：2018年玉环市第三产业占GDP的比重为39.9%，低于韩国2006年的水平（54.24%）、德国1991年的水平（56.3%）、欧盟1995年的水平（60.84%）、法国1990年的水平（61.99%）、新加坡1994年的水平（61.85%）。由于美国和日本缺失人均GDP相似阶段的数据，不予比较。

6.2.1.2 生态环境保护

人均GDP相似阶段，玉环市森林覆盖率水平低于韩国和日本，但高于其他国家。选择森林覆盖率水平作为自然生态保护表征指标，将注重生态、宜居城市建设的国家与玉环市2018年人均GDP相似水平时期的情况比较发现：2018年玉环市森林覆盖率为45.3%，与韩国2006年的水平（64.5%）、日本1990年的水平（68.43%）相比偏低，与美国1990年的水平（33.02%）、德国1990年的水平（32.37%）、欧盟1995年的水平（35.77%）、法国1990年的水平（26.36%）、新加坡1994年的水平（24.4%）相比则偏高。

[1] 为单位GDP的SO_2排放强度。

人均 GDP 相似阶段，玉环市 SO_2 污染物排放强度水平低于其他国家水平，污染物排放环境效率较高。选择 SO_2 污染物排放强度水平作为环境污染物排放效率表征指标，将注重生态、宜居城市建设的国家与玉环市 2018 年人均 GDP 相似水平时期的情况比较发现：2018 年玉环市 SO_2 污染物排放强度为 0.15 kg/10^3 美元，远低于德国 1990 年（2.28 kg/10^3 美元）、法国 1990 年（0.76 kg/10^3 美元）、韩国 2006 年（0.35 kg/10^3 美元）等国家的同时期水平。

人均 GDP 相似阶段，玉环市 $PM_{2.5}$ 年均浓度低于韩国，但高于其他国家同时期水平，空气质量水平相对较差。选择 $PM_{2.5}$ 年均浓度作为环境质量表征指标，将注重生态、宜居城市建设的国家与玉环市 2018 年人均 GDP 相似水平时期的情况比较发现：2018 年玉环市 $PM_{2.5}$ 年均质量浓度为 23 μg/m^3，是其他国家同时期水平的 1.5～2 倍，空气质量相对较差。

6.2.1.3 社会进步

人均 GDP 相似阶段，玉环市城镇化率低于其他国家同时期水平。选择城镇化率作为社会进步表征指标，将注重生态、宜居城市建设的国家与玉环市 2018 年人均 GDP 相似水平时期的情况比较发现：2018 年玉环市城镇化率为 67.4%，低于美国 1987 年（74.79%）、德国 1990 年（73.12%）、欧盟 1995 年（71.11%）、法国 1990 年（74.06%）、日本 1987 年（76.96%）、韩国 2006 年（81.53%）、新加坡 1994 年（100%）的水平。

6.2.2 对标国内

本节将 2018 年玉环市与全国、浙江省及先进城市的经济发展水平、生态环境保护、社会进步情况进行对标，依据城市生态宜居水平，选择杭州市、台州市、温州市为先进城市代表，对标结果如表 6-7 所示。

表 6-7 玉环市 2018 年经济、环境、社会发展水平对标

指标	玉环市	全国	浙江省	杭州市	台州市	温州市
年人均 GDP/元	92 553	64 644	98 643	140 180	79 541	65 055
人口/万人	62.8	139 538	5 737	980.6	613.9	925
GDP/亿元	580.77	900 309	56 197.15	13 509.15	4 874.67	6 006.16
第三产业占 GDP 比重/%	39.9	52.2	56.2	63.9	49.8	58
森林覆盖率/%	45.3	22.96	61.2	66.8	61.6	60.7
SO_2 污染物排放强度[1]/（t/亿元）	4.50	31.26*	8.77	4.13	4.22	3.89

[1] SO_2 污染物排放强度为二氧化硫排放量与工业增加值的比值。

指标	玉环市	全国	浙江省	杭州市	台州市	温州市
$PM_{2.5}$年均浓度/（$\mu g/m^3$）	23	39	31	40	29	30
人口自然增长率/‰	4.16	3.81	5.44	6.3	4.24	6.5
城镇化率/%	67.4	59.58	68.9	77.4	63	70

注：年人均 GDP 按常住人口计算，*全国 SO_2 污染物排放强度为 2017 年数据。

数据来源：中国国家统计局网站、2018年国民经济和社会发展统计公报、2018年玉环市国民经济和社会发展统计公报、2018年浙江省国民经济和社会发展统计公报、2018年杭州市国民经济和社会发展统计公报、台州市2018年国民经济和社会发展统计公报、2018年温州市国民经济和社会发展统计公报。

6.2.2.1 经济发展

以人均 GDP 对标分析，2018 年玉环市经济发展水平高于全国平均水平。2018 年，玉环市人均 GDP 为 92 553 元/人，而 2018 年全国人均 GDP 为 64 644 元/人。2018 年，玉环市经济发展水平与浙江省平均水平相差不大，略低于浙江省平均水平 6 000 元。对标先进城市杭州市、台州市、温州市，2018 年玉环市人均 GDP 与杭州市相差较大，低于杭州市人均生产总值 47 627 元；但玉环市的人均 GDP 高于台州市 13 012 万元、高于温州市 27 498 万元。

然而，玉环市第三产业占 GDP 的比重却不及全国与浙江省平均水平，低于全国第三产业占比 12 个百分点，低于浙江省平均水平 16.3 个百分点，产业发展水平有待提高。选择第三产业占 GDP 比重作为经济发展水平表征指标，玉环市第三产业占比与注重生态、宜居城市建设的先进城市有一定差距：2018 年玉环市第三产业占 GDP 的比重为 39.9%，与杭州市差距最大，低于杭州市第三产业占比 24 个百分点；低于温州市第三产业占比 18.1 个百分点；玉环市第三产业与台州市最接近，但仍低于台州市第三产业占比接近 10 个百分点。

6.2.2.2 生态环境保护

玉环市森林覆盖率高于全国平均水平。选择森林覆盖率水平作为自然生态保护表征指标，通过比较发现：2018 年玉环市森林覆盖率为 45.3%，接近全国 2018 年的森林覆盖率 22.96%的两倍。但是与浙江省平均水平及先进城市对比，玉环市森林覆盖率偏低，低于浙江省平均水平，与先进城市的森林覆盖率有一定差距。选择森林覆盖率水平作为自然生态保护表征指标，与对标城市比较发现：2018 年先进城市杭州市、台州市、温州市的森林覆盖率都高于 60%，浙江省平均水平为 61.2%，而玉环市森林覆盖率仅为 45.3%，低于杭州市森林覆盖率约 20 个百分点。

玉环市 SO_2 污染物排放强度水平远低于全国整体水平且低于浙江省整体水平，但普遍高于浙江省先进代表城市，污染物排放环境效率有待提高。选择 SO_2 污染物排放强度水平作为环境污染物排放效率表征指标，通过比较发现：2018 年玉环市的 SO_2 污染物排放强度为 4.5 t/亿元，虽然远低于全国平均水平 31.26 t/亿元，且低于浙江省整体水平，大约是浙江省 SO_2 污染物排放强度（8.77 t/亿元）的一半，但是玉环市 SO_2 污染物排放强度高于对标先进城市，是温州市 SO_2 污染物排放强度 3.89 t/亿元的 1.16 倍，且略高于杭州市（4.13 t/亿元）和台州市（4.22 t/亿元）的 SO_2 污染物排放强度。

玉环市 $PM_{2.5}$ 年均质量浓度低于全国平均水平，且低于浙江省平均水平，空气质量水平相对对标先进城市较好。选择 $PM_{2.5}$ 年均质量浓度作为环境质量表征指标，通过比较发现：2018 年玉环市的 $PM_{2.5}$ 年均质量浓度为 23 μg/m^3，低于全国 2018 年 $PM_{2.5}$ 年均质量浓度 39 μg/m^3，低于浙江省平均水平、台州市和温州市的 $PM_{2.5}$ 年均质量浓度 7 μg/m^3 左右，接近杭州市 $PM_{2.5}$ 年均质量浓度（40 μg/m^3）的一半。

6.2.2.3　社会进步

玉环市城镇化率高于全国，与浙江省平均水平、温州市城镇化率相差不大，稍高于台州市城镇化率，与杭州市社会发展水平有一定差距。选择城镇化率作为社会进步表征指标之一，通过比较发现：2018 年玉环市城镇化率为 67.4%，高于全国 2018 年的城镇化率 59.58%，接近浙江省平均水平 68.9%，稍低于温州市 70%的城镇化率，稍高于台州市 63%的城镇化率，但与杭州市有一定差距，低于杭州市城镇化率 10 个百分点。

城市化是社会、经济发展的必然趋势，人口发展应与社会经济发展速度相适应。玉环市的人口自然增长率高于全国平均水平，但低于浙江省及先进城市的人口自然增长率。选择人口自然增长率作为社会进步表征指标之一，通过比较发现：2018 年玉环市的人口自然增长率为 4.16‰，高于全国人口自然增长率 3.81‰，低于浙江省人口自然增长率 1.3 个千分点，与台州市人口自然增长率 4.24‰相差不大，与杭州市、温州市的人口自然增长率有一定差距，低于它们 2 个千分点。

6.3　总体战略研究

6.3.1　指导思想

以习近平新时代中国特色社会主义思想为统领，全面贯彻落实党的十九大精神，深入领会和贯彻习近平生态文明思想，统筹推进“五位一体”总体布局，协调推进“四个全面”战略布局，坚持人与自然和谐共生，贯彻落实创新、协调、绿色、开放、共享的发展理念，紧扣“八八战略”，凸显玉环市“因海而生向海而兴”的特色，以全面改善生态环境质量为核心，绿色发展为主线，生态环境治理为抓手，严格实施生态空间管控，促进形成绿色发展方式和生活方式，高水平建设陆海统筹生态文明示范区和“两山”实践创新基地，打造经济先发地区的绿色转型样板，高质量建成滨海型美丽城市。

6.3.2 基本原则

坚持以人为本、绿色发展。做好美丽城市建设，要坚持以人为本，不断满足人民群众日益增长的对高质量生活、健康体魄和优美生态环境的需要。坚持尊重自然、顺应自然、保护自然，实现人与自然和谐发展，将生态环境承载力作为经济社会发展的重要前提，强化循环经济和绿色发展，建设社会公众广泛参与的社会治理体系，让人民群众有明显的获得感和幸福感。

坚持质量核心，远近兼顾。围绕生态环境质量全面改善的目标，坚持“绿水青山就是金山银山”，高起点推进、高水平保护、高质量发展，既集中精力解决突出环境污染和生态破坏问题，补齐短板，又注重形成绿色生产和生活方式。坚持一张蓝图绘到底，分近、中、远期三个阶段，明确阶段目标和任务，攻坚战与持久战相结合，稳中求进，久久为功。

坚持系统治理、综合施策。坚持统筹兼顾，系统治理，全面推进空间管控、生态经济、生态环境、生活文化、治理体系等领域建设，既追求生态环境效益，又追求经济效益和社会效益，实现“两山”共荣共享；综合运用多种政策手段，既发挥好行政、法治手段的约束作用，又发挥好市场、技术手段的支撑保障作用；两手发力，既强化顶层设计、政策制定和统筹指导，又强化监督监管，推动落实。

坚持深化改革、创新制度。立足玉环市实际，深入研究和积极探索建设滨海型美丽城市的路径、模式、政策和制度。健全责任体系、监管制度、“绿水青山”和“金山银山”转换机制、市场体系、全民行动体系等生态文明制度体系，强化合力，改革创新服务型政府导向机制，建设以法治为先导、市场为主导、全民共同参与的美丽玉环建设大格局，实现生态环境治理体系和能力现代化。

坚持国内领先、全球视野。以建设滨海型美丽城市标杆、健康宜居的现代名城为目标，对标经济、社会、生态环境等领域美丽建设的国内外先进水平，以开放、创新、未来的视野，高标准、高水平推进美丽玉环建设，实现经济高质量发展，将玉环市打造成为美丽中国建设的滨海型城市样板、彰显海韵风情的现代化国际海湾城市。

6.3.3 战略定位

以“美丽玉环”建设为统领，以绿色发展为主线，生态环境治理为抓手，生态文化体系为灵魂，生态文明制度体系为保障，内外兼修，标本兼治，分阶段、分重点系统推进生态文明建设，将生态文明建设深度融入“五位一体”的建设体系中去，努力将玉环市打造成美丽中国建设的滨海型城市样板、美丽浙江建设的优秀示范区。

生态文明建设的滨海型城市实践创新基地。立足玉环市山海兼具、绿岛蓝湾的特点，以面向全球的视野，秉持“绿水青山是金山银山，绿岛蓝湾也是金山银山”的理念，深化生态文明实践，协同推进经济、环境、社会高度协调发展，讲好“玉环故事”“海岛故事”，通过创建滨海型国家生态文明建设示范区和“绿水青山就是金山银山”实践创新基地，全力推进新时代美丽玉环建设，走出一条陆海统筹的生态文明建设实践创新之路，为落实联合国 2030 年可持续发展议程和建设滨海型城市生态文明提供玉环样板。

美丽浙江建设的优秀示范区。紧密衔接浙江省“重要窗口”的新目标新定位，拉高标杆，干在实处，走在前列，勇立潮头，高标准推进新时代美丽玉环建设，率先实现生态环境质量全面改善，创造出更多富有玉环辨识度和显示度的成果，把绿色真正固化为玉环发展最动人、最鲜明的底色，努力成为新时代全面展示中国特色社会主义制度优越性的“重要窗口”的“美丽示范点”和美丽浙江建设的优秀示范区。

经济先发地区的生态文明转型样板。依托改革开放以来快速发展所积累的财力、产业、技术和人才优势，聚焦先进制造业，提升产品附加值和资源利用效率，打造中国阀门和交通装备零部件精工制造基地，发展科技研发、产品设计、文化创意等生产性服务业，做精休闲旅游产业，提升农、渔产品的品质和品牌影响力，打通“绿水青山”和“金山银山”转化通道，将玉环市建设成为浙东南地区重要发展极、长三角民营经济高质量发展示范市、全国经济先发地区的小城市生态文明转型样板。

城市环境治理体系和治理能力现代化的先行先试区。突出政府服务和监管功能，推动政府数字化转型，强化制度优化创新，健全政府、企业、公众责任体系，全面提升治理能力建设，构建“政府有为”“企业有责”“市场有效”“社会有序”的大生态保护格局，打造城市环境治理体系和治理能力现代化的先行先试区，率先实现环境治理体系和治理能力现代化。

海洋生态文化与传统文化有机结合的新典范。挖掘、提炼、保护玉环市传统文化、海洋文化，弘扬倡导新时代“绿水青山就是金山银山”文化、生态文化、创新精神，着力推进传统文化与新时代精神的深度融合，让生态文化、海洋文化、创新理念内化于心，外化于行，形成全社会的强大精神力量和共识，形成全社会有意识的行为动力，打造海洋生态文化与传统文化有机结合的新典范，为各地探索地域生态文化与传统文化有机结合树立榜样。

6.3.4 总体思路

以玉环市自身特点为基础，以问题为导向，提出玉环市进行美丽建设的基本思路和重点任务。作为滨海型城市，美丽玉环建设应凸显“因海而生向海而兴”的特色，坚持陆海统筹污染防治协同性和生态环境保护整体性；同时，作为工业型城市，应大力推动经济从高速增长向高质量发展转变，以提质增效为中心，以推进智能制造为主攻方向，加快提高企业集群化、绿色化、国际化发展水平，推动发展模式向生态亲和型转变。

美丽玉环建设的基本思路是以全面改善生态环境质量为核心，以绿色发展为主线，生态环境治理为抓手，严格实施空间管控，促进形成绿色发展方式和生活方式，塑造海洋生态文化与传统文化有机结合的人文精神，健全现代化环境治理体系和能力，打造经济先发地区的绿色转型样板，高质量建成滨海型美丽城市。美丽玉环建设思路框架如图6-10所示。

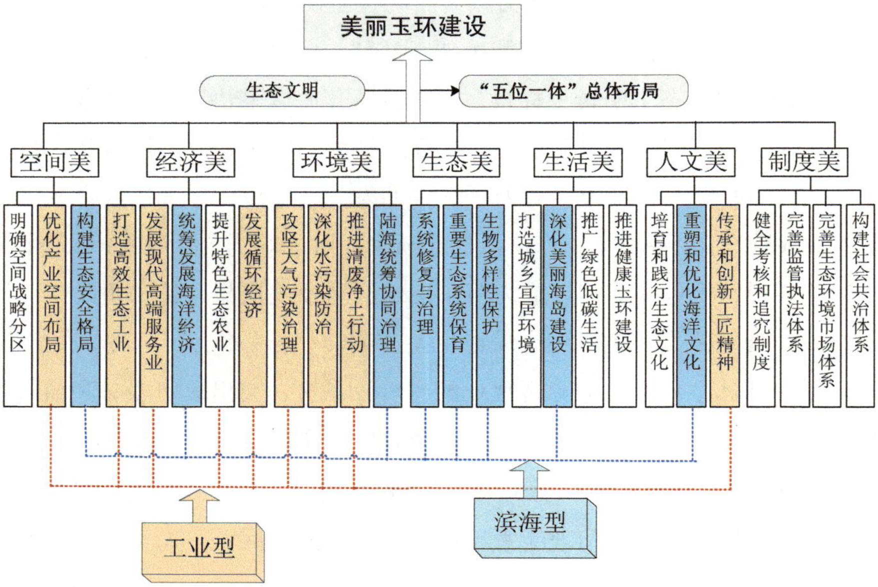

图6-10 美丽玉环建设思路框架

6.3.5 规划范围与期限

6.3.5.1 规划范围

本规划的范围为玉环市行政辖区，包括3个街道、6个镇和2个乡，即玉城街道、坎门街道、大麦屿街道、楚门镇、清港镇、芦浦镇、干江镇、沙门镇、龙溪镇、鸡山乡、海山乡。陆域面积为 420.49 km^2，海域面积为 1 516.67 km^2[1]。

6.3.5.2　规划期限

规划基准年为 2019 年，规划期限为 2020—2035 年。

6.3.6　编制依据

6.3.6.1　国家法律法规和政府文件

（1）《中华人民共和国环境保护法》

（2）《中华人民共和国大气污染防治法》

（3）《中华人民共和国水污染防治法》

（4）《中华人民共和国固体废物污染防治法》

（5）《中华人民共和国土壤污染防治法》

（6）《环境空气质量标准》（GB 3095—2012）

（7）《中共中央 国务院关于加快推进生态文明建设的指导意见》

（8）《中共中央 国务院关于全面加强生态环境保护坚决打好污染防治攻坚战的意见》（中发〔2017〕17 号）

（9）《国务院关于印发打赢蓝天保卫战三年行动计划》（国发〔2018〕22 号）

（10）《关于印发推进运输结构调整三年行动计划（2018—2020 年）的通知》（国办发〔2018〕91 号）

（11）《柴油货车污染治理攻坚战行动计划》（环大气〔2018〕179 号）

（12）《中共中央关于坚持和完善中国特色社会主义制度 推进国家治理体系和治理能力现代化若干重大问题的决定》

（13）《长三角区域空气质量改善深化治理方案 2017—2020 年》（长三角气协办〔2018〕1 号）

（14）《长三角区域重污染天气预警应急联动方案》（长三角气协办〔2018〕11 号）

（15）《长江三角洲区域一体化发展规划纲要》

（16）关于印发《国家生态文明建设示范市县建设指标》《国家生态文明建设示范市

---

[1] 根据自然资源局提供的 2019 年大陆岸线数据统计，玉环市国土空间总面积为 1 937.16 km^2，其中陆域面积为 420.49 km^2（含有居民海岛 12.98 km^2）、海域面积为 1 516.67 km^2（含漩门三期部分围区 25.78 km^2、无居民海岛 5.49 km^2）。最新数据需等大陆岸线修测成果，待自然资源部确认。

县管理规程》和《“绿水青山就是金山银山”实践创新基地建设管理规程（试行）》的通知（环生态〔2016〕4 号）

（17）关于印发《美丽中国建设评估指标体系及实施方案》的通知（发改环资〔2020〕296 号）

（18）关于印发《海洋生态文明示范区建设管理暂行办法》和《海洋生态文明示范区建设指标体系（试行）》的通知（国海发〔2012〕44 号）

（19）《国务院办公厅关于转发国家发展改革委 住房城乡建设部生活垃圾分类制度实施方案的通知》（国办发〔2017〕26 号）

（20）《关于加快建设绿色矿山的实施意见》（国土资规〔2017〕4 号）

6.3.6.2 浙江省相关法规和文件

（1）《深化生态文明示范创建 高水平建设新时代美丽浙江规划纲要（020—2035）》（浙委发〔2020〕22 号）

（2）《“811”美丽浙江建设行动方案》（浙委办发〔2016〕40 号）

（3）《浙江省大气污染防治条例》（016 年 7 月 1 日起施行）

（4）《浙江省机动车排气污染防治条例》（017 年修订）

（5）《浙江省生态环境保护“十三五”规划》（浙政办发〔2016〕140 号）

（6）《浙江省打赢蓝天保卫战三年行动计划》（浙政发〔2018〕35 号）

（7）《关于印发浙江省建设国家清洁能源示范省行动计划（018-2020 年）的通知》（浙政办发〔2018〕85 号）

（8）《浙江省重污染天气应急预案》（浙政办发〔2019〕19 号）

（9）《浙江省船舶排放控制区实施方案》（浙政办发〔2016〕37 号）

（10）《浙江省进一步加强能源“双控”推动高质量发展实施方案（2018—2020 年）》（浙发改能源〔2018〕491 号）

（11）《关于加快推进老旧营运车辆淘汰实施意见的函》（浙交函〔2019〕35 号）

（12）《浙江省大气污染防治“十三五”规划》（浙发改规划〔2017〕250 号）

（13）《浙江省挥发性有机物深化治理与减排工作方案（2017—2020 年）》（浙环发〔2017〕41 号）

（14）《浙江省柴油货车污染治理攻坚战行动计划》（浙政办发〔2019〕26 号）

（15）《浙江省生态文明示范创建行动计划》（浙政发〔2018〕18 号）

6.3.6.3　台州市和玉环市相关文件

（1）《关于做好美丽建设规划纲要编制有关工作的通知》（美丽台州办〔2020〕27 号）

（2）《台州市挥发性有机物深化治理与减排工作方案（2018—2020 年）》（台五气办〔2018〕5 号）

（3）《台州市 VOCs 重点区域和重点行业污染整治实施方案》（台五气办〔2016〕3 号）

（4）《台州市环境保护“十三五”规划》（台政办发〔2016〕95 号）

（5）《台州市“五气共治”实施方案》（台政办发〔2017〕40 号）

（6）《台州市“十三五”大气主要污染物总量控制规划》（2017 年）

（7）《台州市打赢蓝天保卫战三年行动计划》（台政办发〔2018〕89 号）

（8）《关于印发台州市 2018—2019 年秋冬季大气污染综合治理攻坚行动方案的通知》（台政办发〔2018〕81 号）

（9）《台州市建筑节能及绿色建筑发展“十三五”规划》（2017 年）

（10）《台州市小微企业工业园建设改造三年行动计划（2018—2020 年）》（台政办发〔2018〕24 号）

（11）《台州市循环经济发展“十三五”规划》

（12）《台州市能源发展“十三五”规划》（2016 年）

（13）《台州市大气环境质量限期达标规划》

（14）《关于印发台州市柴油货车污染治理攻坚战工作责任分解的通知》（台五气办〔2019〕10 号）

（15）关于印发《台州市电镀行业废水提标改造技术规范》的通知（台环保〔2018〕59 号）

（16）《玉环市国民经济和社会发展第十三个五年规划纲要》（玉政发〔2016〕13 号）

（17）《玉环市“十三五”环境保护规划》

（18）《玉环市生态文明建设规划（2016—2025 年）》

（19）《关于推进新时代美丽玉环建设的决定》（玉市委〔2019〕7 号）

（20）《玉环市综合交通运输“十三五”发展规划》

（21）《玉环市“十三五”工业发展规划》

（22）《玉环市“十三五”农业发展研究》

（23）《玉环市矿产资源规划（2016—2020 年）》

（24）《玉环市港航“十三五”发展规划》

（25）《玉环市海洋经济发展“十三五”规划》（玉发改规划〔2016〕92 号）

（26）《玉环市小微企业园建设三年（2018—2020）行动计划》

（27）《玉环市老旧工业点改造提升三年（2018—2020）行动计划》（玉市委办〔2017〕51号）

（28）《玉环市循环经济示范县创建方案》（2013年）

（29）《关于推进绿色建筑和建筑工业化的若干意见》（玉政办发〔2018〕36号）

（30）《玉环市煤炭消费减量替代管理工作方案（2018—2020年）》

（31）《玉环市关于以“四无”企业（作坊）为重点全面深化“低小散”块状行业整治提升的三年行动计划（2017—2019）》

（32）《玉环市重点区域和重点行业VOCs减排实施方案》（2018年）

（33）《玉环市打赢蓝天保卫战2019年工作计划》（美丽玉环办〔2019〕3号）

（34）关于印发《玉环市2019年度主要大气污染物减排计划》的通知（美丽玉环办〔2019〕7号）

（35）关于印发《玉环市涉水行业工业污染防治2018年度实施方案》的通知（玉环保〔2018〕24号）

（36）关于印发《玉环市治污水暨水污染防治行动2019年实施方案》的通知（美丽玉环办〔2019〕6号）

（37）关于印发《玉环市2018年度乡镇（街道）、经济开发区土壤污染综合防治先行区建设工作任务书》的通知（玉土防治办〔2018〕4号）

（38）关于印发《玉环市重金属污染综合防治规划（2016—2020年）》的通知（美丽玉环办〔2017〕15号）

6.4 目标指标体系研究

6.4.1 目标指标

6.4.1.1 总体目标

生态文明建设水平全面提升，生态环境质量全面改善，生态安全屏障体系牢固建立，资源环境利用效率显著提高，绿色发展方式和生活方式全面形成，生态环境治理体系和治理能力现代化基本实现，建成居者自豪、来者依恋、闻者向往的美丽宜居、充满活力的现代化海湾城市。

6.4.1.2 阶段目标

近期目标（2025 年）。短板攻坚，夯实基础，推进生态文明建设迈上新台阶。重点解决污染物减排、环境基础设施补短板、固体废物资源化利用和安全处置、土壤分类分区管控、陆海统筹、受损生态系统恢复以及老百姓身边的焦点环境问题。生态环境质量持续改善，环境风险可控，产业结构转型升级深入推进，生态环境与经济发展逐步开始进入良性循环，完成国家生态文明建设示范市和“两山”实践创新基地创建工作，初步实现美丽玉环建设目标。

（1）生态环境质量基本满足人民群众需求。水环境质量大幅改善，劣Ⅴ类水体彻底消除，市级以上监测断面稳定达标，地表水水质优良（达到或好于Ⅲ类）比例达到 80%；$PM_{2.5}$ 质量浓度 22 μg/m^3，低于世界卫生组织第二阶段目标；完成“无废城市”创建；生态环境公众满意度持续提升。

（2）生态安全屏障体系基本建立。优化空间格局，完善生态廊道体系，打通关键生态节点；划定并严守生态红线；确保自然保护地面积不减少、功能不降低，基本建立稳固的生态安全屏障体系；森林覆盖率提升到 40%。建立生态产品价值核算体系和价值实现机制，初步打通“两山”转化通道。

（3）绿色低碳循环发展的经济体系基本建立。绿色产业发展、资源利用效率、清洁能源利用水平位居全国前列。单位 GDP 水资源消耗下降至 16.5 m^3/万元，单位 GDP 能耗下降至 0.35 t 标煤/万元（折合 2.45 t 标煤/万美元）；生产性服务业占第三产业比重达 70%；海洋产业增加值占 GDP 比重达到 22%；绿色优质农产品供给能力显著增强。

（4）绿色环保健康文明的生活方式基本形成。建立完善的城乡环境基础设施，营造特色鲜明、智能宜居的城乡美好人居环境。城市公园绿地服务半径覆盖率达到 90%，城镇生活污水集中收集率达到 90%，生活垃圾分类覆盖面达到 100%，美丽乡村建设达到全国领先水平。生态文明教育基地持续增加，全民生态自觉逐步提升。

（5）现代化生态环境治理体系基本建立。生态环境治理能力显著增强，生态环境监管信息化、自动化和智能化步伐加快，生态环境监测预警体系不断健全，生态文明建设工作占党政实绩考核的比例达到 30%，生态环境信息公开率达到 100%。初步形成政府为主导、企业为主体、社会组织和公众共同参与的环境治理体系。

中期目标（2030 年）。生态文明建设全面深化，“两山”转化通道进一步拓展。产业结构调整基本完成，服务业与制造业双轮驱动，创新动能加速助推新经济、新业态发展；能源结构更加清洁，循环经济全面推进，经济增长的资源环境压力由紧绷期进入舒缓期。生态环境质量全面改善，受损生态系统全面恢复，生态环境监管制度基本完善，治理能力现代化水平大幅提高，基本实现美丽玉环建设目标。

远期目标（2035 年）。生态文明建设与经济、社会、文化、政治建设高度融合，高质量建成美丽玉环。经济发展水平、生态环境质量、人民生活品质达到国内领先水平，绿色生产方式和生活方式全面形成，生态产品价值实现机制全面建立，充分打通“两山”转化通道，生态环境治理体系和治理能力现代化全面实现，高水平建成居者自豪、来者依恋、闻者向往的美丽宜居、充满活力的现代化海湾城市，全面实现美丽玉环建设目标。

6.4.2 指标体系设置

根据美丽玉环建设现状、需求和目标，并结合国家生态环境保护五年规划指标体系、美丽中国建设评估指标体系、《国家生态文明建设示范市县建设指标》《海洋生态文明示范区建设指标体系（试行）》《深化生态文明示范创建高水平建设新时代美丽浙江规划纲要（2020—2035 年）》等相关指标体系，制订了美丽玉环建设指标体系（表 6-8），并提出 2025 年、2030 年和 2035 年的指标值。指标体系包括美丽绿色经济、美丽生态环境、美丽幸福城乡、美丽生态文化、美丽治理体系五大方面共 43 项指标，其中约束性指标 19 项，预期性指标 24 项。

表 6-8 美丽玉环建设指标体系

领域		序号	指标名称	单位	2019 年	2025 年	2030 年	2035 年	指标属性
美丽绿色经济	资源节约与利用	1	单位 GDP 水资源消耗	m^3/万元	17.38	16.5	16	15.5	约束性
		2	单位 GDP 能源消耗	t 标准煤/万元 GDP	0.382（2018）	0.36	0.33	0.30	约束性
		3	单位 GDP 碳排放量[1]	t 二氧化碳/万元	1.00（根据 2018 年能耗推算）	0.84	0.65	0.49	约束性
		4	单位 GDP 建设用地使用面积下降	%	8.71	＞9	＞8	＞7	预期性
		5	非化石能源占一次能源比重	%	5（推算估计）	15	25	40	预期性
		6	高新技术产业占规模以上工业比重	%	56.4	77	80	＞85	预期性
		7	生产性服务业占第三产业比重	%	—	70	＞80	＞85	预期性

[1] 参考浙江省单位 GDP 能耗以及玉环市现状值设定玉环市单位 GDP 能源消耗，同时根据能源规划，预测玉环市各时期的化石能源占比，并且按照公式（单位 GDP 能源消耗×化石能源占比×2.767，2.767 为无烟煤二氧化碳排放系数），得出理论万元 GDP 碳排放量。在此基础上考虑玉环市 2027 年可能实现碳达峰，之后逐渐下降，规划得出玉环市万元 GDP 碳排放量。

领域		序号	指标名称	单位	2019年	2025年	2030年	2035年	指标属性
美丽绿色经济	产业循环发展	8	一般工业固体废物处置利用率	%	95	99	100	100	预期性
		9	化肥利用率	%	39	≥40	≥40	≥40	预期性
		10	农药利用率	%	39	≥40	≥40	≥40	预期性
	海洋经济实力	11	海洋产业增加值占 GDP 比重	%	16.37（2015）	22	28	30	约束性
		12	海洋科技投入占地区海洋产业增加值的比重	%	1.9（2015）	3.5	4	4.5	约束性
美丽生态环境	环境质量	13	空气质量优良天数比例	%	99.7	≥99	≥99	≥99	约束性
		14	细颗粒物（$PM_{2.5}$）浓度	$\mu g/m^3$	23	≤22	≤21	≤20	约束性
		15	臭氧浓度（日最大 8 小时平均第 90 百分位数）	$\mu g/m^3$	126（实况值）	稳定达到二级标准（≤160）	稳定达到二级标准（≤160）	稳定达到二级标准（≤160）	预期性
		16	地表水质量达到或优于Ⅲ类比例	%	60.0	地表水质量持续提高≥80	地表水质量持续提高≥86	地表水质量持续提高≥93	约束性
		17	集中式饮用水水源地水质优良比例	%	100	100	100	100	约束性
	环境风险控制	18	受污染耕地安全利用率	%	93（2020）	≥93	≥93	≥93	约束性
		19	污染地块安全利用率	%	93（2020）	≥93	≥95	≥95	约束性
		20	危险废物安全处置率	%	100	100	100	100	预期性
	生态系统保护	21	生态环境状况指数（EI）	—	77.9（2018）	≥78	≥80	≥80	约束性
		22	森林覆盖率[1]	%	39.42	≥40	≥40	≥40	约束性
		23	湿地保护率	%	38	≥40	≥40	≥40	预期性
		24	陆地自然保护地面积占陆地辖区面积比例[2]	%	6.98	≥6.98	≥6.98	≥6.98	约束性
		25	重点生物物种种数保护率	%	≥95	≥95	≥95	≥95	预期性

[1] 玉环市森林面积为 181.92 km^2，按陆域面积 461.49 km^2（含漩门二期、三期面积）计算得出。陆域面积：《玉环市全国国土空间第三次调查》数据为 509.76 km^2，玉环市人民政府网公布面积为 378 km^2，自然资源和规划局提供含漩门二期不含漩门三期面积为 420.49 km^2，含漩门二期、三期面积 461.49 km^2。该指标现状值和目标值数据将依据大陆岸线修测成果确认结果作相应更新调整。

[2] 按陆域面积 420.49 km^2（含有居民海岛 12.98 km^2）计算。该指标现状值和目标值数据将依据大陆岸线修测成果确认结果作相应更新调整。

领域		序号	指标名称		单位	2019年	2025年	2030年	2035年	指标属性
美丽生态环境	海洋生态环境	26	近岸海域水质优良（一、二类）比例		%	0	≥33.33	≥33.33	≥33.33	约束性
		27	自然岸线保有率		%	57.4	完成上级管控目标	完成上级管控目标	完成上级管控目标	预期性
		28	海洋保护区面积占管辖海域面积比例[1]		%	20.50	≥20.50	≥20.50	≥20.50	约束性
美丽幸福城乡	人居环境改善	29	达到海绵城市目标要求面积占城市建成区面积比例		%	—	55	80	80	预期性
		30	城市公园绿地服务半径覆盖率		%	80.21	90	95	98	预期性
		31	城镇生活污水集中收集率		%	63.2	90	95	98	预期性
		32	生活垃圾分类覆盖面	城镇	%	90.49	100	100	100	约束性
				农村	%	76.8	100	100	100	约束性
		33	生活垃圾回收利用率	城镇	%	38	70	80	90	约束性
				农村	%	40	70	80	90	约束性
		34	城镇新建绿色建筑比例		%	99.7[2]	100	100	100	预期性
		35	城市公共交通出行分担率		%	27.8（2018）	32	35	38	预期性
美丽生态文化	观念意识普及	36	生态文明宣传教育普及率		%	—	95	97	99	预期性
		37	公众对生态文明建设的满意度		%	82.02	85	90	95	预期性
		38	公众对生态文明建设的参与度		%	70.93	85	90	95	预期性
		39	海洋文化遗产分类管理制度		—	未建立	建立	建立	建立	预期性
美丽治理体系	制度与保障机制完善	40	生态文明建设工作占党政实绩考核的比例		%	30	30	30	30	约束性
		41	生态环境信息公开率		%	100	100	100	100	预期性
		42	生态环境监测预警体系		—	未建立	建立	建立	建立	预期性
		43	生态环境应急处置响应能力		—	建立	完善	完善	完善	预期性

[1] 按海域面积 1 516.67 km^2（含漩门三期部分围区 25.78 km^2、无居民海岛 5.49 km^2）计算。该指标现状值和目标值数据将依据大陆岸线修测成果确认结果作相应更新调整。

[2] 玉环市创建浙江省生态文明建设示范县申报，市住建局提供材料。

第 7 章 构建人地和谐共融的美丽国土空间

7.1 现状分析

7.1.1 资源环境概述

玉环市境内岛屿林立，海礁棋布，主要地貌类型为丘陵和平原。地势受北东、东西、东南走向三组断裂构造与气候、溪流、潮汐、海浪及人为围垦等因素影响，形成以丘陵为主、北高南低、丘陵平原相间、河流依山脉走向自成体系的海岛丘陵平原地形。境内有五大岛群，各具特色。乐清湾口门岛群亚群附近海域多为湿地，遍布红树林，生态环境优越；鸡山大鹿岛群极具渔家风情；披山岛群水质较好，与世隔绝，环境最优；东南沿岸岛群离岸较近，开发潜力巨大。森林植被地处中亚热带常绿阔叶林北部亚地带和南部亚地带之间的分界线上。玉环市林地保有量为 153.81 km^2，森林覆盖率为 39.42%。

主要海湾为乐清湾、坎门湾、漩门湾。乐清湾中的大麦屿港，三面环山，港阔水深，港口资源优越，是中国沿海 8 个天然避风港湾之一，是浙中南及闽北沿海唯一可进第三代集装箱船的深水良港，同时也是介于宁波北仑港区与福建湄州湾港区之间可建设 10 万 t 级泊位的理想港址。港区可用海岸线长 35 km，深水港区宽 4.5 km，码头前沿水深在 11～12 m，其中 20 m 以上水深海岸线长达 4 km，可建造 1 万～5 万 t 级泊位 30 多个，10 万 t 级以上泊位 20 多个；大麦屿港为台州港的重要港区，是台州市南部的综合性枢纽港区。坎门湾位于玉环岛东南侧，有坎门港和水道三条。坎门港为浙南沿海重要渔港之一。

海区附近有众多渔场。玉环岛沿岸有披山渔场，南接洞头渔场、北与大陈渔场相通、东连温外渔场，该海区是主要经济鱼类的主要产卵、索饵和幼体繁育场所，主要鱼类有大黄鱼、鲳鱼、海鳗、鲈鱼等 190 种。其中有经济价值鱼类 106 种，贝类 58 种，甲壳类 60 种，玉环市（乐清湾和漩门湾等）近海与滨海湿地记录有鱼类 38 种[1]。玉环岛西侧的乐清湾生态环境良好、饵料资源丰富，是浙江省著名的海水养殖基地。玉环市还有渔港 20 处，其中国家级中心渔港 1 处（坎门），二级渔港 3 处（鸡山、栈台、灵门）。滩涂资源较为丰富，总面积约 147.9 km^2（含漩门二期），可用滩涂 112.67 km^2，其中乐清湾约为 64 km^2，漩门湾约为 43 km^2，可养浅海面积 500 km^2 以上。

土地分布呈“七山一水两分田”的态势，形成山海相融、田园镶嵌、环城而拥的格局。土地格局的划分不仅形成了优美的本底环境，也让海岛、田园等区域逐渐成为市民和游客休闲旅游的场所。

玉环市工业经济突出，民营经济活跃，是温台模式典型代表。目前已形成汽摩配、水暖阀门、家具、医药化工特色产业集群，被授予中国阀门之都、汽车零部件产业基地等区域品牌，并在全国占有较高市场份额。

7.1.2 生态空间利用现状

作为主要的生态保护屏障功能空间，玉环市现状林地保有量占陆域总面积的 30.17%，其中重点生态公益林面积为 73 400 hm^2，占全市林地面积的 42.84%。森林资源丰富，但森林植被整体质量不高，自然植被因人类频繁活动而遭受破坏，保存不多，目前大多是以马尾松为主的栽培植被或次生演替植被。

玉环市农业生产区域主要分布于清港镇、干江镇、芦浦镇及玉城街道城北片区等。玉环市耕地面积为 5 883.87 hm^2，加上即可恢复和工程恢复地类面积 4 715.16 hm^2，实际耕地保有量为 10 599.02 hm^2。耕地中基本农田保护面积为 8 201.67 hm^2[2]。

河流总长度为 765 km，河网密度为 6.2 km/km^2，径流总量为 9 230 万 m^3，年排涝量为 2 021 万 m^3，年最大排涝量为 5 258 万 m^3。境内最大的河流为玉环湖，始于泗头闸，至漩门大坝，流经清港、楚门、芦浦 3 镇，长 22 km，流域面积为 170 km^2。

湿地资源丰富。全市各类湿地面积为387.5 km^2，与全市的陆地面积相当。其中，近海与海岸湿地320多 km^2、河流湿地15.52 km^2、人工湿地51.940 km^2（其中水田面积45.400 km^2）。玉环漩门湾国家湿地公园主体位于滨海地区，湿地面积28.60 km^2，按照第二次全国湿地资源调查的湿地分类标准，湿地公园规划区内的湿地可分为近海与海岸湿地、河流湿地、沼泽湿地和人工湿地4大类9个类型，湿地类型丰富（表7-1）。

[1]《玉环市国土空间总体规划大纲》。
[2]《玉环市创建浙江省生态文明建设示范县申报材料》。

表 7-1　玉环市湿地分类

代码	湿地类	代码	湿地型	面积/km^2
Ⅰ	近海与海岸湿地	Ⅰ1	浅海水域	4.32
		Ⅰ6	淤泥质海滩	2.33
		Ⅰ7	潮间盐水沼泽	0.31
		Ⅰ8	红树林	0.10
Ⅱ	河流湿地	Ⅱ1	永久性河流	0.42
Ⅳ	沼泽湿地	Ⅳ5	内陆盐沼	7.42
Ⅴ	人工湿地	Ⅴ1	库塘	11.75
		Ⅴ3	水产养殖场	1.28
		Ⅴ4	稻田/冬水田	0.67

玉环市大陆岸线长度为 157.96 km，其中自然岸线长 90.43 km，大陆自然岸线保有率为 57%；海岛岸线全长为 162.3 km，其中自然岸线长 144.5 km，占比 89.06%。玉环市已开发利用的大陆岸线为 67.62 km，占大陆岸线总长 42.8%；已开发利用的海岛岸线为 19.37 km，占海岛岸线总长 11.9%。港口用海占 41.24%，海防海岸用海占 19.35%，城镇建设填海造地用海占 16.56%。海岸线利用产业布局较分散，聚集效益较差，海岸线的整体利用效率不高。

玉环市所辖海域内海岛数量为 155 个（不含玉环本岛），其中有居民海岛 8 个，无居民海岛 147 个，面积大于 500 km^2 的岛屿 111 个。48 个已开发的无居民海岛用岛面积为 117 682.89 m^2，占无居民海岛总面积的 2%，其中当地村民用岛面积为 54 094.09 m^2，占总面积的 45.97%，以废弃或无人居住房屋、庙宇利用为主，部分用地早期已颁发集体土地证。

7.2　突出问题与机遇

7.2.1　突出问题

国土空间狭小，建设用地有限。玉环市陆域面积仅为 420.49 km^2，与之相比，百强县前十名县市的陆域面积大都在 1 000 km^2 左右，其中最小的晋江市面积为 649 km^2。玉环市的地貌特点为“七山一水两分田”，其中丘陵与山地面积约占陆域面积的 68%，32% 的平地上分布着大量水面和滩涂，全市的基本农田也主要位于这些区域，因此可用于生产、生活的建设用地面积极其紧缺。随着玉环市经济的快速发展，全市国土空间生态资源处于高强度开发状态，建设城镇用地等各类建设用地与日俱增，耕地面积逐年减少。可供开发的土地空间极其有限，土地供应和建设需求存在突出矛盾（图 7-1）。

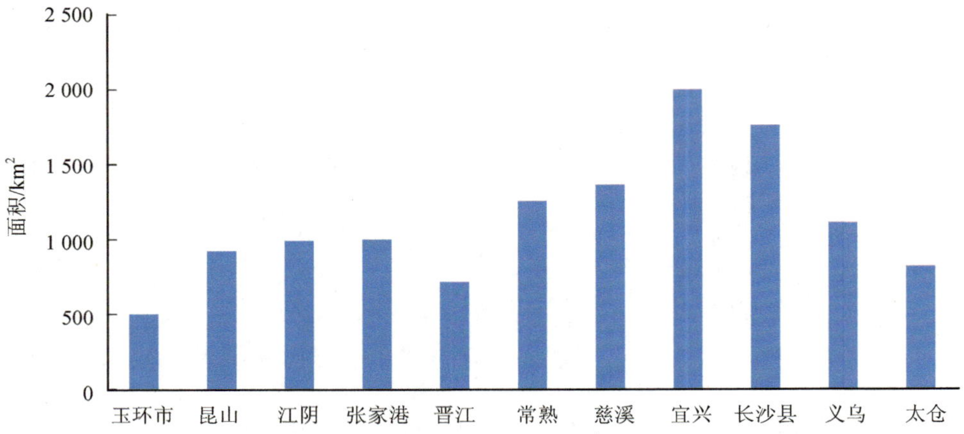

图 7-1　百强县前十名县市陆域面积统计

功能分区错乱，定位模糊不清。玉环市早期实施以工业为先导的低质化城镇外延扩张，工业、农业、服务业、居住等功能区布局缺乏科学规划，导致了定位不清、分区杂乱、无序蔓延等问题。以作为主城区的玉城街道为例，由于受地形所限，平整土地面积较小，无法继续拓展，同时老旧工业点较多，规划布局零乱，乱搭乱建普遍。南部的大麦屿发展保护区内人为干扰严重，村落企业凌乱分布其中。工业区存在大量“村、企”混居现象，呈现产业无序蔓延、单体规模偏小、要素配套不全、“散乱污“严重等特点。农业区土地利用分散，资源环境承载能力相对较弱，环境容量不大，区域特色不明显，资源要素松散，配套设施薄弱，不同类型的农业产业没有依据地形地貌特点因地制宜进行分布。服务业发展区资源要素分散，区域优势不明显，产业发展品质不高。渔业区海洋捕捞水平不高，海水养殖基地特色不明显，没有因地制宜建设渔业发展区域，渔港和渔业之间没有形成很好的依托关系。

产业分布无序，土地利用效率不高。玉环市工业、农业分布无序，自动化程度低。原有“块状经济”的发展模式导致了玉环市的均质化发展，在空间结构上表现为产业无序蔓延和中心体系不明显。大部分城镇已陷入“产业层级低端—劳动力素质偏低—环境品质不佳—服务提升乏力”的低效循环过程中。汽摩配、阀门等产业是玉环市重要的经济支撑，同样存在着分布无序的现实问题。据不完全统计，在坎门街道、沙门镇、楚门镇、龙溪镇、干江镇、大麦屿街道均存在汽摩配产业，在坎门街道、楚门镇、芦蒲镇、干江镇、沙门镇、龙溪镇、大麦屿街均存在阀门产业，产业发展不均衡，部分落后产业未及时淘汰，“活”下来的企业未能及时入园，不能形成高效的产业链，降低了土地利用效率，且管理难度大、管理成本高。经浙江省经信委 2017 年统计，玉环市经济密度、单位建设用地财政贡献、单位建设用地 GDP、亩均税收在全省县市排名前六，但与发达地区相比，玉环市产业用地地均产出还有大步提升的空间。玉环市工业园区平均产出水平为 36 亿元/ km^2，上海“十二五”期间工业区土地产出门槛为 67 亿元/ km^2，2018 年苏州工业园规模以上工业用地产出水平为 148 亿元/ km^2，与之比较相距甚远，土地资源利用效率亟待提高。

生态服务能力受损，“两山”转化途径有限。近年来玉环市大力开展绿化建设，以及海岛、岸线与滩涂湿地的生态修复，生态环境不断改善，但是生态服务能力依然存在很大欠缺。2019 年，玉环市森林覆盖率为 39.42%，虽远高于全国平均水平，但也显著低于浙江省平均水平的 61.2%。由于长期频繁的人为活动与自然灾害，当地原生植被几乎损失殆尽，现状植被以人工栽培的次生林为主，生态稳定性较差，物种多样性保护和水源涵养功能较弱。随着城市快速发展，全市大量的生态资源和生态空间被占用，生态用地与生产建设用地混杂，野生动植物栖息地退化、人工化严重，部分丘陵地区有较多的农村和农业人口聚集，景观格局破碎化程度不断加大，降低了生态空间的服务能力，也为生态保护红线划定和管理带来困难。多数海岛土层瘠薄，立地条件恶劣，生态系统较为脆弱，一旦被破坏，短期内难以恢复。海防海岸工程、港口码头、道路及填海造地等占用海岸线，降低了海岸线的整体生态服务能力。

虽然“绿水青山就是金山银山”的理念在玉环市早已深入人心，但是把“绿水青山”转变为“金山银山”的途径尚不丰富。玉环市在以文旦、大黄鱼养殖（海上牧场）为代表的物质型转化领域已经做出了诸多亮点，但在覆盖推广方面尚有不足；以旅游、休闲、养生为代表的身心享受方面的转化途径也已开始显现，但是还处在初级阶段，有待进一步体系化提升；“绿水青山”还可以激发创造灵感，以此为依托，发展研发设计和创意等生产性服务业方面的转化途径尚不明显，未来需要着力引导。

7.2.2　未来机遇

各级政府高度重视。党的十八大报告提出“促进生产空间集约高效、生活空间宜居适度、生态空间山清水秀”的总体要求，并将优化国土空间开发格局作为生态文明建设的首要任务。党的十九大报告提出的“必须坚持节约优先、保护优先、自然恢复为主的方针，形成节约资源和保护环境的空间格局、产业结构、生产方式、生活方式，还自然以宁静、和谐、美丽”，将构建空间格局作为节约资源和保护环境的优先任务。

2019 年 5 月，中共中央、国务院发布《关于建立国土空间规划体系并监督实施的若干意见》，明确将主体功能区规划、土地利用规划、城乡规划等空间规划融合为统一的国土空间规划。同月，自然资源部也印发了《关于全面开展国土空间规划工作的通知》，要求各地“抓紧启动编制全国、省级、市县和乡镇国土空间规划”。浙江省也先后出台了《浙江省生态文明建设示范市县建设指标》等一系列政策，并于 2019 年启动了《浙江省启动国土空间规划编制》工作。我国生态环境保护已进入注重国土空间格局“源头”管控的新阶段，其中构建生态空间格局成为国土空间格局管控的重要内容，开展自然生态空间格局构建研究，对于优化国土空间布局、构建空间规划体系具有非常重要的理论和现实意义。引导人口和产业向资源环境承载能力较强的区域集聚，将玉环市打造成空间布局合理、土地利用高效、产业集聚发展的生态空间示范区，已经受到玉环市政府的高度重视。

民间生态环境意识高涨。有学者通过实证研究发现，欧美等发达国家在人均 GDP 8 000～10 000 美元发展阶段，环境状况开始好转，而韩国等新型工业化国家利用后发优势，在人均 GDP 5 000～7 000 美元的阶段，环境质量提前好转[1]。2010 年的研究表明，经济增长与环境质量之间符合倒“U”形的环境库兹涅茨曲线关系（图 7-2），当一个地区的人均 GDP 达到一定水平时（一般认为在 4.2 万～5.6 万元），民众对环境质量的要求会越来越高，社会对环境保护的投入会大幅增加，从而使环境库兹涅茨曲线出现拐点，环境质量从不断恶化的趋势改变为不断改善的趋势。玉环市 2019 年人均 GDP（按常住人口计算）超过 9 万元人民币，达 98 094 元，即使考虑到环境库兹涅茨曲线中的通胀因素，玉环市也已进入拐点区域。这意味着随着经济水平不断提高，玉环市公众的环保意识开始快速提升，会越发强烈地敦促政府深化生态空间优化工作（例如，限制开发建设用地扩张，甚至退出一部分开发建设用地用于生态用地），并对政府有关生态空间优化方面的倡议和政策予以积极响应，从而降低政府制定并实施生态环境优化措施的社会阻力。

产业洗牌助力优化空间布局。玉环市要改变低小散的格局，产业洗牌举措迫在眉睫，老旧工业点改造提升和小微企业园建设是传统产业洗牌的破题之举。重点开展“散乱污”企业及集群整治，在产业空间布局调整过程中，若企业进行搬迁，政府需要投入大量的资金，增加财政压力，而且企业在搬迁过程中搬迁成本过高，价值低、规模小、竞争力弱的企业难以承担，将逐渐被淘汰。优胜劣汰，强者生存，生存下来的企业搬迁入园，产业布局优化，打造特色优势现代产业集群，促进产业空间实现从粗放到集约，产业结

[1] 高圆圆.基于环境库兹涅茨曲线影响因素的浙江废气排放实证[J].浙江树人大学学报（人文社会科学版），2013，13（6）：55-63.

构从低端到高端的转变，不断优化玉环市空间格局，为玉环市后续快速、高效的发展奠定了充足的基础，也为生态空间更加合理的规划创造了有利的条件。

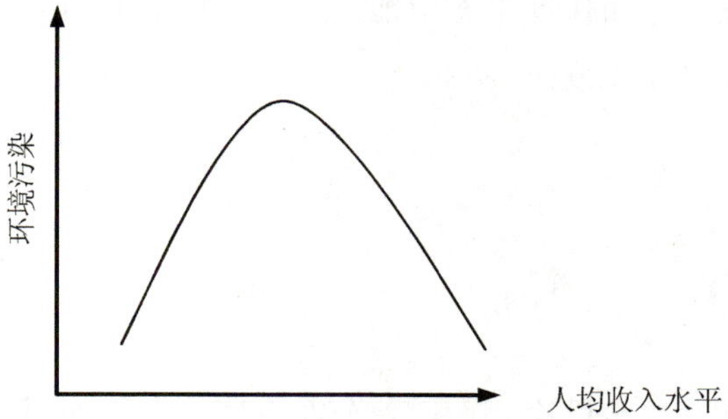

图 7-2　环境库兹涅兹曲线

7.3　任务目标

7.3.1　指导思想

全面贯彻党的十八大、十九大精神，坚持节约优先、保护优先、自然恢复为主的方针，将优化国土空间开发格局作为生态文明建设的首要任务，把促进生产空间集约高效、生活空间宜居适度、生态空间山清水秀作为空间规划的总体要求。借力玉环市产业洗牌的历史契机，发挥民间生态环境保护意识高涨的主观能动优势，优化玉环市功能分区，引导形成科学合理的产业空间，实现土地资源的高效利用，保障和修复关键生态空间，提高海陆生态系统服务功能。

7.3.2　规划原则

空间引导，分区管治。以产业布局、人口布局与自然条件、资源状况及环境容量相互协调为目标，划分生态红线，制定生态红线管制办法，优化生产空间、生活空间、生态空间，逐步形成科学合理、符合实际的经济社会和环境协调发展的空间布局。

全域空间管制。全面实施市域空间管制，建立健全生态控制线管理机制，科学界定城镇开发边界，严控城镇建设无序蔓延，明确重点发展空间，优化调整产业布局，做好规划和政策引导，促进人口、产业相对集中分布，形成生产、生活、生态空间的合理结构。

坚持“亩均论英雄”。不断提高土地资源的利用率和产出率，推动低效企业退出、重组、转型，加速“腾笼换鸟”，为优质企业、重点项目腾出发展空间。

保障生态用地。充分认识生态用地对于维持生态系统稳定、提高生态服务产出的重要意义，从面积和质量方面保证生态用地，降低生态用地的破碎化程度，构建生态安全格局，保障玉环市区域生态安全。

7.3.3 规划目标

7.3.3.1 总体目标

将玉环市建设成功能分区合理、产业分布有序、土地利用集约高效、生态格局安全的美丽城市。一是实现空间战略分区的科学规划，形成功能分区合理、镇街集聚发展的国土空间新格局。二是实现产业空间集聚，形成配置合理、功能清晰、高效集约的产业空间组织形态。三是实现国土空间的有效管控，划定并严守生态保护红线，与永久基本农田、城镇开发边界相衔接，生态系统服务能力逐渐提高，农用地、丘陵、林地等的生态服务功能得以充分发挥，形成形态完备、功能完善的生态安全格局。

7.3.3.2 近期目标（2025 年）

到 2025 年，根据各功能分区的功能定位，基本完成人员和产业的迁移，价值低、规模小、竞争力弱的企业被淘汰，存活下来的企业按照类别分别入园，功能分区趋向合理，产业结构不断优化，产业洗牌深度进行。同时，合理划定生态保护红线、建立生态廊道体系和打通部分关键生态节点（在玉城街道沙岙村西侧建设生态桥和在玉城街道沙鳝村东边的沙鳝公墓附近建设生态桥），为玉环市融入区域创新链、价值链、产业链，基础设施、生态环境、公共服务等领域基本实现一体化发展创造条件。

7.3.3.3 中期目标（2030 年）

到 2030 年，在前期目标的基础上，不断完善玉环市空间战略分布，以未来经济社会发展中的重大战略需求为指引，统筹各类产业空间性规划，积极推进玉环市开展“多规合一”，发挥玉环市作为温台城市群重要节点的联动作用。有效统筹城乡空间资源配置，科学布局生态、生活和生产空间，形成配置合理、功能清晰、生态保护、高效集约的产业空间形态。完善剩余的关键生态节点（在龙溪镇龙兴村附近建设生态桥，完成渡头—大雷山生态廊道的贯通，拆除漩门大坝或坝下开设足够尺寸的导流洞，在漩门三期建设中保留足够宽深的水道联通玉环东部海域），并在清港镇、楚门镇以及龙溪镇一带的特色农业区试点建设完善的人造灌木丛，构建“一环、四域、四廊”生态安全格局。

7.3.3.4　远期目标（2035 年）

到 2035 年，玉环市强化空间集聚效应，“一心、两区、三带、多点、多群岛”城市空间结构更加完善，“一环、四域、四廊”生态安全格局更加稳固，生态系统服务能力达到历史最高，土地利用率达到最大化，在建设用地有限的基础上，玉环市的各个产业之间形成完善的产业链，提升城市能级，整体形成“绿水抱城、拥湾簇岛、山海相依、城景共融”的国土空间新格局。

7.4　重点任务和措施

7.4.1　明确空间战略分区

全区域划分为“一心、两区、三带、多点、多岛群”的空间结构（图 7-3）。

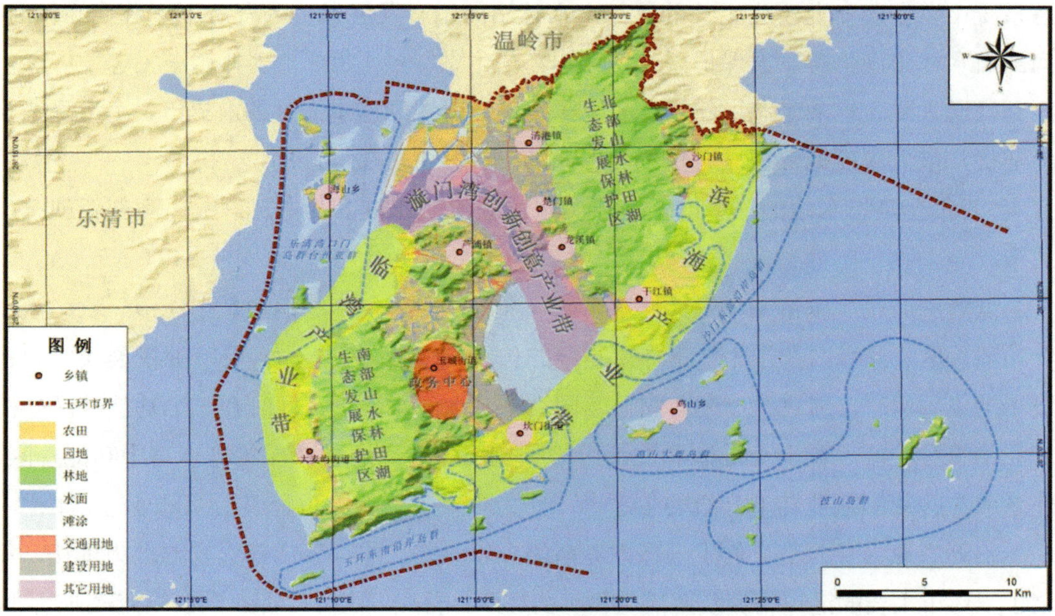

图 7-3　玉环市空间战略分区

“一心”是指以玉城街道作为玉环市的政务中心，兼备生活居住、高端商贸服务功能。玉城街道位于玉环市的中心区域，区域位置优越，对周边乡镇的辐射力度大。玉城街道本身就具有作为政务中心的历史基础，人口稠密，功能设施较为完善，各管理部门在此聚集密度大。依托玉城街道配套设施完善、社区成熟的优势，推进主城区功能建设，提高城市综合承载力和土地利用率，增强综合服务功能，完善城市基础设施和公共服务。通过对现有的老旧工业点进行拆改，开拓转型发展新空间，有效提升老城品质。

“两区”是指以大麦屿为主体的南部山水林田湖生态发展保护区、以沙门—龙溪为主体的北部山水林田湖生态发展保护区。大麦屿中心虽然海拔略高但地势平缓，目前存在一些古朴的村落和一些产业，生态发展保护区重点要保障生态本底，承担生态服务和生态系统维护的功能。因此，现有企业应分批次逐步迁出，适度保留特色村落和保存条件较好的民居，发展古城养生休闲产业，保护区的人口逐步迁出，农业功能相对弱化，种植一些具有特色的经济作物，逐步将其改造成为人类干扰较轻、生态条件较好的养生休闲区。大麦屿古城田园养生休闲区和周边的山水林田湖绿色发展区，不仅可以最大化减少对生态保护区负面的影响，同时还可以继续维持保护区内现有的农业生产功能以给当地村民带来一定的经济效益，推动大麦屿经济发展，弥合城乡之间的差距。沙门—龙溪为主体的北部山水林田湖生态发展保护区作为玉环市生态系统的重要组成部分，承担着调节生态系统的重要功能。当前玉环市的其他区域人为开发破坏相对严重，因此在生态系统中以沙门—龙溪为主体的北部山水林田湖生态发展保护区有着不可替代的作用。南部山水林田湖生态发展保护区是玉环本岛的生态绿核，北部山水林田湖生态发展保护区是联通大陆腹地的生态枢纽。两区应在满足社会发展基本需求的前提下，尽量降低人为干扰，最大限度地保留原有自然生态系统，提升生态服务能力。

“三带”是指东边的滨海产业带、西边的临湾产业带以及中部的漩门湾创新创意产业带。

滨海产业带（东带）位于玉环市东侧，濒临东海，包括沙门镇、干江镇、坎门镇三个功能片区。滨海产业带集聚玉环市主要的传统制造业，应着力提升产业发展层级和建设用地集约水平，促进汽摩配、阀门等同类型产业汇聚发展，同时在三个功能片区安排产业物流分中心、配套商业区和生活区等相关服务业。通过高质量打造三个功能片区，使之成为传统制造业转型升级的主平台，作为重要节点融入甬台温沿海产业带。

临湾产业带（西带）位于玉环本岛西侧、乐清湾东岸。以南部大麦屿港为依托，集聚了玉环市主要的港口物流及海洋生物医药产业。首先，大麦屿拥有港口物流产业基础，相关基础设施条件完善，发展港区物流能够推进港口、产业、城市互动发展，加强对外经济贸易和国际人文交流，重构海陆联动的贸易链和产业链，逐步建设成为长三角对台综合枢纽港、浙东南集装箱转运中心、矿石和原油及煤炭等大宗货物集散的中转港。因此要依托大麦屿深水良港和对台直航的优势，重点安排临港旅游、现代物流、对台贸易、保税区等重大建设项目。其次，依托大麦屿海洋生物医药的相关产业基础，发展海洋生物医药产业，并将其他地区的同类型产业逐步聚集在大麦屿海洋生物医药产业园区进行发展。

漩门湾创新创意产业带位于漩门湾两岸区域，包含了位于漩门三期的高新技术制造与研发区、位于经济开发区和芦浦工业区的新兴产业与商贸服务区、位于楚门镇和清港镇的文化创意产业区。以漩门湾为纽带，连点成线拓面，打造具有玉环特色的“一湾两岸”科创产业带，辐射带动龙溪镇、楚门镇、清港镇、芦浦镇的发展。主动对接台州湾科创大走廊，承接长三角科技成果转移转化，孵化培育新兴产业。加快建设水暖阀门、汽车零部件、家具制造、高端装备等产业创新服务综合体，为企业提供检验检测、技术开发、工业设计等服务。同时，科学实施漩门三期建设工程，提升当地及周边地区的生态环境质量，打通与漩门二期的水系，在漩门三期东部外围设置海洋生态用地，禁止围捕养殖，保障生态功能。文化创意产业区紧邻玉环的西大门，西临乐清湾，东濒漩门湾，积极对接大桥经济，区域位置优越。楚门镇拥有家具设计制造产业，铜工艺品制造等文创产业，玉环温州隔乐清湾相望，受到温州小商品发展的辐射带动作用，一定程度上也可以推动玉环市文创产业的推广和发展。同时，芦浦镇人文历史底蕴得天独厚，拥有省级保护文物吴氏碉楼、非物质文化遗产“狮子灯”，还有红山的旧村落、道头的摩崖石刻、古码头等，清港镇农业发展态势好，资源环境优越，特色农产品丰富，不同地域的不同特色有机结合可以极大地推动当地经济的发展，一定程度地弥合城乡之间的差距。因此，在漩门湾科创产业带的北部以芦浦镇、楚门镇和清港镇为依托，发展商务会展、家具和工艺品设计与制造等产业，同时发挥当地文创产业发达、文化底蕴深厚的优势，依托清港镇的农业产业基础，发展集文创、农业、农村社区于一体的田园综合体。

“多点”是指清港镇、龙溪镇、楚门镇、大麦屿街道、坎门街道等特色小镇。依托农产品采摘、养生养老、家居鉴赏、渔都休闲、非遗小镇等优势，以农业、渔业文化为核心，推进文化创意与设计产业综合发展，探索集农渔业、文旅、社区为一体的综合发展模式。这些特色小镇可以利用实施地的交通、文化资源，以农业为核心，以城镇为承载体，推进农业、文创设计产业综合开发，形成集农渔业、文旅、社区为一体的综合发展模式。作为玉城街道主城区的周边区域，农业占比较大，但经济发展薄弱，各地区依托当地不同的资源环境打造各具特色的小镇可以为这些乡镇地区贴上亮丽的名片，同时可以促进城乡融合和经济发展。

“多岛群”主要由以海山乡为核心的西部岛群和以鸡山乡为核心的东部岛群组成，依托不同岛群的特色规划不同的发展方向。以海山乡为核心的西部岛群指乐清湾口门岛群台州亚群，主要由茅埏岛、大横床岛、茅坦岛、大青岛、小青岛、江岩岛、小乌岛等构成，附近海域多湿地，分布有红树林，生态环境优越，应以乐清湾大桥及接线工程通车为契机，以生态保护为前提，以旅游功能培育为基础，突出生态度假休闲旅游主题，加快推进辐射温台地区的海岛型商务休闲旅游度假区建设，实现岛群组团发展。以鸡山乡为核心的东部岛群指玉环东南沿岸岛群、沙门东部沿岸岛群、鸡山大鹿岛群和披山岛群。玉环东南沿岸岛群离岸较近，可以作为渔业产业的近海捕捞区。沙门东部沿岸岛群拥有特色的礁石景观，可以发展以礁石景观欣赏为主的旅游业。东部的鸡山大鹿岛群和披山岛群主要由鸡山岛、大鹿岛、中鹿岛、洋屿岛、披山岛等构成，应以申报创建国家海洋公园为契机，以生态环境保护、现代渔业、滨海观光度假为重点，打造集现代海水养殖、近外海捕捞、水产品加工贸易、海岛休闲旅游于一体，兼备一定生产和生活功能的渔乡特色风情岛，推进东部岛群组团发展。

7.4.2 优化产业空间布局

玉环市产业空间布局见图 7-4。

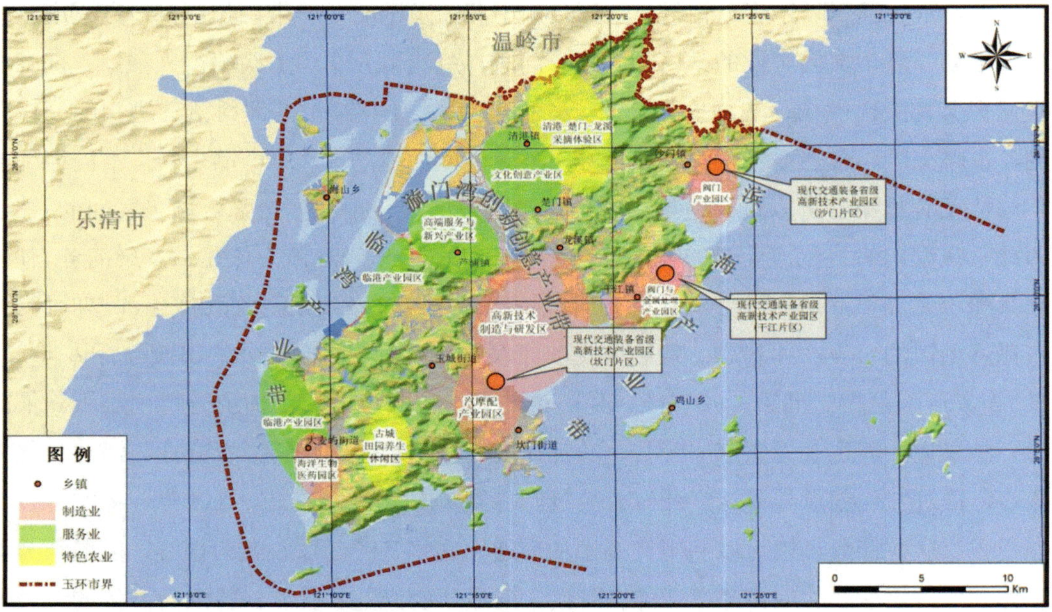

图 7-4　玉环市产业空间布局

7.4.2.1 制造业空间布局

在沙门地区设置阀门产业园区，引导分散在各地的相关产业有序迁入。在干江镇设置阀门工业园区，以及金属熔炼和金属表面处理园区。加强与阀门、汽摩配及其他金属件产业的互动，形成集中高效的产业分工，同时形成阀门产业集聚，对阀门传统优势产业提档升级，全力提升阀门产业水平，推动小微企业、阀门产业及综合产业组团发展。沙门镇、干江镇现有的汽摩配产业，逐渐迁至现代交通装备高新技术产业园区聚集发展。

依托坎门地区的汽摩配产业园，借助毗邻漩门三期设置高新技术制造与研发区的优势，着力推进汽车零部件产业升级，发展交通装备相关的精密机械制造和机电产业，并吸引其他地区的相关产业聚集。在坎门地区的东部发展渔业及渔产品深加工产业，逐步将分布在其他地区的相关产业聚集到此处。大麦屿的南部沿岸地区依托现有产业优势，重点发展海洋生物制药产业、化妆品及保健品等产业，逐步将分布在其他地区的相关产业聚集到此处。以创建现代交通装备省级高新技术产业园区为契机，依托省级高新技术产业园区，在漩门三期设置高新技术制造与研发区，建成集科技创新、产业发展、生态宜居等功能于一体的现代科技产业新城，逐步聚集低污染、低消耗的高技术制造产业，鼓励建立研发中心，培育“研产一体”的企业集群。

7.4.2.2　服务业空间布局

加大服务业重点企业培育力度，引导资源要素合理集聚，加快生产性服务业向专业化和产业链高端延伸，推进生活性服务业向精细化和高品质转变。在经济开发区和芦浦工业区内打造“总部经济”集聚区，重点发展高端装备制造、电子信息、新材料和航空航天等战略性新兴产业，逐步完善科技服务业、金融服务业和商贸服务业。在楚门镇、清港镇地区积极对接大桥经济，发展集文创、农渔业、农村社区于一体的田园综合体。积极对接温州市，目前温州市的工艺美术正向着产业化、精品化道路发展，全市共有上规模的工艺美术企业 30 多家，年产值达 120 多亿元，温州小商品发展的辐射带动作用，一定程度上也可以推动玉环市文创产业的推广和发展。同时，依托玉环市的区位优势可以积极开拓台湾文创市场，积极促进两地产业合作和经贸合作，带动玉环经济的发展。在临湾产业带南部以大麦屿港为依托，加快集疏运体系建设，发展航运、仓储、物流、能源及其他相关产业。加强与苏沪、宁波、温州及台湾地区的港口产业合作，优化作业区配套设施，加快建设具有长三角特色的货运物流中心。以漩门湾为核心、以西部乐清湾和东部海洋公园披山海域为重点、以环岛景观带为纽带，积极发展旅游业，形成以玉环海洋海岛龙文化为特色底蕴，以海洋海岛观光游憩为基础功能，兼具东海海鲜美食与文化娱乐、浙台旅游集散与时尚购物、山海运动休闲与生态养生等功能的自助旅游休闲集散地。

7.4.2.3　农渔业空间布局

在清港镇、楚门镇以及龙溪镇一带设置采摘体验特色农业区，培育农业“一区一镇”，推进“两区”提升发展。通过集聚资源要素、延伸产业链条、拓展农业功能等途径，着力在“集聚”“特色”“精品”上做文章，重点打造以文旦、葡萄、杨梅、柑橘等名优特水果为特色的现代农业园区，并推进与农产品加工业相关的龙头企业发展和聚集。在大麦屿街道古城片区设置田园养生休闲特色农业区，现有企业和地区人口应分批次逐步迁出，农业功能相对弱化，种植一些具有特色性的经济作物，适度保留特色村落，逐步将其改造成为人类干扰较轻、生态条件较好的田园养生休闲区。位于大麦屿街道的曾家村南山南·生态游慢步道与该区域规划的山水林田湖生态发展保护区定位不符，应在塑胶步道自然老化后予以拆除，并改建为木栈道或卵石步道。

随着乐清湾跨海大桥、甬台温高速公路、杭绍台铁路延伸线以及台州轻轨等大通道的建成，玉环市由交通末端变为枢纽，水陆交通便利，玉环市地理区位优势日渐凸显，区位条件的日益提升也将为农产品“走出去”提供更广阔的空间。虽然优势条件得天独厚但与高水平的现代化农业建设要求相比，由于园区农产品大多为鲜活农产品，农产品加工业存在精深加工水平低、带动型龙头企业少等问题，农业科技创新和推广亟待突破，例如，文旦品种培育、栽培技术、精深加工技术等方面的创新亟待突破，发展现代农业的技术推广力量薄弱。同时，玉环市处于台风多发区，台风登陆会造成大面积农田受淹和减产，对农业生产和发展造成一定程度的影响。因此，农业发展区迫切需要加强农业基础设施建设，建设和完善农田水利、节水灌溉、保护地栽培等设施，同时引进人才和先进的科技创新力量。农业发展区中的农业空间要强化农地保护，推进土地整理，促进第一产业发展及适度规模经营，注重专业化、规模化。农业发展区的丘陵山地要遵循集聚、集约、适度、有序的原则，选择部分资源环境承载力相对较强、发展潜力相对较好的低丘缓坡区域，完善配套设施，发展生态经济。农业发展区中的海岛和海域要以保护和改善海岛及海洋生态系统为目的，合理利用海岛及海洋优势资源，适度发展海洋旅游、海岛休闲旅游等绿色经济。

玉环延绳钓是海洋捕捞作业中一种古老的作业方式，历史悠久，入选省级非遗名录，近年延绳钓钓带鱼的技艺重现生机，开创了全国机械化、规模化延绳钓的先河。在浙江渔场修复和“一打三整治”的环境下，为渔业向资源节约型、环境友好型的捕捞方向发展提供了一个成功范例。因此可以借助“中国东海渔仓”“中国东海带鱼之乡”“中国东海鳗鱼之乡”三大渔业品牌，引导延绳钓产业走品牌振兴之路。同时，坎门、鸡山、大麦屿拥有较为完善的渔业捕捞产业基础，区域位置对发展渔业较为优越，因此可以以坎门国家中心渔港、鸡山一级渔港和大麦屿二级渔港等为依托，以国内捕捞和远洋船队为支撑，建设较高水平的海洋捕捞和远洋渔业基地，建成浙东南现代化渔业基地。乐清湾靠近玉环的一侧，湾内水深较深，海域面积较大，海湾水质肥沃、饵料生物丰富、水文环境适宜，盛产鱼虾蟹类等渔业资源，同时，由于乐清湾滩涂面积辽阔，还盛产缢蛏、泥蚶等贝类。因此，可以以近岸海域为依托，建设海岛特色海水养殖基地，重点建设坎门湾、鸡山岛、乐清湾等海水养殖基地，因地制宜地发展浅海生态渔业、滩涂特色和深水网箱养殖以及紫菜、海带种植。由于受长期超强度的过度捕捞、多年粗放式海水养殖业发展造成的水质富营养化等各种因素影响，许多传统渔业资源遭到不同程度的破坏，出现了主要捕捞对象替代频繁、生物品种明显减少、水域环境质量日益恶化、各种经济水生生物生息的生态环境被破坏等现象，严重影响了乐清湾海洋渔业及水产养殖业的可持续发展。同时，还存在很多围塘养殖的现象，因此在促进渔业发展的同时还须整治海塘养殖，发展生态渔业。为增加坎门地区的经济收入，较少地干扰生态环境，还可以以坎门休闲渔港为依托，把海洋渔业与观光、休闲渔业结合起来，打造以渔家乐为主打品牌，建设温台区域海岛型休闲渔业基地。推进玉环市因地制宜开展渔业转型先行区创建，以产业引领带动渔业安全管理、产业提质增效和渔民共享发展，推动传统渔业向“精品渔业、特色渔业、优势渔业”的方向转型，走出一条玉环渔业发展的不寻常之路。

7.4.3 构建生态安全格局

7.4.3.1 生态安全格局构建思路

生态安全格局也称生态安全框架，指景观中存在某种潜在的生态系统空间格局，它由景观中的某些关键的局部、其所处方位和空间联系共同构成。生态安全格局对维护或控制特定地段的某种生态过程有着重要的意义。不同区域具有不同特征的生态安全格局，对它的研究与设计依赖于对其空间结构的分析结果，以及研究者对其生态过程的了解程度。生态安全格局的理论基础涉及景观生态学、干扰生态学、保护生态学、恢复生态学、生态经济学、生态伦理学和复合生态系统理论等。它是指针对特定的生态环境问题，以生态、经济、社会效益最优为目标，依靠一定的技术手段，对区域内的各种自然和人文要素进行安排、设计、组合与布局，得到由点、线、面、网组成的多目标、多层次和多类别的空间配置方案，用以维持生态系统结构和过程的完整性，实现土地资源可持续利用、生态环境问题得到持续改善的区域性空间格局。典型的生态安全格局包含以下几个景观组分：

生态系统服务核心区域：生态系统服务核心区域是以自然生态功能的发挥为主，生态环境脆弱、生态敏感性较高，并具有重要生态系统服务功能的自然生态斑块，如较大面积的林地、草地、水域、山体等，具有保障水源涵养、土壤保持、物种保护等生态系统服务能力。

生态廊道：生态廊道是指不同于周围景观基质的线状或带状景观要素，生态廊道具有保护生物多样性、过滤污染物、防止水土流失、防风固沙、调控洪水等多种生态服务功能。建立生态廊道是实现景观生态规划的重要方法，是解决当前人类肆意活动造成的景观破碎化以及随之而来的众多生态问题的重要措施。

生态节点：生态节点一般位于生态廊道的间断处和生态功能相对薄弱处，对区域生态流的流动起着关键作用，结合廊道周围生态景观选取生态节点，通过加强节点及周边区的生态建设，增加生态廊道的连贯性，提高节点稳定性和生态系统服务能力，从而整体优化生态安全格局。

以玉环全市域为研究范围，从生态系统服务核心区域、生态廊道、生态节点等角度构建生态安全格局。选取对区域景观生态具有重要保护价值的自然保护区、森林公园、湿地公园、林地和水域作为生态系统服务核心区域；综合考虑土地利用及地表覆盖类型、面积及空间分布情况、生态系统格局变化等因素，将对生态环境可能产生较大影响的生态带作为生态廊道；生态节点一般是生态功能相对薄弱处和生态廊道的交会处，对区域生态流的流动起着关键作用，结合生态廊道周围生态景观选取生态节点，通过加强节点及周边区的生态建设，提高节点稳定性，从而整体优化生态安全空间格局。

7.4.3.2 构建“一环、四域、四廊”生态安全格局

以生态系统服务核心区域为关键，以沿山体、水系的生态廊道为依托，以关键生态节点为重点，通过植被恢复、水体修复、岸线维护和廊道建设，构建“一环、四域、四廊”的区域生态网络体系，形成点、线、面形态完备、功能完善、质量完美的玉环市生态安全格局（图 7-5）。

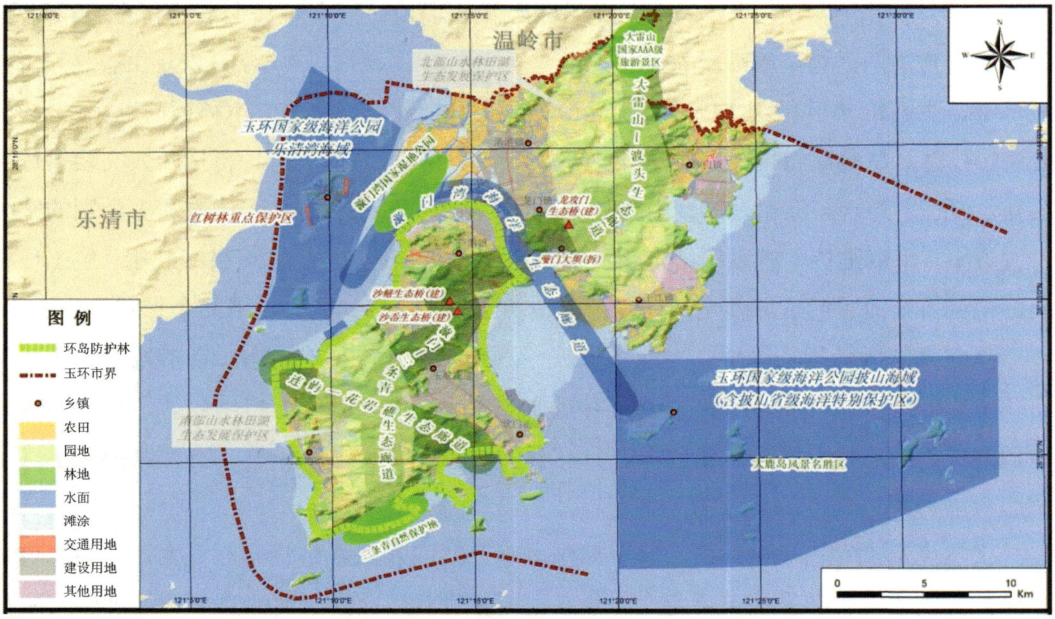

图 7-5 玉环市生态安全格局结构

“一环”：指以玉环市海岛地貌的山水格局为依托的环岛防护林。由西部乐清湾滩涂湿地保护带、南部大麦屿基岩海岸防护林带、东部坎门滨海防护带和北部漩门二、三期的景观防护林带组成，形成沿海防护林闭合环。

“四域”：指玉环国家级海洋公园、玉环漩门湾国家湿地公园、三条青自然保护地、大雷山国家 3A 级旅游景区，这些区域生态地位较为重要，其主体位于生态保护红线区或其他优先保护区内，应严格保护和管理。

专栏 1 “四域”内容与功能定位

玉环国家级海洋公园，由玉环市东部的披山海域和西部的乐清湾海域组成，包括鸡山岛、洋屿、披山岛和大鹿岛、小鹿岛、茅埏岛、茅坦岛、大横床岛、大青岛、江岩岛等海岛及其周边海域。其中，披山海域以珍稀濒危海洋生物、重要渔业经济品种及海洋生态系统为保护重点，乐清湾海域以“海上森林”红树林、湿地生态系统及海洋生态系统为保护重点。大鹿岛风景名胜区，具有保障水源涵养、土壤保持、物种保护、休闲游憩等生态系统服务能力，以陆地珍稀植物、濒危海洋生物、奇礁异石及海岛生态系统为保护重点。

玉环漩门湾国家湿地公园，位于玉环市中部乐清湾内，具有抵御海水入侵、涵养水源、保障候鸟迁徙停歇和越冬等生态系统服务能力，以国家一、二级保护野生动物、国家重点保护野生植物和湿地生态系统为保护重点。

三条青自然保护地，位于大麦屿镇南端的三条青半岛区域，受人为活动干扰较轻，自然样貌保存较为完整，以“三有动物”（国家保护的有益的或者有重要经济、科学研究价值的陆生野生动物）、岸线、陆地生态系统为保护对象，发挥物种庇护场所和物种迁出源区功能。

大雷山国家 3A 级旅游景区，位于清港镇东北部山区，是联通大陆腹地的重要通道，也是优良的陆生生物栖息地，以“三有动物”（国家保护的有益的或者有重要经济、科学研究价值的陆生野生动物）和陆地生态系统为保护重点，发挥物种庇护场所、物种迁移中转和物种迁出源区功能。

“四廊”：指四条生态廊道，即漩门—三条青生态廊道、连屿—花岩礁生态廊道、大雷山—渡头生态廊道、漩门湾海洋生态廊道，对于联通栖息地、保证物种流动具有重要作用。打通漩门—三条青生态廊道上的两处关键节点，大雷山—渡头生态廊道的一处关键节点和漩门湾海洋生态廊道的一处关键节点。

为保障生态廊道贯通、增强栖息功能、完善生态安全格局，建设农田聚集区域人造灌木丛，披山海域人工鱼礁以及林地、公园、社区绿地等小型生态斑块具有重要作用。

专栏 2 “四廊”——玉环市域内四条生态廊道

漩门—三条青生态廊道。南起大麦屿街道的三条青山大麦屿风电场海边，沿丘陵林地向北，经玉城街道，止于芦浦镇漩门湾大坝南端，长约 20 km，保障玉环本岛南北方向贯通。

连屿—花岩礁生态廊道。西起大麦屿街道的连屿村海边，沿大麦屿和玉城街道边界丘陵林地向东，止于坎门街道花岩礁村，长约 13 km，保障玉环本岛东西方向贯通。

大雷山—渡头生态廊道。北起清港镇大雷山，沿丘陵林地向南，止于龙溪镇漩门湾大坝北端的渡头村海边，经沙门镇、楚门镇，与温岭南部山区联通，长约 18 km，保障楚门半岛与大陆腹地贯通。

漩门湾海洋生态廊道。西起漩门二期西部乐清湾海域，向东经漩门湾，止于漩门三期东部海域，长约 20 km，保障玉环国家级海洋公园乐清湾海域和披山海域贯通。

专栏 3 生态桥建设案例

生态桥是指相异于周围人工景观基质，或不同于非自然生态的基本构成元素。具有保护生物多样性、物种多样性以及防风固沙、防止水土流失、调节蓄排洪水等基本的自然生态功能。生态桥主要由植被水体以及其他自然因子等生态性要素构成，为野生动植物的保护和迁徙提供通道或关键性通行。

关于生态桥的建设，在国内，北京奥林匹克森林公园已有应用。奥林匹克森林公园生态桥连接奥林匹克森林公园南北园两个园区的节点，横跨北五环，南北向长约 250 m，宽度为 50～100 m，桥面设置以步行步道和植被种植为主，乔灌草搭配结合形成了比较丰富的绿地景观。还有位于荷兰的北布拉班特省，拥有世界上最长的野生动物立交桥——长达半英里（约 800 m），横穿铁路线、河流、商业园和体育场馆等场所。

第 8 章　发展低碳循环高效的美丽绿色经济

8.1　现状分析

经过数年努力，玉环市经济活力较强，质量效益较高。2019 年，玉环市经济运行总体趋稳，生产总值增速较高，玉环市实现生产总值 617.5 亿元，比上年增长约 6.3%，近 5 年地区生产总值及增速如图 8-1 所示。三次产业结构生产总值比例为 6.01∶55.04∶38.95。其中，第一产业增加值 37.11 亿元，增长 2.6%；第二产业增加值 339.85 亿元，增长 4.5%；第三产业增加值 240.54 亿元，增长 6.7%。2019 年，玉环市年规模以上企业总产值实现 830.80 亿元，增长 3.0%，增加值 194.56 亿元，增长 2.5%。全市规模以上主要行业中，通用设备制造业实现增加值 55.75 亿元，比上年增长 0.6%；电力、热力生产和供应业增加值 28.02 亿元，比上年下降 3.9%；汽车制造业增加值 50.93 亿元，比上年增长 5.2%；金属制品业增加值 14.46 亿元，比上年增长 4.5%；家具制造业增加值 2.03 亿元，比上年下降 15.7%。

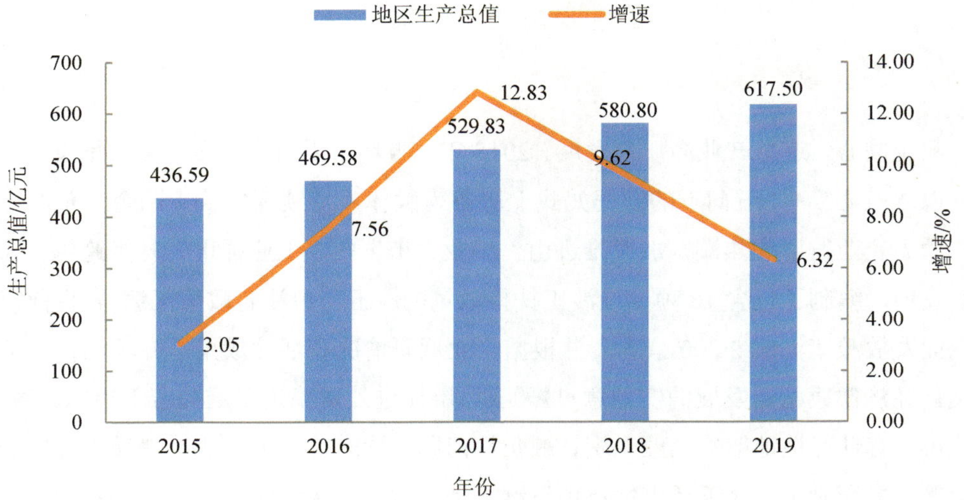

图 8-1　2015—2019 年玉环市地区生产总值及增速

玉环市服务业保持稳定增长态势，2015—2019 年服务业增加值如表 8-1 所示，服务业增加值由 2015 年的 166.42 亿元增加到 2019 年的 240.54 亿元，5 年内年均增长 8.48%。

表 8-1 玉环市 2015—2019 年服务业增加值

指标	2015 年	2016 年	2017 年	2018 年	2019 年
服务业增加值/亿元	166.42	187.84	212.75	231.89	240.54
服务业增加值 GDP/%	38.12	40.4	40.2	39.93	38.95
服务业增加值增速/%	12.3	10	7.1	6.3	6.7

玉环市农业综合生产能力稳步提高，2015—2019 年农业总产值如表 8-2 所示，农业增加值由 2015 年的 29.39 亿元增加到 2019 年的 37.90 亿元，5 年内年均增长 3.84%。

表 8-2 玉环市 2015—2019 年农业总产值

指标	2015 年	2016 年	2017 年	2018 年	2019 年
农业增加值/亿元	29.39	33.7	35.08	35.11	37.90
农业增加值增速/%	8.4	3.9	4.1	0.085	2.7

8.2 发展态势分析

8.2.1 现状优势

8.2.1.1 追求高质量发展已成为普遍共识

政企同心，追求产业高质量发展。2018 年，玉环市委市政府以“高质量发展”为主线、以“五心”+“五问”的“妈妈式”服务为载体，持续深化扶工助企，全面掀起新一轮助力企业发展的热潮，加速推进由“工业大市”向“工业强市”升级跨越。为助力企业发展，编制了包含 18 项专项涉工扶持政策的《玉环市涉企政策汇编》，目前已向当地企业发放政策汇编 2 200 余本。并根据企业调研情况和活动成果，专项出台《关于支持民营经济健康稳定发展的实施意见》《玉环市促进外贸稳定发展的若干措施》等 10 余项政策，有针对性地解决企业融资、减负等问题。同时，对于企业反映最为突出的用地难问题，配套制定了《玉环市优质项目准入评价实施意见》等政策，以一系列“真金白银”的政策和措施全力扶持民营经济发展。各大企业共同向高质量发展目标努力，出台了《小微企业园入园企业管理办法》，建成小微企业园 4 个。引入浙江清华长三角研究院台州创新中心，共建水暖阀门供应链一体化创新基地，水暖阀门产业创新服务综合体列入省级创建名单；省级高新技术产业园区申报稳步推进，国家重点扶持高新技术企业突破 100 家；新增省级科技型中小企业 270 家、上云企业 1 941 家，“两化”融合发展指数位列全省第一梯队。“亩均论英雄”改革迈出实质性步伐，完成首批 1 658 家工业企业年度综合评价，试行用地、税收等差别化政策，全面完成亩均税收 1 万元以下企业的改造提升；新增省“隐形冠军”企业 1 家、股改企业 153 家，报上市辅导企业 2 家。玉环凯立汽车配件有限公司的 VVT 链轮自动装配、检测生产线和浙江博时特电子科技有限公司的缝制机械智能高效精准绕线器研发及产业化项目 2 个项目入选了 2019 年台州市传统产业优化升级示范项目（共性技术突破项目）。

海洋经济政策陆续出台。玉环市是国家级海洋生态文明建设示范区、全省首个“海岛统筹发展试验区，也是浙江省的城乡统筹发展示范岛、海洋产业转型升级先行岛、对台合作综合试验岛和海洋生态旅游岛。《浙江海洋经济发展示范区规划》《浙江海洋经济发展试点工作方案》的顺利批复，标志着浙江省海洋经济已上升为国家战略，这为玉环市发展海洋经济营造了良好的政策环境。此外，浙台（玉环）经贸合作区的建设、对台客货运直航的常态化也在促进两岸经济、文化交流方面凸显了玉环的特殊地位，加快发展海洋经济具有独特的政策优势。

服务业发展支持力度较大。市委市政府制定出台了诸如《玉环市人民政府关于印发玉环市加快生产性服务业发展实施意见（试行）的通知》（玉政发〔2017〕28 号）等一系列加快服务业发展的配套政策或专项扶持政策。例如，对地方产业经济起到较大带动或推动作用的工业设计、研发创新、会展、物流等生产性服务业项目，实行“一事一议”政策，2019 年投入“一事一议”专项资金 2 000 万元。同时，还通过放宽服务业准入条件、加强服务业用地保障、加大服务业清费减负工作、提高服务业财政投入和改善服务业金融信贷环境等措施，大力改善服务业发展环境。

自主创新能力不断增强。2014—2018 年，累计申请专利 135 401 件，专利授权 101 357 件；其中发明专利授权 8 322 件。全市有中国名牌产品 19 个，浙江名牌产品 322 个，地理标志保护产品 3 个。“浙江制造”认证企业 46 家，全市企业主导制（修）订国家标准 11 项，主导制（修）订行业标准 13 项。全市有 508 家单位取得食品生产许可证。2018 年年末，有各类检验机构 138 家，其中国家级检测中心 2 家，省级质检中心 12 家，新增驰名商标 1 件，全市被国家工商总局认定的驰名商标累计达到 58 件。

8.2.1.2 产业基础条件扎实，有能力为产业转型升级提供财力支持

玉环市产业品牌历史悠久。玉环市在汽车零部件、水暖阀门、工程机械、家具、机床、药械包装、眼镜七大产业形成了众多自主品牌和自主知识产权。工业经济实力不断增强，规模以上工业增加值总量居台州市前列。在汽摩配领域，已经形成专业化分工明确、产品技术水平及质量突出的发展格局，双环传动等大型骨干企业的产品已成为国内外主要汽车零部件供应商的主要产品。在家具制造领域，玉环欧美古典家具产品远销俄罗斯、日本、澳大利亚等 80 多个国家和地区，是华东地区重要的家具生产销售和出口基地。雄厚和扎实的制造业基础，将有利于玉环市制造业的进一步转型升级，并向相关制造领域拓展。截至 2018 年年底，全市工业企业共有 12 974 家。其中，产值超亿元企业 178 家，规模以上企业 803 家。中国驰名商标 7 个；浙江制造产品 7 个；浙江省名牌产品 42 个（汽摩配行业区域名牌 1 个、水暖阀门行业区域名牌 1 个），台州名牌产品 109 个（水暖阀门行业区域名牌 1 个）；浙江省著名商标 43 个，台州市著名商标 55 个；省级商标品牌基地 3 个，市级商标品牌基地 3 个；浙江出口名牌 17 个，台州出口名牌 18 个。

各类集聚平台建设不断发展。近年来，市委市政府主抓的沙门滨港工业城、干江滨港工业城、海洋经济转型升级示范区三大沿海产业集聚平台正加速推进，“十三五”期间完成供地 1 万亩，届时，聚焦于此的工业企业总数将实现倍增。与园区内工业企业紧密相连的科技研发、现代物流、产品设计等服务业的发展空间将更加开阔，服务业集聚平台建设也更有成效。截至 2018 年年底，玉环市已建成小微企业园 4 个，在建 18 个，累计建成面积达 112.70 万 m^2，入驻企业 126 家。汽摩配、阀门产业基础雄厚，优势度高。玉环市的制造业规模较大，汽车及摩托车零配件、阀门等产业在全国占有一定的市场份额。2018 年，玉环市汽车零部件实现产值 564 亿元，同比增长 4.40%，其中玉环市汽车零部件自营出口 74.25 亿元人民币，同比增长 10.56%。四大主要出口地中，北美 31.47 亿元，增幅 17.26%；拉丁美洲 11.50 亿元，增幅 22.81%；欧洲 19.15 亿元，增幅 4.08%；亚洲 10.88 亿元，下降 1.17%。对 321 家汽车零部件规模以上企业的数据分析显示，规模以上企业产值总量 267.82 亿元，占玉环市汽车零部件行业产值总量的 47.47%，同比增加 3.93 个百分点，说明玉环市零部件产业集中度进一步增强。规模以上企业同比增幅 9.04%，73 家年产值亿元以上企业同比增幅 12.26%，分别高于全行业 4.64 和 7.86 个百分点，由此可见规模大的企业较规模小的企业发展情况偏好。玉环市汽车摩托车零部件产业（简称“汽摩配产业”）历史悠久，自 1966 年创立以来，为玉环市原始资本积累做出了巨大贡献，在“八五”期间曾获我国南方最大的汽配工业基地称号。2018 年，

汽摩配行业入选传统制造业改造提升分行业省级试点，双环传动荣获国家科学技术进步奖二等奖和省政府质量奖提名奖。2018 年，玉环市市水暖阀门行业实现产值 349.79 亿元，同比增长 4.9%，其中自营出口 144 亿元，同比增长 17%。在标准引领上，升级块状产业标准化重点项目通过验收，成立了台州市首个省级标准化专业技术委员会——浙江省水暖卫浴标准化技术委员会；在品牌创建上，筹建全国水暖阀门产业知名品牌创建示范区，顺利通过“中国阀门之都”等基地复评，“玉环水暖卫浴”入围商务部国家外贸转型升级示范基地等，此外，协会还在外贸预警、平台建设、“助企强企”、自身建设等工作上取得了一定成绩。

眼镜配件以及家具特色产业发展较好。玉环市眼镜配件行业占全国眼镜配件产值的 65%以上，是“中国眼镜配件生产基地”。眼镜零配件产业是玉环市工业的特色产业之一，现有企业 350 余家，其中规模以上企业 15 家，产值 5 000 万元以上企业 6 家，亿元以上企业 2 家，省级科技型中小企业 8 家，台州名牌产品企业 1 家，玉环市政府质量奖企业 1 家。全行业拥有弹簧铰链、插芯、推板、连体四大系列 3 000 多个品种和白铜、铝镁合金、记忆合金、碳纤维材料等多种高新材料，有 200 多种产品获国家专利。2005 年 9 月，被中国轻工业联合会授予“中国眼镜零配件生产基地”荣誉称号。2014 年 4 月，中国眼镜协会第七届第五次理事会决定在玉环成立中国眼镜零配件专业委员会并挂牌运作。2017 年 7 月，被中国轻工业联合会授予“中国轻工业特色区域和产业集群创新升级示范区”和“中国轻工业特色区域和产业集群管理与服务先进单位”荣誉称号。2018 年，玉环市眼镜配件实现产值近 15 亿元，产业布局集中在大麦屿等区块。家具产业是玉环市工业的特色产业之一，现已形成品种繁多、配套齐全、产业链条完整的集群发展模式，尤其是欧式古典家具，其档次和工艺水平处于全国领先地位。现有家具制造及配套企业 277 家，其中拥有自营出口权企业 48 家，在做精欧式家具的同时，开发有特色的“新古典、小美式、新中式、轻奢、现代”等不同档次、不同风格的产品，抢占市场份额，产品远销俄罗斯、乌克兰、澳大利亚、中东、东南亚等 70 多个国家和地区。玉环家具已不仅仅是一个产业，更是玉环的一张名片，先后荣获“中国新古典家具精品生产（采购）基地”“中国欧式古典家具生产基地”“国家级家具产品质量提升示范区”等称号。

8.2.1.3 新产业苗头纷现

企业主动向新兴产业突围。新兴产业关系到国民经济社会发展和产业结构优化升级，是具有全局性、长远性、导向性和动态性特征的产业。与传统产业相比，具有高技术含量、高附加值、资源集约等特点，也是促使国民经济和企业发展走上创新驱动、内生增长轨道的根本途径。目前玉环市企业家认识到如果不进行产业升级，只依靠传统产业，必将导致落伍，已主动向海洋生物制药、节能建筑、高端装备制造、电子信息、新材料和航空航天等战略性新兴产业等方面发展。

玉环市在全面推进玉环市传统产业优化升级的同时，瞄准了市场和未来发展方向，通过寻找新兴产业定位，积极培育了航天航空、半导体、高低压电气等新兴产业，通过产业结构的调整升级提高了玉环市工业经济核心竞争力。玉环市以里阳半导体二期建设为契机，围绕芯片设计、制造、封装以及芯片设备进行全产业链招商，加快了玉环市半导体产业园的建设，全力通过以点带面打造了第三代半导体产业重要基地。玉环市在推进雷博司输配电及控制设备绝缘系统生产项目落地的同时，全面摸排玉环市高低压电气上下游产业链，拉长了产业链条，着力通过链式布局、集群发展，最大限度释放“1+1＞2”的倍增效应，目前建立了玉环市电子元器件行业协会和高低压电气行业协会，为实现新兴产业新集聚提供了便利。

专栏 4　企业发展新兴产业案例

浙江永德信宜居科技有限公司是一家集研发、设计、安装、技术调试、云维护售后为一体的智能高科技企业，秉承“健康、舒适、环保、节能”的宜居住宅标准，以期将生态舒适的室内最佳人居环境传递给千家万户。专业从事高端别墅建筑生命周期内绿色、健康、舒适的室内气候专项设计与施工。此室内气候系统致力于解决传统空调病、环境性缺氧、$PM_{2.5}$，粉尘和装修甲醛等致癌物质造成的室内环境顽疾，并有效降低建筑高能耗。该公司专业为客户提供毛细管冷暖辐射系统、新风净化调湿系统、智能控制系统、节能门窗系统等方案制定、工程设计与施工、使用培训及全程服务等一站式绿色智能室内环境系统集成解决方案。成功应用于不同类型的公用建筑、住宅建筑之中，为用户打造一种健康、舒适、生态、节能的人居环境体验，实现室内空气清新、品质优良、温湿度适宜，使生活在该住宅的人员获得身与心双重的健康、舒适、愉悦享受，让人与住宅环境达到高度和谐。该公司申请组建由永德信科技有限公司为依托单位的玉环第一家浙江省智慧建筑产业技术联盟，已经通过审批。通过建立联盟，倡导“智慧建筑”理念，实现联盟成员目标一致的行业合作和项目合作，最终将建设成为国内领先、国际知名的智慧建筑产业技术联盟，对构建现代产业体系有重大意义，同时也会促进玉环市经济高速度、高质量的发展，为社会创造更大的价值。

浙江金壳药业股份有限公司（原浙江金壳生物化学有限公司）是一家专业从事海洋生物新材料研发与生产的生物科技企业。公司经营范围包括：药品、保健食品、壳寡糖、食品添加剂、甲壳素及其衍生物、非药用壳聚糖制造；有机中间体、有机肥料、化妆品、卫生用品批发零售；货物进出口、技术进出口等。由于甲壳素特殊的生理机能不断被发现，引起全球科技界和产业界的重视，国际社会已先后召开过六届国际甲壳素学术会议。每年有关甲壳素研究开发的论文上万篇，同时也有许多专著和专利问世。日本平均每 3 d 就有一份申请甲壳素应用专利的报告，全世界从事甲壳素产业化开发的企业已达数千家，其年销售额将超过 20 亿美元。甲壳素的研究开发已成为世人瞩目的高新科技领域和获利颇丰的新兴产业。一些发达国家争相投入大量资金对甲壳素进行深入的研究开发。日本政府拨出 60 亿日元启动经费委托全国 13 所大学对甲壳素进行系统研究开发，目前在基础研究及应用开发方面取得巨大成就。目前，甲壳素是日本政府唯一准许宣传疗效的机能性食品。1993 年，日本厚生省受理了甲壳素作为癌细胞转移抑制剂静门注射药品的申请。1996 年，甲壳素又通过了美国药品、食品管理局（FDA）及欧共体（EC）检定，核准在美国、欧洲销售。甲壳素的研究开发及其商业产品已出现了全球竞争趋势，并将保持持续稳定的高速增长。该公司依托现有海洋资源和生物深加工企业，加快提升企业技术研发实力，围绕甲壳素及其衍生物，积极研发高附加值产品，鼓励开展海洋保健食品开发研究，打造国内重要的海洋医药和保健品生产基地。

云 MES 的使用使生产管理更为高效。玉环市近年来大力发展云 MES，自 2017 年提出以来，已有上云企业 3 012 家，小企业基本以云储存形式上云，某些大企业已经实现了管理上云、生产上云等深度上云形式，从而提高了资源配置效率、降低了信息化建设成本、促进了共享经济发展、加快了新旧动能的转换。就具体的生产制造过程而言，运用云技术后，企业可以将各个车间的生产数据上传至整个云驱动系统。通过对各车间的生产数据、生产数量等信息数据进行分析，企业可以制定更加具体的生产计划，优化生产的结构流程，使得企业的生产效率和生产水平都得到不同程度的提升，而且还能对设备进行监控，实现对设备的远程诊断和维护。此外，从企业管理角度来分析，上“云”还能实现在线办公协同、计划管理、流程审批等，工作管理提供实时看板、工作通知，将用户关注的企业数据通过消息推动呈现出来，实时掌握企业管理动态；根据业务需求，灵活配置应用场景，完成业务融合和精算。最后，从品牌建设及营销角度来看，用户还能利用海量的搭建区块模板，基于自身的业务需求一拖一拽快速搭建企业的门户云平台，使用文字、图片、视频多维度展示企业信息，实现品牌价值定位，全方位展示企业优势，此外，还能整合产业、行业、企业上下游的资源，形成联盟商圈，完成资源协同在线，信息互通，产品服务共享。玉环市统筹各级财政资金，落实“企业上云”考核奖补政策，优化“企业出一点、云服务商贴一点、政府补一点”的联合激励机制，开展市级标杆企业和优秀云服务商评选活动，对标杆企业和优秀云服务商给予奖励，对企业上云费用达到一定额度的给予30%的补助，鼓励有条件的地方以政府购买服务等方式，推动更多企业上云。

工业品艺术化，打开了产业升级新方向。铜匠艺家铜制有限公司位于中国东海的浙江省台州市玉环科技工业园区内，是一家集设计、研发、制造、销售为一体的公司。铜匠艺家对外观设计坚持独到的理解，采取精品战略，每年精心打造出一至两套全新系列。铜匠艺家卫浴不仅在外观设计上美观大方、经久不衰，在功能设计上更是不断创新升级，强调功能的实用性和细节体。

8.2.2 现状劣势

8.2.2.1 产品附加值低

玉环市的制造业产值虽高，但附加值不高。玉环市的制造业规模较大，汽车及摩托车零配件、阀门等产业的产值在全国占有一定的市场份额。2018 年，玉环市汽车零部件实现产值 564 亿元，水暖阀门行业实现产值 349.79 亿元。其中，玉环市实现规模以上企业汽车制造业产值 185.86 亿元，而江阴市规模以上企业汽车制造业产值为 119.06 亿元，张家港市规模以上企业汽车制造业产值为 117.17 亿元。但由于玉环市的汽摩配以及阀门产品大多属于低端产品，附加值不高。一方面，玉环市汽摩配以及阀门行业企业规模小，竞争力弱，专业市场较为稳定，转型动力不足，企业自身存在一定创新惰性。另一方面，信息化和工业化融合度较低，导致企业自动化、智能化制造发展速度缓慢，具有核心竞争力的产品较少，大多数企业创新、创牌意识薄弱，技改投入能力有限，很多企业停留在贴牌生产或模仿生产水平，产品原创性少，缺乏市场竞争力。企业缺乏核心技术，所提供的产品和服务都处于产业链底端，经济效益低。企业仍以传统型服务业为主。生产性服务业发展相对滞后，主要集中在物流、交通运输、本地金融与通信等领域，业务范围主要限于玉环市本地。高端生产性服务业与周边发达城市相比存在较大差距，且与玉环市优势制造业现状明显不相适应。

玉环市当前产业利润低，处于附加值低的区域。如果技术不能一直提升，策略不能领先，则在微利的状况下，可能转变成亏损，严重时甚至逐渐影响到企业的生存。以玉环市水暖阀门行业为例，其 2018 年实现产值 349.79 亿元，占全市工业总产值的 21.02%，但因为全是低端产品，未获得定价权。未来若由低端产品转向高端产品，对比上海制造业利润率提高的平均水平来看，预计利润率可增加 10%左右。玉环市所生产的阀门大多为国外加工，国外下订单在国内生产，为其生产产品和产品配件，也称为定牌生产或授权贴牌生产。国外拥有优势品牌的企业为了降低成本，缩短运距，抢占市场，委托其他企业进行加工生产；并向这些生产企业提供产品的设计参数和技术设备支持，来满足对产品质量、规格和型号等方面的要求，生产出的产品贴上国外的商标。但是此过程中，代工企业处在行业尾端，利润低，亏损严重，技术一旦跟不上，只会被淘汰，就会面临破产。生产的阀门大多用于低端工业和民用，发展空间较小，利润较低。

玉环市 2018 年度单位建设用地 GDP 为 36.5 万元/亩，而其他百强县如瑞安市为 39.2 万元/亩，乐清市为 37.8 万元/亩；玉环市规模以上企业亩均税收为 35.1 万元/亩，而乐清市为 55.4 万元/亩，由此可知玉环市的单位建设用地有待提高。

8.2.2.2　生态环境资源利用率低

玉环市工业遗留环境问题较多。工业的飞速发展让玉环从一个海岛小城变成工业强市，也奠定了坚实的经济基础，但也正因为过度重视经济发展不考虑环境因素，废气、废液被随意排放，其中由于乡镇村民等自发搞工业导致出现家家点火、村村冒烟的不合理布局，后备耕地资源极度紧缺；园区、企业污水管网设备的老旧、布局的落后等导致区域雨污分流不彻底，不能满足现有污水排放需求；从产业分布来看，玉环市仍以汽摩配、阀门和眼镜行业等老产业为主，传统的发展模式致使资源、原材料被大量消耗，变成“三废”排入环境，清洁能源消费占比不足，资源利用上限控制不力；此外，玉环市工业企业量多面广，由于历史成因，存在大量“未批先建”和“未验先投”企业，且其中大部分不在工业园区内，均不符合环评审批条件，也未建环保设施，存在较大环境隐患以及环境矛盾纠纷。

玉环市缺水情况尤为突出。截至 2018 年，玉环市自有水库总库容仅为 1 480 万 m^3，自行供水能力仅为 55%。2019 年，玉环市总用水量为 1.073 4 亿 m^3，其中工业用水量为 0.261 7 亿 m^3，占总用水量的 24.4%；农业用水量为 0.272 2 亿 m^3，占总用水量的 25.3%；林牧渔畜用水量为 0.034 9 亿 m^3，占总用水量的 3.3%。玉环市产业层次不高，产品附加值低，导致资源利用率问题相对突出，较高的水耗制约了本地的发展，2019 年全市万元 GDP 用水量为 17.4 m^3，万元工业增加值用水量为 8.3 m^3，虽远低于全国平均水平（66.8 m^3、

41.3 m^3，2018 年）和浙江省平均水平（30.9 m^3、21.5 m^3，2018 年），但是由于玉环市水资源长期紧张，2019 年仅占台州水资源量的 3.17%，进一步提升水资源利用率始终是玉环市面临的重要问题。

玉环市能耗较大。2018 年，玉环市单位 GDP 能源消耗达 0.382 t 标准煤/万元，同时期慈溪的能耗为 0.128 t 标准煤/万元，温州为 0.33 t 标准煤/万元，杭州为 0.317 t 标准煤/万元。玉环市主要产业能耗具体如表 8-3 所示。

表 8-3 玉环市主要产业能耗

单位：t 标煤/万元

区县	汽车制造业能耗	通用设备制造业	电力热力和生产供应业	金属制品业	家具制造业
玉环	0.12	0.106	0.25	0.29	0.12

污染物排放强度有待降低。随着 COD、SO_2、NO_x 减排工作持续深入，如今可工程改造的减排项目，绝大多数都是淘汰难、改造成本高的硬骨头，转型升级和结构调整的成本越来越高，客观上使得减排空间日益缩减，如何去挖掘新的减排潜力是一个客观难题。2018 年，玉环市万元 GDP SO_2 排放量为 0.23kg/万元，同时期慈溪为 0.09kg/万元，杭州为 0.12 kg/万元。玉环市万元 GDP COD 排放量为 1.38kg/万元，同时期无锡为 0.07 kg/万元，江阴为 0.11 kg/万元。玉环市万元 GDP NO_x 排放量为 0.55kg/万元，同时期慈溪为 0.07 kg/万元，杭州为 0.17kg/万元。

8.2.2.3 科技基础薄弱制约产业升级

区位优势不明显。玉环市位于浙江省台州市东南端，距离上海 430 km，距离杭州 300 km，这两大城市由于距离问题无法带动玉环市的发展，高端人才大多倾向于上海和杭州。2019 届浙江高校毕业生流向地区如图 8-2 所示，流入台州比例排第 6 位，由于玉环市本地知名度没有形成，流入玉环市的人才也相对较少，远不及流向杭州以及浙江省外的比例。

人才聚集力度低。人才聚集能够培育产业、企业家能力和有力的商业环境，从而进一步促进人才聚集。从城市群内人才分布情况来看，中高端人才主要集中在上海、杭州、苏州、南京、合肥、宁波等区域中心城市，其中上海、杭州、苏州、南京占比分别为 49.2%、12.5%、9.5%、8.1%，以上海最为突出。上海在互联网、汽车制造、金融等行业人才吸引力度大，杭州在互联网行业的人才吸引力度最高，宁波在制造行业的人才吸引力最高。从全国科技人才需求来看，2017 年、2018 年连续两年，上海、杭州、南京、苏州、合肥科技企业人才需求占比均位列全国前五。2018 年，上海、杭州、南京的科技人才需求占比分别为 15.57%、5.67%、2.44%。从科技人才净流入率来看，2018 年，长三角城市群代表城市杭州、南京、合肥科技人才净流入率高于一线城市北京、广州。其中，杭州作为新一线城市的代表，以 10.24%的科技人才净流入率领跑全国。

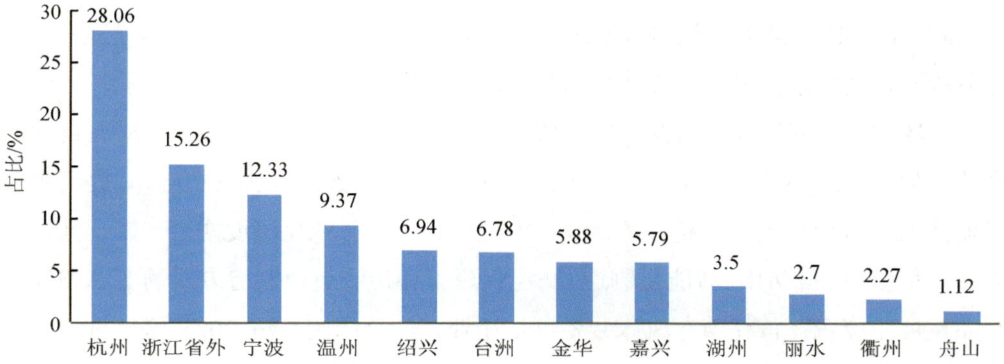

图 8-2　2019 届浙江高校毕业生流向地区

科技创新占比不大。玉环市科技投入相对较低，导致技术积累不足，玉环市 2019 年全年科技投入达 17 亿元，其中科技研发经费投入[1]12 亿元，实现规模以上高新技术产业增加值 109.81 亿元，仅占台州市的 16%。全市省级科技型中小企业共 706 家，仅占台州市的 15%。全年专利申请量 4 581 件，仅占台州市的 13%，授权量 3 503 件，占台州市的 13%，其中发明专利申请量 738 件，占台州市的 24%。玉环市 2018 年全年全社会研究与发展（R&D）[2]经费支出占生产总值的 1.85%，不但低于 2018 年浙江省平均水平的 2.52%，也低于 2018 年全国平均水平的 2.18%。

8.2.3　未来机遇

8.2.3.1　优势产业与国家发展战略吻合度高

玉环市制造业发展相对较早，阀门、汽摩配等产业基础雄厚，优势度高。在雄厚的

[1] 科技经费投入包括研究人员工资，原材料费，设备调整费及折旧，设计费，工艺规程制定费，实验费，技术图书资料费，委托其他单位进行高新技术及产品研制的费用，与高新技术及产品研究开发有关的其他费用等。

[2] R&D（research and development），指在科学技术领域，为增加知识总量（包括人类文化和社会知识的总量），以及运用这些知识去创造新的应用进行系统的创造性的活动，包括基础研究、应用研究、试验发展三类活动。可译为“研究与开发”。

产业基础上，众多国家发展战略的实施为玉环市产业转型升级提供了良好机遇。借助国家发展战略的东风，推动玉环优势最大化发挥。

《中国制造 2025》国家战略实施。从市场需求角度看：为响应《中国制造 2025》等政策文件的号召，化工、冶金等众多行业对更有技术含量、调节更精准、性能更稳定的智能控制阀有较高的置换需求。另外从下游企业来看，石油天然气、冶金、化工、制药等工业生产线越来越庞大，越来越复杂，对于精密执行器的要求越来越高，需求越来越大。因此，控制阀行业的市场需求要求国产控制阀的可靠性和调节精度继续提升。这也意味着阀门市场需求尤其是高端阀门市场需求将会扩大。从生产方式角度看：一个时期以来，玉环市汽摩配行业机器换人取得成效，一些企业建成了半自动化、局部自动化的生产线。但是面还不够广，量还不够大。抓住中国制造 2025 这个机会，并提高企业家对机器换人和自动化生产优越性的认识，推进信息化和工业化深度融合，持续推进机器换人，推动企业向自动化、智能化制造发展，促进玉环市制造业制造方式的变革和提升。从产品发展角度看：依托现有机床装备制造企业，结合中国制造 2025 这个机遇，通过提升中高端数控机床发展水平，推进工业机器人及其关键零部件的研发应用和发展智能化成套设备，进一步提高企业技术水平，积极发展中高端智能制造装备，同时可依托玉环市汽车零部件产业基础，通过积极发展新能源汽车零部件和轨道交通装备配套零部件，进一步延长汽车零部件产业链，带动零部件产业及产品的提质转型，扩大产品覆盖范围，实现零部件的精加工，培育玉环市现代交通装备制造。依托玉环市传统产业的优势，中国制造 2025 将为玉环市汽摩配、阀门、机床制造、医疗器械装备等制造业的转型升级带来难得的机遇。

长三角一体化国家战略实施。有利于提高玉环市对外开放层次。长三角地区处于“一带一路”和长江经济带交汇点，长三角一体化战略上升为国家战略，拥有中欧班列、上海机场、上海自贸区、浙江自贸区、国际进口博览会、全球货物吞吐量第一大港宁波舟山港等对外开放的载体，玉环市积极融入长三角一体化发展，再次进入国家战略视野，为更高层次更高水平参与国际合作和竞争带来了新空间。有利于促进城市能级裂变攀升。长三角地区是吸引外来人口最多的城市群，以共建乐清湾为重点，增进与温州的发展互动，充分发挥乐清湾独特的生态休闲和产业开发功能，依托乐清湾跨海大桥及接线工程，加强与乐清、温岭、洞头等城市的交流合作，共同打造乐清湾经济圈。推动涵盖宁波都市圈的五大都市圈同城化发展，台州市是宁波都市圈的三极之一，玉环市融入长三角意味着将城市经济转变为都市圈经济，进而接轨大上海，吸引更多人才、项目、产业、资金、信息融入自身发展，带动经济和社会的裂变发展，增强区域城市核心竞争力，做强做优现代化海湾城市品牌影响力。有利于注入湾区建设新内涵。长三角地区包含环杭州湾大湾区，玉环市融入长三角一体化发展，与环杭州湾大湾区关联性将明显增强，从城市发展、产业培育、公共服务等多方面丰富玉环湾区建设内涵，打通玉环市北向发展的大动脉。有利于推动产业创新和培育再造。长三角地区拥有较多科技创新资源，玉环市融入长三角一体化发展，将依托这些创新载体，在新能源、智能网联汽车和机器人、船舶等装备制造优势产业上获得新升级，在以中国商飞为核心的民用航空、生物医药、新一代信息技术、新材料等战略性领域进行培育，再造产业新引擎。

国家“一带一路”、长江经济带战略深入实施。国家着力“21 世纪海上丝绸之路”建设，并赋予浙江省 21 世纪海上丝绸之路建设的排头兵和主力军的战略地位，台州市着力打造“海上丝路港城”。玉环市地处长三角经济区和海西经济区的交汇处，处在温台沿海产业带的中段，是拓展长三角经济圈和深入接轨海峡西岸经济区的海上桥头堡。现阶段主动关注并参与台州中心城区强化和台州湾新区建设，突出“三湾协同”总体导向，以共建台州湾区经济发展试验区为纽带，加强南北合作，强化共建区域性经济廊带，主动融入甬台温临港产业带建设，成为台州湾新区建设的重要支撑。“一带一路”、长江经济带等战略的深入实施，将为玉环市转方式、调结构和扩大需求、创造供给带来巨大空间。也为玉环市把握新时期发展方向，完善陆海交通一体化建设，促进海洋产业转型升级，深入推进大麦屿港口发展带来了难得的历史机遇。

“新基建”战略实施。“新基建”的重点是以 5G、工业互联网、数据中心、物联网等为代表的新一代信息基础设施，以及利用数字技术对传统“铁公机”基础设施的数字化智能化改造。发力“新基建”是立足当前，应对疫情冲击、促消费、稳增长的有效手段，更是面向长远，构筑数字经济创新发展之基、谋取未来国际竞争优势的关键之举。从此次疫情防控来看，在富有高科技含量的“新基建”领域，如数据中心、云计算、5G 等领域，国内社会需求旺盛，有必要加快补足短板。新基建一头连接着投资和生产力，另一头连接着消费升级，不仅有利于对冲疫情导致的经济下行，而且还可以推动整个经济迈向数字化，进入下一个新增长的时代。为玉环市充分利用 5G、人工智能、工业互联网技术，推动汽摩配、阀门等传统产业向数字化、网络化、智能化发展，以科技助力城市治理数字化水平，提升社会治理能力提供机遇。

海洋强国建设战略实施。建设海洋强国，是中国特色社会主义事业的重要组成部分。玉环市集港、岛、涂、景、渔、能等资源于一体，港口岸线资源丰富，拥有浙中南及闽北沿海唯一可进第三代以上集装箱船的深水良港——大麦屿港。应切实把握发展机遇，进一步积极发展渔业、港口物流等优势产业，通过延长海洋产业链，发展高附加值产品，优化海洋产业结构，建立现代海洋产业体系；积极推进海洋基础设施建设，优化港航空间布局，构建一体化海洋经营模式。

8.2.3.2 高素质人才溢出，人才短缺问题有望大幅缓解

据瑞银中国的研究报告显示，中国正处于一轮创新热潮之中，尤其在信息技术、新兴工业、家电等行业的创新和研发能力较强，人口红利将升级为“工程师红利”。

中国的高等教育在过去20年取得了长足的发展。在2000年时，我国每年毕业的大学生不到100万，而在2018年，我国毕业的大学生数量超过了1 000万，包括750万普通高校毕业生，218万成人高校毕业生，以及195万网络高校毕业生。据测算，我国受高等教育人数的比例已经从1980年的0.3%升至2018年的11.4%，同时我国的人均受教育年限也从1982年的5.2年升至2017年的9.2年。如果保持目前每年1 000万大学生毕业数不变，到2030年时我国受高等教育人数的比例将上升至21.4%，届时我国的人均受教育年限也将上升至11.2年，平均每年上升1.5%左右。也就是说，虽然我国的人口数量红利消失了，但由于人均受教育水平的持续提升，从而带来了新的工程师红利，这其实就是人口的质量红利。据统计，中国每年大学理工科的毕业生数量超过300万人，为美国的5倍。与此同时，中国研发人员的薪资仅为美国的1/8左右，这种“工程师红利”可以弥补人口红利逐渐消失所带来的影响。“工程师红利”无疑也是“劳动力红利”的重要组成部分，是升级版的“劳动力红利”。对当下的中国来说，尽管低技术、低技能、低文化条件下的廉价劳动力已经淡出市场，但是，高技术、高技能、高文化的廉价劳动力已经来到市场，并逐步成为未来中国经济发展、国际竞争力提升、经济转型步伐加快的新动力。实际上，中国推出的创新政策和创新目标，也是围绕升级版的“劳动力红利”做文章。此轮“劳动力红利”是伴随中国经济转型升级、伴随“中国制造”向“中国创造”转变、伴随“中国产品”向“中国品牌”提升、伴随“中国数量”向“中国质量”变化而行的，是发展理念转变的体现。以“工程师红利”为基础的“劳动力红利”，将继续成为中国企业、中国产品提升市场竞争力，尤其是国际竞争力的重要手段。瑞银中国的报告也指出，近十年来，中国在研发方面的支出以18%的年化复合增速增长，远高于GDP增速，中国正处于一轮创新热潮之中。这也意味着，释放“工程师红利”的条件和环境还是比较好的，能够让“工程师红利”成为新一轮发展的“劳动力红利”。

随着“工程师红利”的释放，高素质人才将会与日俱增，但发达城市就业岗位有限，留给普通年轻人的机会空间在缩窄，同时住房压力和户口指标也给高校毕业生在发达城市发展带来巨大压力。发达城市留用机会难度逐渐增大，但“工程师红利”现象已经出现，因此人才进企业指日可待。伴随高素质人才溢出，人才短缺问题有望大幅缓解。

尽管未来高学历人才会逐步下沉到市县以及各级企业，但并不意味着各个地区会平均分享这些人才。尤其是其中的高素质人才，因选择机会相对较多，对接收地的生活、

生产、生态环境等条件有较高的要求。玉环市在生活水平、产业基础、研发氛围、创业空间等方面都具备一定的竞争力，如能提前布局，制定相应的人才吸引政策，有望抓住先机解决人才短缺问题。

8.2.3.3 交通区位面临极大改善

随着 76 省道复线南延玉环楚门至大麦屿疏港公路工程、乐清湾大桥及接线、228 国道玉环段主体、城北大道提升工程和新城连接线（井分线）等工程的竣工，以及杭绍台高铁温岭至玉环段、漩门湾大桥及接线、228 国道清港连接线、76 省道龙溪至坎门段改建和干江南北大道等工程的开工建设，玉环市的交通条件将极大改善。

高速方面。乐清湾大桥及连接线顺利通车，天堑变通途，乐清湾地区的路网格局从原来的“V”字形态变为“A”字形态，玉环至乐清、温州等地缩短里程 57～75 km，形成台州—玉环—温州 2 小时交通圈，玉环市从陆上交通末端城市一跃成为连接温台两地的交通枢纽。高铁方面。高铁梦照进现实，杭绍台高铁温岭至玉环段迎来开工，计划 2022 年与主线同步建成运行，玉环市将全面融入省域一小时交通圈，从玉环至杭州仅需 1 个多小时，届时玉杭合作交流更为密切。港口方面。大麦屿港正式完成与宁波舟山港并购合作，此次成功并购后，可借助宁波舟山港集团集聚效应，把大麦屿港打造为台州市最大枢纽港、浙南重要枢纽港之一，未来可朝着浙南集装箱枢纽港的目标扬帆远航。另外，抓住大麦屿能源（LNG）中转储运这个机遇，探索发展冷链物流园区，建设大麦屿港综合物流集聚区，促进玉环市及周边地区海产品的高效运输。依托大麦屿港口，持续发展对台客货直航，加快推进两岸车渡直航试点，加强海峡两岸文化、医疗、教育、科技等领域的交流。公路方面。于 2016 年通车的 76 省道复线南延至大麦屿港区，开辟出大麦屿港区对外交通的第二通道，可将头门港区、海门港区、大麦屿港区等各港区联系起来，形成一条高效便捷的疏港快速通道。这极大改善了玉环干线公路网络结构，提高了大麦屿港区综合集疏运能力，实现了全岛“半小时交通圈”，在乐清湾和漩门湾之间打造出一道亮丽的风景线。随着交通路网的健全，玉环市交通区位条件将得到极大改善。便利的交通不仅能为玉环市带来更高的经济收益，还能增加对人才的吸引力。

8.2.4 未来挑战

8.2.4.1 国际贸易存在不确定性因素

在玉环市稳步发展的同时，外向型经济的发展同时面临诸多挑战，如中美贸易战、外贸出口的不确定因素增多以及产业外迁现象对经济的影响。玉环市属外向型经济比重较高的区域，支柱产业阀门、汽摩配自营出口额占总产值的24.15%，易产生贸易摩擦。

全球经济不确定因素依然存在，外贸出口环境不容乐观。近两年，全球经济温和复苏态势基本确立，经济增速缓慢回升。但金融危机后续影响依然存在，世界经济复苏力度仍然较弱，深层次结构性矛盾凸显，发达国家宏观政策分化，贸易保护主义势头上升，热点地区地缘政治冲突加剧，将成为全球经济波动的重大风险来源。例如，2020年新冠疫情，外贸行业所受冲击尤为明显。总体上看，近年我国外贸发展的国内外环境基本稳定，但是仍然面临着巨大的压力和挑战。①外部需求难有明显回升。近年全球贸易量增速放缓，各国普遍把扩大出口当作促进经济复苏的重要手段，采取各种措施支持出口发展，国际市场竞争日益激烈，我国稳定和扩大国际出口市场份额的难度不断增大。②我国外贸竞争优势“青黄不接”。近几年，我国劳动力成本处于快速上涨期，沿海地区出口产业劳动力成本的提高导致劳动密集型出口产业竞争力不断萎缩，制造业利用外资持续下降。③贸易摩擦形势依然严峻复杂。在国际贸易保护主义回潮的背景下，针对我国产品的贸易摩擦有增无减。

8.2.4.2 产业升级存在多重阻力

从成本角度看。随着土地稀缺、劳动力匮乏等造成的劳动力、资源、土地等价格上扬，玉环市过去依靠要素成本驱动的经济发展方式已难以为继。除了传统的资金、用工、土地成本上升外，企业在结构调整升级如环保、技改和节能减排等方面的投入明显增加，企业利润空间进一步压缩，甚至有些企业处于亏损状态，企业发展面临巨大挑战。随着市场竞争的加剧和消费需求的不断升级，传统制造业不断往高质量发展，高质量要求生产技术过硬，如何做到高质量与低成本并存，这对玉环市传统产业升级发起了挑战。

从市场层面看。目前，国内有17 000多家阀门制造企业，如何抢占先机进驻高端市场面临压力。玉环市邻市温岭市泵阀行业年产值350亿元，其中年产值亿元以上的规模企业达到50家，占全国泵阀市场份额的半壁江山。邻省江苏省目前有大小阀门企业600多家，2018年，江苏省阀门行业的工业总产值约500亿元，占全国总产值的比重为20%，江苏省阀门技术力量雄厚，产品测试手段齐全，销售收入最大，是龙头企业集中的大省，并且在国内高端阀门市场占有一席之地。这都对未来玉环市抢占阀门行业高端市场提出了挑战。

从知名度角度看。品牌就是质量的保证，玉环市做高质量的阀门应该要具有品牌意识，阀门行业大部分中高端市场仍被外资品牌占据。玉环市阀门缺乏有影响力的品牌，尽管玉环市目前已经有阀门企业获得了德国等外国工业产品认证资格能进入出口市场，但无品牌优势，核心竞争力不足导致经济附加值不高，难获得丰厚的收益。

从升级背景看。中国经济进入“新常态”，对转型升级提出了更高要求，产业结构也会逐渐实现从粗放到集约，从低端到高端过程的转变。另外，玉环市传统支柱行业已面临深度洗牌危机，未来国内的产业结构转型，将由低附加值产品的生产向高附加值产品生产转移，低附加值产品容易受到冲击。深度洗牌意味着那些技术含量不高、规模小、竞争力弱的企业极大可能面临倒闭。人才是产业升级的核心要素，玉环市较低的人才聚集力度是导致其创新能力不足的首要原因。长江下游区域的中高端人才主要集中在上海、杭州、苏州、南京、合肥、宁波等区域中心城市，玉环市与这些城市距离较远，不但人才聚集效应低，而且享受中心城市人才溢出红利的机会也相对短缺，玉环市升级之路充满挑战。

8.2.4.3　环境保护要求日益提高

从国家层面看。随着中国经济持续快速发展，环境污染日益严重。而国家对环保的重视程度也越来越高，出台了一系列促进环保产业发展的政策法规。将环境保护纳入国民经济与社会发展计划和年度计划，环境保护要求越来越严格。党的十八大将生态文明纳入“五位一体”的总布局，以建设美丽中国为目标，以解决生态环境领域突出问题为导向，经济与环境统一，治理效果成为唯一目标，以“绿水青山就是金山银山”为代表的两山论。党的十九大集聚推进生态文明建设，坚持节约优先、保护优先、自然恢复为主的方针，加强环境保护，促进生态文明的建设。近年来，国家经济发展进入“新常态”，经济发展由“又快又好”转向“又好又快”的发展阶段，环境保护成为经济发展的重要前提。

从地方层面看。近年来，浙江省加快推进大湾区、大花园、大通道、大都市圈建设，出台“富民强省十大行动计划”，全面启动浙江生态省建设评估和美丽浙江建设规划，不断加大对生态环境保护的重视。玉环市坚持“生态立市”理念，先后创建成省级生态县、省美丽乡村先进县、省级森林城市、国家园林县城等。近年来，玉环市政府及有关部门在环境保护方面做了大量卓有成效的工作，积极开展“五水共治”“四边三化”“三改一拆”“美丽乡村”和西部生态休闲产业带建设等一系列环境综合整治行动，大力度淘汰高污染落后产能，推进水污染治理，强化城乡环境综合治理，持续推进生态文明创建，全市环境状况有了更进一步的改善，积极发展生态修复，2019 年着手治理的矿区达 23 个。

从民众角度看。随着我国社会主要矛盾的转化，生态环境在人民群众生活幸福指数中的权重不断提高，人民群众从过去“盼温饱”到现在“盼环保”，从过去“求生存”到现在“求生态”，期盼享有更加优美的生态环境。

随着我国经济不断发展，环保要求也日益严格。企业在结构调整升级如环保、技改和节能减排等方面的投入明显增加，企业利润空间进一步压缩，甚至有些企业处于亏损状态，企业发展面临巨大挑战。玉环市要改变现有产业格局，走向做大做强，推动传统产业转型升级，任务艰巨。

8.2.4.4 在长三角一体化中存在被边缘化风险

随着长三角一体化上升为国家战略，玉环市在享受长三角一体化带来机遇的同时，也面临着杭州、宁波甚至上海这些中心城市"虹吸效应"的挑战。普劳克斯（F. Perroux）的增长极理论认为现实世界中经济要素的作用完全是在一种非均衡的条件下发生的，增长首先出现在一点或一极上，然后通过不同的渠道向外扩散，并对不同的地区产生不同的影响。根据这一理论，玉环市在一体化进程中存在边缘化风险。导致被边缘化风险的因素有：

区位不占优势。浙江省规划建设了分别以杭州和宁波为中心的两大都市圈，但玉环市位于南部，离杭州、宁波两大中心城市都比较远。玉环市中小企业非常多，但是最近几年随着产业转型升级，经济下行压力加大，再加上游离于都市圈外，难以享受到区域协调发展的红利，边缘化的危机越来越近。由于玉环市和宁波市等周边城市的同质性强，互补性弱，它对玉环市产生的虹吸效应大于回波效应，极化效应大于辐射效应，未来由于交通更加便利，玉环市可能面临相关企业等经济资源日渐移师杭州等城市，人才、科技等要素资源也集聚杭州的挑战。根据增长极理论的不平衡模型"中心—边缘"内在机理，随着周边城市不断崛起，玉环市战略地位将有所弱化、边缘化。

竞争要素不占优势。玉环市 GDP 增长速度不占优势，2014—2019 年，玉环市 GDP 平均增长 7.34%，同期杭州市增长 9.00%。玉环市产业结构不合理，产业结构是生产要素在各产业部门之间的分配状况及关联方式，产业结构的形成、发展及高度同一定经济发展水平相联系，而第三产业发展如何是经济发展阶段的划分及衡量经济发展水平的重要标志。2014—2019 年，玉环市第三产业在国内生产总值中所占的比例在 40%左右徘徊，甚至下降，比宁波低 6 个百分点，比杭州低 20 个百分点以上，而且与杭州差距呈增长趋势。从人均绝对数值看，2019 年玉环市常住人口人均第三产业产值为 38 208 元，而宁波市和杭州市人均第三产业产值分别为 70 290 元和 99 255 元，玉环市人均第三产业产值分别相当于宁波和杭州的 54%和 38%。

8.2.5 行业筛选

各行业单位能耗产出值如表 8-4 所示，为判断玉环市行业发展方向，以 2015 年全国不同指标的资源消耗产出额来对各行业打分。打分计算方法为分别计算不同行业的不同单位资源消耗量产出值，将各行业中指标值最大的设为 1 分，其他行业根据产出值与最高值的比例计算分数，计算结果如表 8-5 所示，雷达分析如图 8-3 所示。

表 8-4 各行业单位能耗产出

指标	家具制造业	医药制造业	金属制品业	通用设备制造业	汽车制造业	电气机械和器材制造业	金属制品、机械和设备修理业
单位能耗产出/（万元 GDP/ t）	0.66	1.12	0.57	0.73	2.12	1.04	3.38
单位用水产出/（万元 GDP/m^3）	0.20	0.04	0.05	0.19	0.26	0.17	0.09
单位二氧化硫产出/（万元 GDP/ t）	621.58	251.86	266.90	1 434.07	5 629.31	2 066.93	1 777.80
单位化学需氧量产出/（万元 GDP/ t）	2 113.14	268.79	730.48	2 519.50	3 538.78	2 820.89	1 157.12
单位氨氮产出/（万元 GDP/ t）	36 725.65	3 258.21	9 486.22	35 101.03	47 548.18	32 068.37	16 370.15

每个行业最高值为 5 分，分值越高代表资源利用率越高，以单位用水产出指标为例进行说明。汽车制造业的单位用水产出值最高，故将其打分为 1 分，其次是家具制造业，打分为 0.78 分，依次类推：通用设备制造业为 0.73 分，电气机械和器材制造业为 0.66 分，金属制品、机械和设备修理业为 0.34 分，金属制品业为 0.19 分，医药制造业为 0.14 分。

表 8-5 指标打分情况汇总

指标	家具制造业	医药制造业	金属制品业	通用设备制造业	汽车制造业	电气机械和器材制造业	金属制品、机械和设备修理业
单位能耗产出[1]	0.20	0.33	0.17	0.22	0.63	0.31	1.00
单位用水产出[2]	0.78	0.14	0.19	0.73	1.00	0.66	0.34
单位二氧化硫产出[3]	0.11	0.04	0.05	0.25	1.00	0.37	0.32
单位化学需氧量产出[4]	0.60	0.08	0.21	0.71	1.00	0.80	0.33
单位氨氮产出	0.77	0.07	0.20	0.74	1.00	0.67	0.34
总分[5]	2.46	0.66	0.81	2.65	4.63	2.81	2.33

[1] 单位能耗产出：表示每消耗 1 t 的标准煤所能够带来的经济效益值，单位为万元 GDP/ t 标准煤。
[2] 单位用水产出：表示每消耗 1 m^3 的水资源所能够带来的经济效益值，单位为万元 GDP/m^3。
[3] 单位二氧化硫产出：表示每排放 1 t 的二氧化硫所能够带来的经济效益值，单位为万元 GDP/ t。
[4] 单位化学需氧量产出：表示每排放 1 t 的化学需氧量所能够带来的经济效益值，单位为万元 GDP/ t。
[5] 单位氨氮产出：表示每排放 1 t 的氨氮所能够带来的经济效益值，单位为万元 GDP/ t。

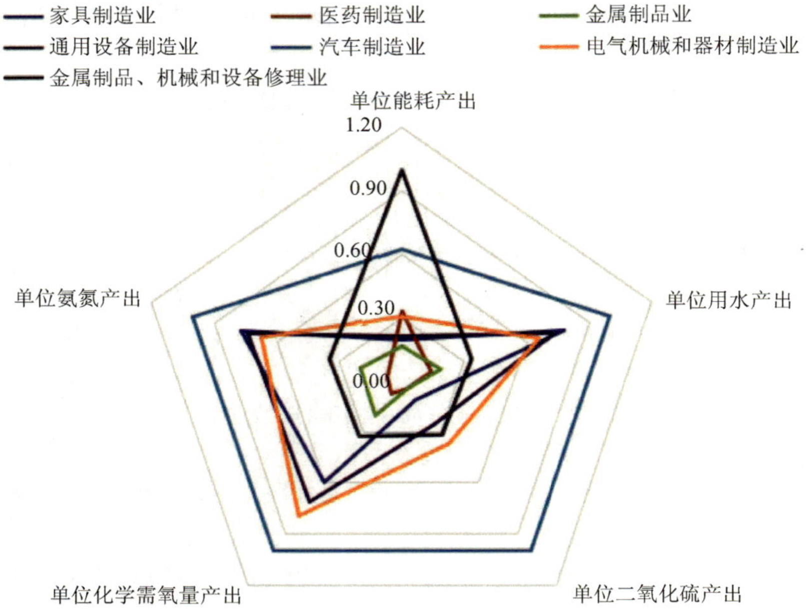

图 8-3　指标打分情况雷达

玉环市的主导产业有汽车零部件、阀门、家具等。其中汽车零部件属于表中的汽车制造业，阀门属于通用设备制造业，可发展产业海洋生物药品制造业属于医药制造业。对于玉环市的这些产业来说，根据分值测评可知，玉环市首先应大力发展汽车零部件行业，其次是阀门以及家具行业，最后发展海洋生物药品制造业。但玉环市海洋生物药品制造业以甲壳素为主，国外进口的以甲壳素为原料的保健食品和药用级产品每吨可达上千万元，因此如若将甲壳素经过进一步深加工，利润率将大大提升。玉环市可依托甲壳素产业基础，进一步精加工，拉长甲壳素产业链，发展保健品、医药、日用品等具有高附加值产品，另外针对生产过程中的耗水现象，可加大对高效节能生产技术的投入以及使用节水节耗生产设备等。

8.3　任务目标

8.3.1　指导思想

全面贯彻党的十八大、十九大和十九届二中、三中全会精神，以习近平新时代中国特色社会主义思想为指导，以高质量发展为主线，按照省委“八八战略”要求，贯彻落实“中国制造 2025 浙江行动纲要”，坚持走新型工业化道路，以促进创新发展为主题，以提质增效为中心，以“两化”深度融合为主线，以推进智能制造为主攻方向，积极推进产业融合、产城融合，加快提高企业集群化、绿色化、国际化发展水平，大力培育工业创新文化，全面提升工业核心竞争力，推动“玉环制造”向“玉环智造”升级，实现工业大县向工业强市跨越。大力发展现代物流、商贸流通、文化旅游、现代金融等重点行业，加快发展数字经济，促进以云计算、物联网、大数据等为代表的新一代信息技术与制造业深度融合，加快建设一批现代服务业集聚载体，为加快建设新时代美丽玉环提供有力支撑。

8.3.2 规划原则

坚持创新驱动，培育新增动能。建立健全科技创新体制机制，持续完善创新奖励扶持和知识产权保护政策体系，激发企业创新主体活力。引导企业加大科技研发投入，推动企业产品创新、技术创新、工艺创新、管理创新、营商模式创新。

坚持融合发展，优化要素构成。坚持中高端发展导向，发挥新一代信息技术的渗透作用，加速工业化和信息化深度融合，推动“玉环制造”向“玉环智造”升级，加快制造业自动化、智能化进程。

坚持集群发展，推动协作共赢。优化玉环集群产业生态环境，完善招商引资制度。突出产业“建链、补链、强链”的要求，引导龙头企业与中小企业建立高水平专业化协作配套关系。鼓励发展总部经济，争取引进台资外资和浙商玉商区域总部，大力引进外资项目共建国际产业合作园，促进企业在玉环市实现研发、生产、销售和运营管理一体化集群发展。

坚持开放发展，强化对外贸易。积极融入“一带一路”、长三角经济带、海西经济区等重大战略，坚持港口开放主平台，陆海联动拓宽对外开放通道，注重港口带动，利用深水港湾和对台优势，不断提升大麦屿港综合实力和带动效应，构建陆海统筹、互联互通的大开放格局。

坚持生态优先，绿色发展。全面秉持生态文明理念，坚持发挥玉环市生态资源优势，以资源环境承载为导向促进产业结构调整和新型城市发展，将生态文明建设的理念、要求融入空间布局、产业发展、生活消费等多层次多领域，实施环境空间管控，推动绿色发展、低碳发展、循环发展。

8.3.3 规划目标

8.3.3.1 总体目标

以“绿水青山就是金山银山”重要思想为指导，努力把生态经济培育成为发展的新引擎。积极推进资源节约与高效利用，努力培育发展循环经济，坚决淘汰落后生产能力和工艺，推动发展模式向生态亲和型转变，增长方式向资源节约型和生态环保型转变。战略性新兴产业、高端成长型产业和新兴先导型服务业比重明显提高，先进制造业、现代服务业和现代农业深度融合发展，推动产业提质增效，实现产业高质量发展，进一步提升经济综合实力和竞争力，构建发达的生态经济体系。

8.3.3.2 近期目标（2025 年）

到 2025 年，力争第一、第二、第三产业比重达 5∶50∶45，力争玉环市单位建设用地达 40 万元/亩，玉环市规模以上工业总产值达到 1 600 亿元，规模以上工业增加值超 300 亿元、年均增长 10%左右；汽车零部件实现产值 800 亿元，年均增长 5%左右；阀门实现产值 500 亿元，年均增长 5%左右；高新技术产业占规模以上工业比重达 65%左右。汽车制造业万元 GDP 能耗为 0.08 t 标准煤；通用设备制造业万元 GDP 能耗为 0.074 t 标准煤。

8.3.3.3 中期目标（2030 年）

到 2030 年，力争第一、第二、第三产业比重为 4.5∶45.5∶50，玉环市单位建设用地达 48 万元/亩。力争玉环市规模以上工业总产值达 2 800 亿元，规模以上工业增加值超 570 亿元、年均增长 12%左右；汽车零部件实现产值 1 100 亿元，年均增长 5%左右；阀门实现产值 700 亿元，年均增长 5%左右；高新技术产业占规模以上工业比重达 70%左右。汽车制造业万元 GDP 能耗为 0.05 t 标准煤；通用设备制造业万元 GDP 能耗为 0.048 t 标准煤。

8.3.3.4 远期目标（2035 年）

按照高质量发展的要求，力争到 2035 年，推动实现生产空间集约高效，产业结构初步实现从粗放到集约，从低端到高端过程的转变，实现一批关键和核心技术的突破，推进建设一批重要创新创业平台，人才、技术、资本等创新要素加速集聚，战略性新兴产业、高端成长型产业和新兴先导型服务业比重明显提高，先进制造业、现代服务业和现代农业深度融合发展，产业高质量发展迈入新阶段。

8.4 重点任务和措施

加快产业结构调整，提升制造业技术水平，发展高端生产性服务业，拓展海洋经济，打造特色生态农业，大幅增加产品附加值。深化“亩均论英雄”改革，发展循环经济，开展节能降耗，推动污染物源头减排，提高土地、能源、水、环境容量等资源的利用效率，实现产业高质量发展。

8.4.1 打造高效生态工业

8.4.1.1 运用产业基础条件助推产业升级

构建大宗商品交易平台。聚力构筑以能源建材产品为主的大宗物资商品交易服务平台和生产资料交易服务平台。将大麦屿港区打造成为浙东南重要的战略物资储备基地、大宗商品物流基地和交易中心以及海峡两岸商品交易中心。不断深化对台合作，重点打造“一口岸、三中心”[1]，加大国家级海峡两岸（玉环）经贸合作区的申报创建力度，促进两岸在商品交易方面的对接合作。方便大宗商品运输，依托大麦屿港口，持续发展对台和闽粤地区的合作，主动对接宁波—舟山港，增加大麦屿港—舟山港航班密度，增开集装箱沿海新航线，增设国际远洋航线，强化“水运”优化配套政策，引导企业从大麦屿港“弃陆走水”。

重点推进水暖阀门产品升级。依托本地产业基础，加大科技投入，大力发展工业循环经济，加大节能减排设备投入，推进清洁生产，拓宽产品体系，满足定制化需求，促进传统阀门向节能环保型产品过渡，积极发展温控阀门、自控阀门等智能阀门产品。积极发展智能家居等智能管网集成领域。以绿色、低碳、智能为导向，以设备改造、工艺升级、产品开发为抓手，应用微处理器、传感器等技术，重点发展智能调压阀、智能阀门等产品，积极发展高端环保节能及暖通系统化控制产品，推进产品向高端舒适节能环保的温控、采暖、智能家居系统产品延伸。打造柔性化生产线，满足定制化需求。同时，积极拓展智能家居市场，抢占智能家居的平台入口，推进产品在星级酒店、高级写字楼、医院及高档社区等的应用，实现水暖阀门、卫浴的智能化、高端化发展。

积极推进其他传统产业转型升级。工程机械产业要以关键核心技术研发突破为重点，掌握发动机、液压元件、传动件、控制件等高技术关键配套部件生产能力。家具以时尚家居小镇为依托，提升行业研发设计能力，积极开发可拆装、时尚化、现代化的板式家具，推广个性化引导定制新业务，把握国内外市场需求，培育一批营销网络健全、市场占有率高的知名家具集团，强化“玉环流派”在国内外家具市场中的影响力，打造华东地区重要的家具生产销售和出口基地。药械包装以“中国无菌医疗器械自动化装备制造产业基地”为依托，大力发展高精密度安全注射泵、高精密度安全自毁式无菌医疗器械，

[1] “一口岸”即争取申报中国台湾地区农产品（水果）进口指定口岸，“三中心”即一是打造海峡两岸产业深度融合中心、海峡两岸货运和商品交易物流中心、海峡两岸同胞旅游休闲度假中心）。

重点推进无菌医疗器械自动化装备、医疗器械配套仪器、诊疗器械制造和新型药包材。眼镜配件行业提高生产工艺和装备水平，开发与国内外市场需求相适应的中高档产品、高附加值产品、技术密集型和新材料产品，打造集眼镜配件、镜片、镜架的生产、加工、表面处理到眼镜装配的完整生产配套体系。健全国际国内营销网络，打造我国重要的眼镜配件产销基地。机床产业要以“专特精”为重点，在做大产业规模的同时强化技术创新，提高产品质量稳定性，加强高端数控机床等产品的生产能力。

大幅提升产业附加值。提高产品品牌附加值，引导企业实施“走出去”战略，不断推进自主品牌建设，打造一批国际驰名的文化商标与文化品牌，打响“创意玉环”品牌；提高产品科技附加值，将信息化和工业化相融合，加大科研投入和科技开发，重视新产品的研发，随市场竞争格局的变化，及时调整产业结构；提高产品服务附加值，建立完善的服务质量保证体系，牢固树立以顾客为中心的经营理念，使服务完善，让顾客满意；提高产品的情感附加值，对产品要素注入感情，在设计或生产产品时，赋予产品本身情感色彩，同时营销过程情感化，处处为顾客着想。

严格项目环境准入。完成生态保护红线、环境质量底线、资源利用上线、环境准入清单编制工作，明确禁止和限制发展的行业、生产工艺和产业目录。针对涂装、橡胶和塑料制品、制鞋等行业编制完善行业准入条件和污染防治最佳可行技术指南，对现有已经出台的行业准入指导意见进行修编，建立全方位的行业环境准入门槛，倒逼企业在新建、改扩建过程中转型升级。积极推行区域、规划环境影响评价，新、改、扩建化工、建材、喷涂等项目的环境影响评价，应满足区域、规划环评要求。

大力推进企业节能减耗。节能减排已成为全人类为谋求生存环境和经济发展的共同课题，伴随着玉环市经济的快速发展，节能减排任务也日趋艰巨。在考虑汽车零部件、阀门生产过程中污染物排放影响环境的同时，清洁生产也成为日趋重要的研究课题。玉环市汽车零部件生产企业众多，由于消耗的水资源及能源庞大，生产制造技术、工艺水平、所选设备和材料的不同，能耗和排放也参差不齐，因此生产环节的节能减排工作不容忽视。

8.4.1.2 强化工业发展配套能力

加强生产性服务业配套。坚持服务业与制造业的渗透、融合发展，着力推动发展与制造业相关联的研发设计、现代物流、电子商务、金融商贸等生产性服务业。加快推进各级物流中心建设；重点提升工业产品的造型、功能性、结构、生产工艺、生产系统集成等设计水平；促进发展第三方电子商务交易与服务模式；完善金融信贷、融资担保、风险投资、商业保险等金融体系；健全咨询、鉴证、信用服务、评估、代理、经纪和行业组织等中介服务体系。鼓励工业企业向价值链两端延伸，不断提高生产性服务业专业化、社会化、信息化和国际化水平，促进工业和服务业联动发展，支撑工业转型升级。

完善提升生活配套服务。加大对玉环市工业园区的生活配套区、社区服务中心、文化、体育、教育、卫生等民生设施建设的投入。整合工业企业需求，为工业企业提供配套的产业小区和配套街区，解决企业职工的吃、住、行、娱乐、购物、就医、子女入学等实际问题。做好城市绿化、亮化和美化工程，增强玉环市资本集聚和人才吸纳能力。

大力改善交通等基础设施。规划好城市建设“重点工程”，抓好路网、水网、电网、排污网、通信网“五网”建设。重点改善交通基础设施，建设交通连接线，加快与省内主要交通干道相连接；迈向“高铁时代”，融入高铁经济圈，加快连接杭绍台高铁，加快建设城际轨道线路，尽早实现玉环市与周边城市的快速贯通；加快城区与乡镇交通网路建设，加快沙门、干江、坎门快速公路建设，加快城区道路改造，依据地势合理规划，在完善城镇功能布局的基础上，改造、完善城区和乡镇交通路网，提高全市网络深度与密度。

8.4.1.3　提升产业发展内力

加大招商选资力度，推动玉环市工业经济转型升级。招商方面，根据各产业发展路径，选择重点领域进行招商。依据招商重点，采取产业链招商、会议招商、以商招商等多种模式，做到有目的、有针对性的招商，建立并完善招商网络，打造玉环市工业平台知名度，实现存量带动增量进入，推动玉环市工业经济转型升级。选资方面，建立科学的项目准入标准和评价体系，从市场前景、科技含量、环境保护等方面严格把关。项目落地前必须经过项目预评估和后评估，最大限度地消除风险，防止高能耗、高污染、经济效益差的项目进驻。

加大信息技术在工业领域的推广应用，在各类企业中推进“两化”融合，提高技术和产品的“两化”融合程度。推进工艺改造的智能化应用。开展先进制造创新试点，发展以人机智能交互、柔性敏捷生产等为特征的智能制造方式，促进工业机器人在关键生产线的规模应用。推动物联网在工业领域的应用。在汽车零部件、水暖阀门等主导行业组织开展试点示范，重点支持产品信息化与智能化、生产过程控制、生产环境检测、制造供应链跟踪、远程诊断管理等物联网应用，促进经济效益提升、安全生产和节能减排。促进工业大数据的集成应用。支持和鼓励行业骨干企业在工业生产经营过程中应用大数据技术，提升生产制造、供应链管理、产品营销及服务等环节的智能决策水平和经营效率。支持计算机柔性制造、产品全周期（PLM）、流程工业能源协调和优化及生产过程综合自动化、数字化制造流程管理（DMPM）及集散控制系统（DCS）等信息化技术在企业经营管理中的应用。

8.4.1.4 改善交通区位条件

推进综合交通互联互通，融入畅达快速长三角。超远谋划轨道交通体系，提前对接玉环至乐清铁路，加快推进已开工的杭绍台高铁温岭至玉环段铁路建设，全面融入省域1小时交通圈，结束无高铁的时代。加快完善高速公路网络，充分发挥已通车的乐清湾大桥和沿海高速大动脉作用，超前推进杭绍台高速二期以及瓯玉高速道路网建设，实现国道228温岭至玉环段早日通车，增添北融宁波都市区“3小时交通圈”，结束无国道时代。谋划布局漩门三期二类通用机场和芦浦西塘通用直升机场，加强与上海机场、宁波机场与台州机场的有机衔接，开辟航空通道。

推进科创资源共建共享，融入协同创新长三角。完善区域协同创新体系，以实施科技新长征和创建省级高新技术产业园区为契机，积极开展与上海张江、杭州、宁波温州和苏南等国家自主创新示范区的互动交流，聚焦信息技术、生物医药、新能源、新材料、先进制造等重大战略性新兴产业。积极推动科技成果在玉环市转化，与长三角城市高校、科研院所开展产学研用对接，鼓励三省一市大专院校和科研机构在玉环市设立分支机构和技术转移中心，引进科技领军人才及仪器设备、研发基地等创新资源。打造重大创新平台，做好“飞地”模式文章，深度推进以漩门湾为纽带，以产业创新服务综合体、科创园、科技孵化器、众创空间等科创平台建设为重点的“一湾两岸”科创大走廊。

推进生态环境联防联治，融入绿色美丽长三角。加快构建生态文明体系，加大近海海域污染整治力度，深入推进“河长制、湾（滩）长制”，持续推进“五水共治”和“五气共治”，全力推行排污权资产化省级试点，探索包括排污许可证抵押贷款在内的更多环保金融手段。加快治理跨市域突出环境问题，强化与毗邻市的环境协同治理，推进跨区域海洋污染防治，在湾区生态环境建设领域开展广泛合作，积极参与长三角碳市场能力建设工作。着力打造绿色生态旅游，整合提升玉环市优势旅游资源，重点依托大鹿岛、鸡山岛、海山国际旅游岛等海湾海岛旅游带，共建以海岛风情、观光休闲、康体度假为主题的海岛文化与休闲旅游度假示范区，提升玉环市在长三角旅游市场的影响力。

推进开放格局交往交流，融入对外开放长三角。不断深化对台合作，发挥玉环市地理和人文优势，重点打造“一口岸、三中心”，加大国家级海峡两岸（玉环）经贸合作区的申报创建力度，促进两岸在制造业、现代农业、海洋产业等方面的对接合作。依托大麦屿港口，持续发展对台客货直航，加快推进两岸车渡直航试点，加强海峡两岸在文化、医疗、教育、科技等领域的交流。

8.4.1.5 加强创新驱动

构建区域创新体系。以打破条块、吸引各方力量共同参与为手段，以整合资源、用增量带动存量为途径，采用政府启动、市场运作机制，积极完善一批与玉环市工业发展相适应的共性创新平台，解决重点产业的重大技术问题。在此基础上，逐步建立集合区域内企业、大学、科研机构、中介服务机构和地方政府等主体，在功能上覆盖制度、技术、管理和服务等创新维度，从体制、机制、政府或法制调控、基础设施建设和保障条件等环境要素上加以全面保障的区域创新体系。同时，加强玉环市区域创新体系与国家创新体系和企业技术创新系统的联系衔接，推动行业、地区、部门、项目间的科技资源、科技人才的互动，建立新技术、新知识的产生、流动、更新和转化机制，提升区域创新能力，增强产业综合竞争实力。

强化企业自主创新。以现有企业研发创新实力为基础，鼓励玉环市工业企业进一步增强自主创新能力，加强技术创新，兼顾制度创新、管理创新，实现企业在产业链位置的攀升和产品附加值的提高。支持规模以上企业建立技术中心、研究院、实验室等研发创新机构，推进原始创新和重大关键技术突破。鼓励现有企业技术中心升级换档，逐步达到省级、国家级企业技术中心标准。引导并支持中小型企业加大创新投入，落实国家规定的相关优惠政策，帮助企业引进创新人才，引导社会力量服务于企业创新活动。

积极促进创新驱动数字化转型。主动承接长三角区域科技、人才、信息、金融等高端资源溢出，构建区域创新体系。推广应用工业过程自动化控制技术，改造提升企业生产流程；推广应用计算机辅助设计和集成制造系统技术，优化企业产品设计和生产工艺。加快完善信息化与工业化“两化融合”政策支撑体系，推进产业集群“两化融合”示范区建设。加强 IT 产业和传统产业的交流互动，推进典型应用软件和行业解决方案的创新试点示范。加快发展数字化战略产业，打造经济社会发展新引擎，加强机器人自动化生产线、数字化车间、智能工厂建设，推动离散型智能制造[1]、流程型智能制造、网络协同制造[2]等智能制造新模式的应用。

---

[1] 在中国制造 2025 及工业 4.0 信息物理融合系统 CPS 的支持下，离散制造业需要实现生产设备网络化、生产数据可视化、生产文档无纸化、生产过程透明化、生产现场无人化等先进技术应用，做到纵向、横向和端到端的集成，以实现优质、高效、低耗、清洁、灵活的生产，从而建立基于工业大数据和“互联网”的智能工厂。

[2] 协同制造（Collaborative Production Commerce），是 21 世纪的现代制造模式。它也是敏捷制造、协同商务、智能制造、云制造的核心内容。协同制造充分利用 Internet 技术为特征的网络技术、信息技术，协同制造将串行工作变为并行工程，实现供应链内及跨供应链间的企业产品设计、制造、管理和商务等的合作的生产模式，最终通过改变业务经营模式与方式达到资源最充分利用的目的。

8.4.1.6 继续推进对外开放

加强对外经济合作。积极引导企业拓展新的营销渠道。鼓励企业走出“国门”，引导已具备一定实力的企业向外投资拓展，重点推动玉环市有比较优势的汽车零部件、水暖阀门、家具制造等产业领域的民营企业采用多种方式参与境外资源开发利用。鼓励有实力的企业在国外建立研发机构、营销网络、生产加工和资源基地。支持有条件的企业收购境外品牌和销售网络，开展具有自主知识产权和国际知名品牌的企业跨国经营。加快浙台（玉环）经贸合作区建设，推进对台经贸合作。

重点推进对外贸易。外贸方面，进一步转变外贸发展方式，努力培育外贸新增长点。一是重点扶持汽车零部件产品出口，积极引导汽车零部件企业开拓国际市场，提高汽车零部件行业出口占比，争取建成全国重要的汽车零部件出口基地；二是大力发展跨境电子商务，复制跨境电商试点城市的政策和做法，引进合适的平台和服务商，建立建设跨境电子商务园区，鼓励企业建立“海外仓”，通过开展各类培训和校企对接，加强跨境电商人才的引进和培育；三是大力发展服务外包，通过搭建服务外包展会平台，积极推动服务外包离岸在岸、接包发包业务协调发展。同时，积极实施出口商品品牌战略，优化出口结构，提升高附加值产品的出口比重。进一步加大资本、技术密集型产品出口扶持力度，鼓励有实力的出口企业从商品出口向“商品+服务”出口转变。全面融入、主动对接“一带一路”倡议，在巩固拓展亚洲、欧盟、北美市场的同时，加快开发东盟、中东、非洲等新兴市场。优化进口结构，加强先进技术、关键设备、能源资源进口，更好弥补玉环市资源禀赋和技术能力的不足。

8.4.1.7 全面做好人才保障

主动承接长三角区域科技、人才、信息、金融等高端资源溢出效应，打造要素市场化配置程度更高、融资服务范围更广的联动平台。积极为上市后备企业建立与上海证券交易所及股权投资机构的对接沟通渠道，定期举办科创板上市研讨会，争取企业融资在长三角区域金融市场得到大幅提升。精准掌握全市人才状况，确定优先培养与引进的人才和产业紧缺人才。通过“外引内培”，保障人力资源供应。建立人才培训公共服务平台，健全职业技术学校培训体系。加快在职人员的培训，不断更新人才知识体系与结构。建立定向培训合作单位，重点开展产业急需的研究型人才校企联合培养、技能型人才与在岗职工培训等。实施高中阶段分层次教育制度，深化普通高中和职业技术学校分级教学模式，推行新型学徒制，全面推动职业技校教学，重点培养市内技能型、适用型人才，促进本地青年充分就业。通过定期输送本地企业家、二代企业家到外参观学习、培训，创建学习型企业家群体，培养创业精英队伍。建立人才引进平台和机制，吸引高素质人才。在专业人才引进上，既要重视研发型人才的引留，还要注重引入职业经理人。

8.4.1.8　稳步推进平台建设

建设产业集聚平台。规划建设小微企业园等专业园区，打造产业集聚平台，改变企业分散布局的面貌，使企业集聚发展，共享基础设施、公共平台。积极探索发展"园中园"，鼓励支持行业龙头企业建设企业工业园，发展工业地产，提升龙头企业的带动能力。同时，支持园区龙头企业，根据自身发展需要选择性地引进相关配套企业落户。

建设技术创新平台。进一步建设、完善主导产业的技术创新平台，发挥产、学、研、政、用各方力量，打造公共研究型、产学研合作型、技术中介型等各种类型、各种产权组织形式、各种运作模式的技术创新平台。建立高校（院所）玉环联合研究院前移市内重点职业技术学校的机制，充实职业技校和企业技术中心的科研技术专家力量，充分发挥高校（院所）玉环联合研究院在科技项目攻关中的作用，借鉴德国经验，形成知识集群和产业集群的良性互动，促进应用科技的研究和发展。建立产业科研成果库和专利技术库，建立科研技术和生产企业之间的互动平台和成果转化桥梁。针对不同行业特点和发展基础，建立和完善行业技术服务平台。

发展产品展销平台。加大投入，打造"两个玉环市场"。推进玉环国际阀门城、家具精品城等产地型专业市场建设，引导企业扭转"重生产、轻销售"的状况。站在高起点，谋划新思路。在有形市场建设的同时，启动电子商务市场的建设，大力发展商业会展业。

8.4.2　发展现代高端服务业

8.4.2.1　培育传统服务业发展新动力

优化发展商贸服务业。以模式创新、业态融合、商圈提升、企业培育为重点，推进商品市场转型，发展一批新兴市场。推进玉环国际阀门城、家具精品城专业市场改造提升，鼓励向高端化发展。面向玉环市产业需求，全力谋划物资专业市场设立，完善市场交易、储运、加工、配送等配套流通设施，打造具备交易、结算、统计、监测等功能的互联网平台，提升大宗商品全球配置能力。打造区域性商贸中心。支持建立区位优势明显、特色鲜明的产业集群区域或特色消费市场，全力打造"海鲜美食一条街""文化旅游特色街”等一批特色街区和商圈。全力推进商业模式创新，培育扶持亿工场、海峡两岸商品物流交易等一批跨境电商产业园。

加强壮大旅游服务业。以“全域景区化”发展理念为目标，通过资源优化整合、龙头景区带动、精品项目建设、产业融合发展等路径，全力打造漩门湾旅游核心区，带动发展“环岛景观带”和“环湖休闲带”，并组团发展“海湾城市休闲旅游”“国家级海洋公园东海旅游”及“国家级海洋公园乐清湾旅游”，努力打造国内外知名的海岛旅游目的地。重点依托项目载体，加快建设海山国际旅游岛、国家海洋公园、漩门湾湿地公园等一批重点项目，逐步完善服务体系载体，重点建设完善旅游交通干线、水路交通、旅游集散中心、旅游慢行系统、旅游咨询设施等配套设施，打造 1 小时旅游设施支撑服务圈。以“旅游+”为理念，引导旅游与多产业的融合发展，发展海岛特有的休闲旅游产品。

做大做强现代物流业。加快发展多式联运，围绕汽车及零部件、水暖阀门等七大产业集群，积极发展第三方物流、产业供应链和仓储配送物流，推动玉环市成为浙东南地区物流枢纽城市。合理布局全市三级物流设施规划，依托大麦屿能源（LNG）中转储运探索发展冷链物流园区，建设大麦屿港综合物流集聚区；切实推进网营物联、海西等区位物流节点，构建专业物流供应链平台；完善社区快递配送设施，构建城区配送网络体系。构建智慧物流体系，优化物流组织方式，广泛运用大数据、云计算、物联网等新一代信息技术与物流的深度融合，实现物流产业智能化，提升物流运作效率。培育发展国际船舶注册和交易、船员服务、水运工程设计咨询等现代航运服务，依托“互联网+”完善产品采购、仓储、货物中转和电子商务等综合物流服务功能。开拓新市场、新方向，加强拓展与浙中区域的物流通道，积极争取义乌小商品出口市场，支持开展“大麦屿港—义乌—欧洲”转口贸易，加强在货源组织、口岸政策、通关便利化等方面的统筹协调和服务创新。开拓内贸集装箱新航线，推动内贸货物“散改集”，提高港区物资集聚效应；依托大麦屿港区优越的港口资源优势，积极发展港航物流业，推动大宗商品中转、储运和交易。

8.4.2.2 推动服务业转型升级

加快传统服务业转型升级。重新审视玉环市的传统服务产业发展现状和发展质量，让传统服务产业走上“互联网+”这一现代化道路。既要借力现代信息技术、大数据、云计算等科技力量给传统服务产业插上腾飞的翅膀，也要注重加大对传统服务产业改造的提升力度，通过借力玉环市深厚的工业基础，以有保有压、有抓有放、有急有缓为措施，以打造“系统化、模块化、增值化、多样化”为目标，引导传统服务产业向“集群式、融合式、延伸式”方向发展，将服务业以传统产业引领为主的模式逐步转变成传统和现代“双轮”驱动的模式。加快“互联网+”与汽摩配件、水暖阀门等产业业态的充分融合，打造一批“工厂物联网”“数字化车间”和“智能工厂”样板。

做大做强新兴产业。适应消费结构升级，鼓励服务企业开展体验式消费服务、群体共享式服务、个性需求定制服务，推动形成多层次、多形式的服务市场。树立融合发展的理念，通过与第一、第二产业结合大力发展生产性服务业，推动生产性向科技型和价值链高端延伸，与制造业深度融合；支持生活性服务业依托已有的电商平台或自有平台，积极开展共享经济实践和线上线下融合创新，推动生活性服务业向智慧型、高品质、高附加值转变，努力形成生产性服务业与生活性服务业协同发展，引导服务业在玉环市形成合理的分工协作体系和各具特色的产业集群。

8.4.2.3 创新重点服务业发展

强化重点领域招商引资。着力推进现代物流、旅游休闲、商贸流通等服务业重点行业对外招商；加强玉环经济开发区、沙门滨港工业城及相关物流集聚地区的整体招商、产业链招商。突出知名品牌招商。瞄准服务业相关行业中的国际、国内知名品牌企业、行业代表性企业，有目标得开展招商引资工作。突出项目业态与规模。加强招商项目的设计包装，着重推出体量较大、业态较新的项目招商，力争每年引进一批体量大、业态新、带动性强的现代服务业项目。

创新发展现代金融业。鼓励金融机构创新供应链融资等新型融资模式，在亚洲供应链等大型核心企业探索供应链金融产品，适时发挥政府政策性融资担保机构的增信作用，切实提高中小微企业信贷支持。构建资本市场体系，加快推进企业上市融资工作，进一步拓展企业资本融资渠道，引导企业通过资本市场实现转型升级。优化金融生态环境，健全政金企合作体系，建立政府、企业、银行和司法四位一体的风险防控机制，维护玉环市金融健康稳定发展。推动金融与电子商务、线上线下交易等模式结合，大力发展私募金融、股权众筹、P2P 等新金融业态，规范发展“草根金融”，完善农村金融服务体系。

大力推进创新创意产业。文化创意设计不仅能打造城市名片且附加值高，在家具制造领域，玉环市是华东地区重要的家具生产销售和出口基地，具有一定产业基础，因此可发展家具设计业。以铜为主要原料的阀门和汽摩配行业是玉环市支柱产业，因此玉环市在铜业领域基础扎实，基于此可发展特色铜艺术品。另外以坎门花龙、鳌龙渔灯、渔工号子、船模等国家、省、市级非物质文化遗产为基础，可以探索发展玉环文化工艺品。结合玉环海岛特色，发展渔船茶室、渔船书吧等。对于玉环文旦、火山茶等特色农产品，可进行创意加工。动漫领域以龙溪动漫花谷产业为契机，发展影视动漫业，并利用山水田园的环境优势，着力引进文化创意人才常驻。文化传媒方面，加强与“抖音”等平台的合作，利用新媒体加强文化宣传，在讲好玉环故事、宣传玉环制造的同时，发挥好新媒体的敏锐嗅觉，努力挖掘玉环城市名片，推动更多线上活动向线下延伸。研发服务方面大力发展建筑设计、机械设计、工艺设计、外观设计、包装设计等设计产业。现阶段可依托玉环市汽车零部件产业基础，发展汽车零部件设计，如电动汽车差速器、电子转向机和轻量化产品等零部件，进一步延长产业链，提升产业价值链，推动企业从零部件加工向生产组件和模块化提升，鼓励有条件的企业利用上海、杭州等国际化城市窗口，通过整合研发、制造和销售资源进入全球产业链高端。科技服务方面，根据玉环市现有科技发展情况，积极发展咨询、检验检测、标准、知识产权、技术推广等产业。

积极发展会展业。推进第三产业服务平台的建设，坚持举办中国（玉环）国际机床展，投用国际家具精品城，推动专业市场转型升级。中国（玉环）国际机床展是浙东南地区极具行业影响力的区域性机床专业展会，台州市十大品牌展会之一，每年举办一届，目前已经举办到了第 16 届。辐射国内外及海峡两岸高端装备制造企业，为机床供需双方搭建起沟通交流平台。同时为玉环市乃至台州地区制造企业拓宽渠道、拓宽视野、更新装备，搭建便捷的信息交流和产品选购平台，为玉环市制造业转型升级作出了积极贡献。国际家具精品城可承办玉环国际家具博览会等大型家居类展览，为本土企业立足浙江、稳扎国内市场、拓展国际市场提供展示平台，同时也是产业转型升级的助推器。既减少了本地企业去外面参加展销会的费用，又大大提高了玉环市家具行业的经济效益，为玉环市家具行业抱团发展奠定基础，下阶段继续发力做好相关的绿化、亮化等后续配套工作，全力为玉环市本土家具制造企业打造集展示、销售、研发为一体的高端平台，持续助力玉环家具行业实现高质量发展。

改造提升生活性服务业。以新城城市综合体及城市广场商业综合体项目建设为契机，积极引进具有较强竞争力的国内外知名商贸企业进驻，加快发展大型购物中心、超级市场、特色连锁等新型业态，完善城市功能，构建合理的农贸市场服务体系。以提升全民健康质量和水平为立足点，依托海岛、海洋等养生资源，大力拓展康复疗养、健康养老、健康管理、医疗服务等，切实增强健康服务产品供给。加强与旅游、文化、体育等产业协同发展，打响健康养生的区域品牌，建设康复疗养服务基地。以家庭为服务对象，以社区为重要依托，培育发展家政、养老服务、社区照料、病患陪护、家庭教育等新兴特色家庭服务。引导家庭服务企业多渠道、多业态提供专业化的生活性服务，推进规模经营和网络化发展，创建一批知名家庭服务品牌。

8.4.3　统筹发展海洋经济

8.4.3.1　构建大宗商品交易平台

聚力构筑以能源建材产品为主的大宗物资商品交易服务平台和生产资料交易服务平台。将大麦屿港区打造成为浙东南重要的战略物资储备基地、大宗商品物流基地和交易中心以及海峡两岸商品交易中心。不断深化对台合作，重点打造“一口岸、三中心”，加大国家级海峡两岸（玉环）经贸合作区的申报创建力度，促进两岸在商品交易方面的对接合作。方便大宗商品运输，依托大麦屿港口，持续发展对台和闽粤地区的合作，主动对接宁波—舟山港，增加大麦屿港—舟山港航班密度，增开集装箱沿海新航线，增设国际远洋航线，强化“水运”优化配套政策，引导企业从大麦屿港“弃陆走水”，借助宁波—舟山港集聚效应，朝着浙南集装箱枢纽港的目标扬帆远航。推进两岸商品交易物流中心加工区、配送区建设，探索发展保税物流。

8.4.3.2　发展海洋循环产业链

推进海洋生物医药产业链向前端药源养殖领域延伸，大力开发海洋生物医药产品、海洋中成药以及海洋保健食品，开展对海洋生物甲壳资源及鱼皮、鱼骨、鱼油等资源的高值化利用。玉环市甲壳素年销售量占全国总量的 40%，出口量约占全国的 45%，年氨糖生产能力达到 6 000 余 t，但有近 90%出口美国。氨糖可用作医药、化妆品、保健品等。未来 30 年中国保健市场将高速发展，市场空间巨大。从发达国家经验看，需求拉动是推动行业发展的核心力量，人口老龄化和发病率提升是其内在需求，政策逐渐明朗和规范将促进行业快速健康成长，民众知识水平的提升，保健意识增加将进一步助推行业发展。医药行业作为刚性需求，全球医药市场规模持续增长，中国营养保健市场发展前景广阔，尤其是我国膳食补充剂市场迎来高速发展阶段。化妆品的进口替代和本土力量逐渐崛起，同时医药保健品进口替代率不断提高，进口增速逐步放缓，2018 年出现负增长，同比下降 9.75%。玉环市依托甲壳素产业基础，进一步推进精加工，拉长甲壳素产业链，发展保健品、医药、日用品等，带动当地就业的同时也能够为 GDP 增长做贡献。另外针对生产过程中的耗水现象，可加大对高效节能生产技术的投入以及使用节水节耗生产设备等。

专栏 5 甲壳素

甲壳素又名甲壳质和壳多糖，是法国科学家布拉克诺 1811 年首次从蘑菇中提取的一种类似于植物纤维的六碳糖聚合体，被命名为 Fungine（革素）。甲壳素广泛存在于低等植物菌类和水生藻类细胞中，节肢动物的甲壳类虾、蟹、蝇蛆及昆虫类的外壳、软体动物的贝类及头足类的软骨中，高等植物的细胞壁中等。据科学家估测，每年生物合成的资源量高达 100 亿 t，成为地球上仅次于植物纤维素的第二大生物资源，其中海洋生物的生成产量超过 10 亿 t，可见甲壳素是一种用之不竭的生物资源。甲壳素经分解可提炼出壳聚糖和壳寡糖，进一步分解可得到氨基葡萄糖，可用于制作保健品、外用药等。甲壳素中的主要成分几丁质与几丁聚糖是由天然物质组成和制取的生物高分子，与天然物质机体细胞有良好的生物兼容性，不具毒性且可被生物体分解，具有生物活性，因此广泛应用在医药和生物养殖的食料等方面。甲壳素的主要应用方向有机械食品、医药用品、食品、水产品养殖、家禽及畜牧养殖饲料加工、纺织和环保等领域。

8.4.3.3 壮大生态渔业养殖

发展陆基设施养殖——人工可控集约化养殖、大棚设施化养殖和高标准池塘养殖，实现养殖尾水“零污染”排放；发展浅海鱼、贝、藻生态养殖，发挥贝、藻的碳汇功能及生态修复功能，防范养殖海区富营养化；发展水库生态渔业，实施渔业洁水保水行动计划，适当放养滤食性鱼、贝类等净水生物，控制浮游植物，降低水体富营养化程度。以中鹿岛渔业综合体的正式启航为契机，进一步做大海洋牧场、做强渔业经济、做亮渔区品牌，建设一批特色鲜明、配套完善、带动力强的高端休闲渔业示范基地，不断提升渔业发展层次、扩大品牌影响力、促进渔民创业增收。

8.4.3.4 大力发展海洋生物医药

推动企业间联合与集群化发展。完善政府、行业、企业间的信息沟通渠道，积极推进生物医药企业间的并购重组及各式联合，重点依托浙江金壳药业、澳兴生物科技及台州丰润生化公司等骨干企业资源（如科研平台、管理经验、销售渠道、品牌影响力等），培育蓝色生物医药产业园，不断培育体系完整的现代海洋生物医药产业集群。

提升产业技术创新能力。推进产学研联合，通过关键项目、创新激励及课题招标等形式解决一批海洋生物产业关键技术，加大玉环市现有产业资源的整合力度，完善海洋生物产业创新平台建设，以核心技术和关键共性技术为重点，提升海洋科技成果转化能力，连带培育相关配套产业，构筑优势产业创新链。

增强产业资金投入与政策保障。加强政府引导，鼓励生物医药企业通过自筹资金、银行贷款、社会融资等多种方式，建立多渠道、多层次、稳定可靠的海洋生物医药产业投入保障体系；引导各类风投基金、外资、民间资本投向海洋生物医药领域，并积极落实企业在贷款、土地等方面的优惠政策，促进产业持续发展。

8.4.3.5　大力实施“科技兴海”战略

加强海洋科技攻关与管理。围绕玉环市海洋特色产业，重点加强临港装备、海洋生物医药、清洁能源开发应用、水产品精深加工等领域关键技术创新及应用平台建设，着力开发新产品，逐步形成具有一定优势的产业化生产基地；强化知识产权保护，建立专利、商标、品牌等产权信息库，积极保障各类主体的知识产权成果。

加大海洋科技人才的引进与培养。制订优惠人才政策，引进国内外优秀的海洋科技人才，注重吸纳学科带头人和带项目的高科技人才。开展多层次海洋技术教育和培训，大力培育涉及海洋管理、海洋环保、海洋经济、海洋科技和海洋教育等方面的适用人才。

加强海洋科技平台建设。围绕各类海洋新兴产业集群，打造一批共性技术服务平台。加快建设市级科技创业服务中心等企业孵化器，积极引入一批海洋科研机构，加强同国家海洋局海洋二所、浙江海洋学院等国内、省内海洋科研院所的交流合作，加快建设海洋经济研究院，提升玉环市海洋科技整体实力。

8.4.4　提升特色生态农业

推进农业“两区”[1]提升发展。继续抓好粮食生产功能区建设，加强商品有机肥、秸秆还田、绿肥种植等技术推广，努力改善耕地质量条件，提升农田地力。开展水稻高产创建活动，推广粮食绿色增产模式。加快粮食生产机械化进程，大力推进粮食精深加工和产业化进程。深化现代农业园区建设，推广高效节水灌溉技术，按照“生态、绿色、有机、安全”和“标准化、品牌化”的要求，重点发展清港镇文旦、干江镇蔬菜、大麦屿茶叶等特色农业，做强做大品牌，推动农业发展由传统产业向精品高端产业转变。加快农业与工业、服务业的融合发展，大力发展休闲农业、创意农业、智慧农业和工厂化农业，构建农业全生产链和价值链。高标准规划建设农业产业园区，把产业园区基本建成规划布局合理、生产要素聚集、设施装备先进、科技水平领先、经营机制完善、辐射带动明显的园区。

---

[1] 粮食功能区、现代农业园区。

推动农业转型升级。深入挖掘田园景观、自然生态、环境资源，结合农耕文化、农事节庆活动和农业设施，通过生产创意、产品创意和品牌创意，大力发展休闲观光农业和创意农业。强化科技创新驱动，积极应用现代信息化技术，加快现代生物科技创新，大力发展农村电商等“互联网+”农业。积极推广“农业龙头企业+合作社+基地+农户”“合作社+企业+农户”等经营方式。积极争取国家和省项目资金，同时采取招商引资、合作共建等多种方式，鼓励和引导民间资本投入。

不断健全农业服务体系。健全农业投入稳定增长机制，加大农村金融扶持力度，完善农业金融、保险服务及农业补贴体系。完善农业科技服务体系，积极推广高效生态农业技术、科学养殖技术、循环农业技术等。大力推进农业标准化，开展无公害产品、绿色食品、有机食品认证，加快农产品质量安全检测体系建设，建立健全农产品全过程质量安全监管体系，创建省级农产品质量安全放心县。深入实施好渔业种苗工程，推进重大病虫害监测预警防控体系、重大动植物防疫体系和防汛指挥系统建设。打造为农服务综合平台，形成横向集中、纵向一体、联合发展的集生产、供销、信用等服务功能于一体的组织体系，在更高层次、更大规模上为各类农业经营主体提供多元化、全方位的服务。

加强农业经营主体培育。按照“扶大、扶优、扶强”的原则，培育壮大农业龙头企业，加强管理创新，扩大企业规模，提升产品档次，强化品牌培育，拓展国内外市场，提高生态农业的精深加工水平。按照“政府指导、规范管理”的原则，在多部门推进、多主体参与、多层次发展、多领域拓展的同时，加强农民专业合作社的规模化和规范化建设，建立管理运行机制，构筑合作网络，提高农民的组织化程度。坚持“因地制宜、注重特色、规模经营、优质高效”的原则，建设一批生态农业示范基地，增强带动、示范、辐射作用。坚持“资源优化、要素整合、优势互补、市场拓展”的原则，鼓励各类经营主体实施农业“走出去”战略，实行跨区域经营农业，再造一个玉环农业。

发展生态循环农业。按照环境承载和绿色生态发展要求，优化调整种植业、养殖业及其内部结构，形成产业相互融合、物质多级循环的格局。推广畜禽养殖排泄物资源化利用模式，鼓励种养配套、有机肥加工、农村户用沼气、粪便养蚯蚓等畜禽废弃物资源化利用形式。大力推广农作物秸秆综合利用模式，推进农作物秸秆用作还田肥料、畜牧饲料、生物质燃料等资源化进程。积极推广食用菌种植废弃物综合利用模式，探索菌棒、菌渣用作生物质燃料、养殖饲料等利用途径。加快推广“猪—沼—果”、果园养鸡、鱼塘立体养殖等循环化、无害化、集约化生态高效农作模式，加快打造集示范、推广、观光为一体的现代生态循环农业综合示范基地。

8.4.5　大力发展循环经济

打造循环经济示范企业。加快循环经济龙头企业培育，发挥龙头企业的示范引领作用。大力推进企业清洁生产，推行产品生态设计，推广“3R”生产法，促进企业资源高效利用。以汽摩配件和水暖阀门等行业为重点，深入持续开展清洁生产审核。加强对能源、水、原材料三大消耗和固、液、气三大排放以及有害有毒物质的管控。引导和鼓励行业领头企业投资开发清洁生产技术和产品，推动产学研相结合，提高清洁生产的技术水平，扩大清洁生产覆盖面。

构建循环产业基本蓝图。围绕汽摩配件、水暖阀门等重点行业，促进循环型产业链的纵向延伸和横向拓展，推进产业转型升级，形成全市循环经济产业的骨干体系。大力提升再生金属资源高质化利用，发展再制造产业，促进再生塑料资源化、清洁化、高效化利用。大力发展制造循环产业链，加快产业集聚区建设，形成梯级行业供应链，重点打造以汽摩配件、水暖阀门为重点，家具制造、医药包装、眼镜配件为优势产业的梯级利用产业链，提高装备制造水平。加快发展海洋循环产业链，以海洋渔业、海洋生物医药产业为重点，兼顾海洋食品加工、海洋废弃物利用等内容的海洋生物产业链。

建立支柱产业循环经济。遵循“3R”原则，建设和完善区域循环经济的基础设施，增设循环产业链的“补链”项目，加强产业体系外部产业链延伸，制造业和服务业的相互渗透，形成“纵向闭合、横向耦合”富有活力的产业共生循环系统。加快在玉环经济开发区、产业集聚区和特色乡镇内构建各具特色的循环型产业体系。以水暖阀门、汽车零部件、家具制造等行业为重点。①提高资源回收与综合利用水平。推动机动车零部件再制造，同时针对生产过程中的各类副产品、废弃物及废旧产品的综合利用，探索推进金属废料等再生资源的集中收集、分拣及集散交易为核心的资源回收体系建设。推动单一块状经济向产业循环集群转型升级，为园区社会层面大循环和各类集聚产业探索示范的模板，逐步打造成为省级乃至国家级工业循环经济示范区。②深挖节能减排潜力。对重点用能项目在节能评估报告书中对比主要耗能产品能耗限额标准进行审查。推广智慧能源平台，实时掌握重点用能企业的能耗数据，根据企业综合评价情况，建立差别化电价、非居民用水超计划累进加价、污水处理复合计价收费，积极探索用能总量核定、排污权有偿使用和交易等政策，推进城镇土地使用税政策调整。③积极推进水循环利用。建立健全重点行业取水定额管理。实行差别化水价政策。切实加强工业节水技术改造，加快淘汰落后高用水工艺、设备和产品，加快推广应用节水器具和设备，开展水平衡测试和节水型企业创建工作。鼓励实施清洁生产示范项目申报，引导和督促企业降低单位产品取水量。加强海水、雨水、再生水、微咸水等非常规水资源的开发利用。加强废水综合处理，实现废水资源化，加强中水、尾水利用回收，减少水循环系统的废水排放量。鼓励工业园区采取统一供水、废水集中治理模式，实施专业化运营，实现水资源梯级优化利用。

提高关键要素资源利用效率。大力推进能源节约，推行“一挂双控”措施，鼓励用能设备的节能改造与替换，改善能源结构，增强能源科技创新能力。一方面，引进合同能源管理方式，积极开展园区内已有用能设备的节能改造，鼓励淘汰燃煤锅炉，企业因工艺需要确需建设、改造锅炉的，必须使用燃气等清洁能源；另一方面，加快开展燃气管网和燃气储气站等基础配套设施建设，加快燃气管网入园进企，规划建设大型风电基地，加快推广屋顶分布式光伏发电。增强节能科技创新能力，力争在被动屋、伺服电机、节能炊具、混合动力汽车关键零部件等节能技术与产品开发上取得新突破。切实加强电镀、水产品加工和机械制造等行业的节水技术改造，加快淘汰落后高用水工艺、设备和产品，大力推广应用节水器具和设备，加强中水、尾水利用回收。依托玉环市天然海岛优势，加强与高等院校及科研院所的合作，推进新能源企业开展科技创新活动，积极发展风能、潮汐能和生物质能，以示范项目带动清洁能源发展，加快新能源技术创新平台、重点实验室和工程技术中心建设。充分利用大麦屿 LNG 项目冷能，服务玉环市及周边地区海产品的冷藏和冷链运输。依托华能玉环电厂集中供热项目，向主要企事业单位提供生活性用热，向医药、化工、印染、电镀、塑料发泡、洗涤等行业提供生产性用热。

加快发展循环型物流业。以大麦屿港综合物流集聚区和电商产业园为重点，树立绿色物流的全新观念，构建绿色运输体系，采用绿色运输工具，有效利用车辆，消除交错运输、迂回运输。提高配送效率，如合理规划物流网点及配送中心、优化配送路线、采用共同配送的方式、提高往返载货率、减少无效运输等，依托玉环港口优势，增加海上运输的份额。建立健全物流信息平台，构筑现代化全程物流网络。使用绿色包装或可降解包装，改进包装设计，采用新材料、新技术简化包装，节约材料，减少一次性包装，提高包装废弃物的回收和再利用率。

全面构建循环经济体系。依托资源循环利用示范城市（基地）试点项目，打造“企业小循环、产业中循环、区域大循环”的循环产业体系。不断强化企业内部纵向闭合的“小循环”建设，重点提高机械加工、阀门制造、家具制造等企业的废水、废塑料、金属废料、木材边角料资源的回收和利用。推进产业和园区层面的“中循环”建设，本着集约、节约的原则，引导优质小微企业入园集聚发展，全面加快老旧工业点改造提升和小微企业园建设，优化园区规划条件，明确产业定位、突出发展特色，打响园区品牌，提高废包装材料、废酸、废油、废水的收集、分离和回用水平，强化废热的综合梯级利用。打通海洋渔业与海洋生物医药产品、海洋中成药以及海洋保健食品的物质流链条，丰富渔产废弃物再利用途径，实现海洋生物甲壳资源及鱼皮、鱼骨、鱼油等资源的高值化利用。完善区域层面的“大循环”建设，推进垃圾分类工作，探索“互联网+回收”模式，规范废物回收集散交易环节，加快构建社区和乡村回收站点、分拣中心、集散市场三位一体的回收网络。

扶持发展环保产业。以环保装备和产品生产、环保工程、环保服务业为重点，加快培育拥有自主品牌、掌握核心技术、市场占有率高、引领作用强的环保产业龙头骨干企业。充分利用当地机械加工技术优势和产业基础，探索发展空气净化、除尘、污水处理、固体废物处置等环保装备制造产业。重点发展城乡生活污水处理、特种工业废水处理、城市垃圾处理、矿山生态修复、滩涂海岸生态修复、土壤生态修复等环保工程产业。鼓励发展环境监测、环境监理、环保设施运维、污染防治工程工艺设计等环保服务业。

第 9 章　实现天蓝水碧土净的美丽健康环境

9.1　现状分析

9.1.1　大气环境现状

全市环境空气质量整体上逐渐好转，稳居浙江省和台州市前列。2015—2019年，玉环市环境空气质量总体良好，监测点均达到国家二级标准。近五年环境空气质量综合污染指数分别为3.51、3.44、3.03、2.82和2.57，总体呈下降趋势，下降幅度分别为6.65%、1.99%、11.92%、6.93%、8.87%。近五年环境空气 AQI 优良率分别为94.4%、95%、98.4%、96.4%和99.7%，呈波动性上升，其中2018年较2017年下降2个百分点，在2019年达到最高值99.7%。将2018年玉环市与 GDP 相当的14个浙江省内县级城市进行对比[1]，玉环市人均 GDP 为9.26万元，位居第九（图9-1）。由图9-2可知，在这15个城市中，2018年玉环市综合指数为2.82，$PM_{2.5}$年均质量浓度为24 μg/m^3，均为最低值；而玉环市 O_3-8h-90%为140 μg/m^3，仅高出温州龙湾区6 μg/m^3，相比最大值湖州吴兴区低了70 μg/m^3。综上所述，玉环市的环境空气质量在15个经济发展水平相当的县级市城市中处于上游水平。2019年，玉环市在浙江省58个县级城市环境空气质量排名中排第9位，获评首批浙江省清新空气示范区。

近五年 O_3-8h-90%浓度表现出一定波动性。从主要污染物来看，$PM_{2.5}$、PM_{10}、NO_2、SO_2、CO 的年均浓度总体上均呈下降趋势，2019 年的现状值较 2015 年下降幅度分别为 32.35%、37.10%、21.05%、72.73%、58.33%，SO_2、CO 的下降幅度较大。O_3 日最大 8 小时平均浓度第 90 百分位数（O_3-8h-90%）表现出一定的波动性，从环境监测站提供的标况值来看，2016 年和 2018 年均呈大幅上升，从 2016 年的 136 μg/m^3 上升到 2018 年的 140 μg/m^3，在 2018 年达到近 5 年的最高值，较 2017 年上升 36 μg/m^3，增

---

[1] 根据浙江省 32 个县、1 个自治区和 37 个市辖区的经济发展情况，筛选出 2018 年人均 GDP 在 8.5 万～10 万元的 15 个城市。

幅为 34.6%，但均低于二级标准 160 μg/m³。另外，2017 年 O_3-8h-90%夏季、秋季浓度均高于 2017 年浓度，分别高出 4.8%、8.7%；2018 年春季、夏季浓度均高于 2018 年浓度，春季是 2018 年的 1.05 倍，夏季接近 2018 年浓度，冬季浓度是全年最低值。具体现状值如表 9-1 所示。

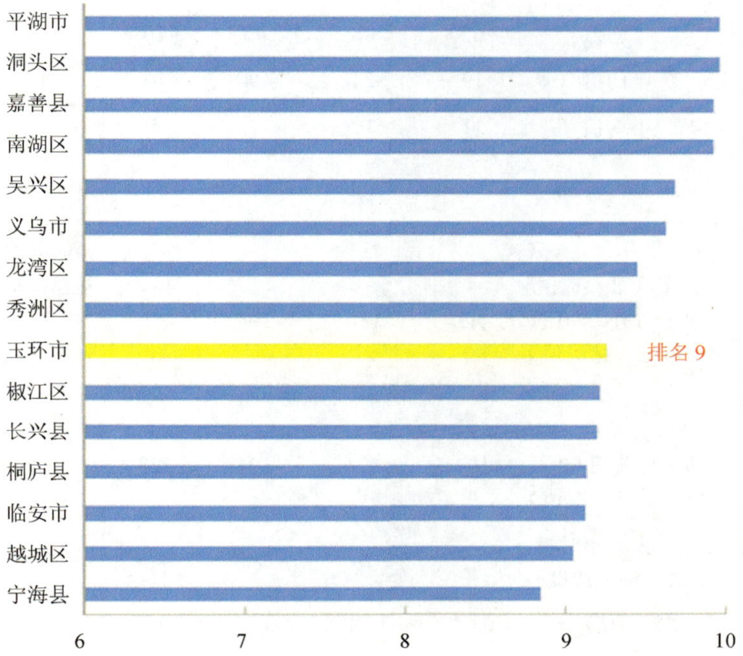

图 9-1　2018 年玉环市与 GPD 相当的 14 个浙江省内县级城市对比情况

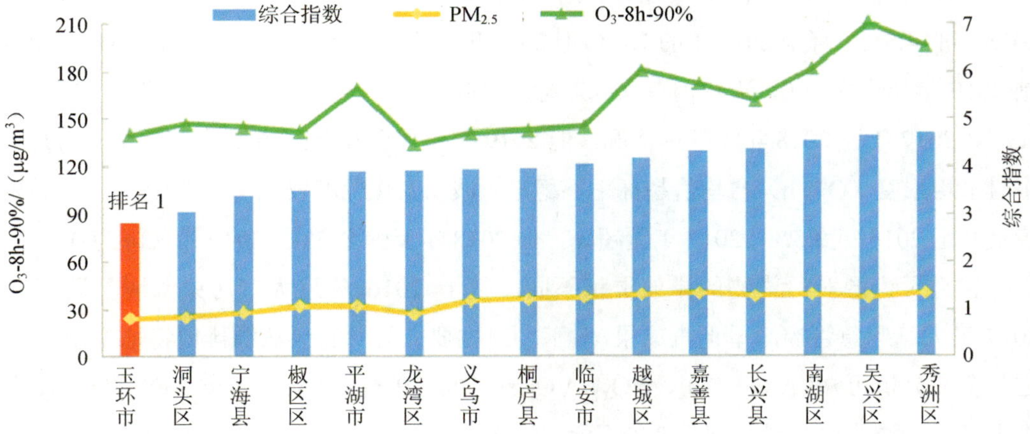

图 9-2　2018 年玉环市与 GPD 相当的 14 个浙江省内县级城市空气质量对比

表 9-1 玉环市 2015—2019 年环境空气质量现状值

单位：μg/m³

序号	污染物	浓度类型	现状					二级标准	一级标准
			2015 年	2016 年	2017 年	2018 年	2019 年		
1	$PM_{2.5}$	年均值	34	29	28	24	23	35	15
2	PM_{10}	年均值	62	48	45	40	39	70	40
3	NO_2	年均值	19	24	24	16	15	40	40
4	SO_2	年均值	11	10	7	5	3	60	20
5	CO/（mg/m³）	24 小时平均	1.2	1.2	0.9	0.8	0.5	4	4
6	O_3	日最大 8 小时滑动平均值第 90 百分位数（标况值）	111	136	104	140	2018 年之前是标况值，2019 年开始只有实况值（浙江省）	160	100
		日最大 8 小时滑动平均值第 90 百分位数（实况值）	102	124	104	128	126		
		日最大 8 小时滑动平均值浓度	72	76	71	88	82		
		单项指数	0.64	0.78	0.65	0.8	0.79		

全市 $PM_{2.5}$、PM_{10} 和 O_3-8h 日均浓度存在不同程度的超标情况。玉环市 2015—2019 年污染物指标超标率情况如图 9-3 所示，NO_2、SO_2 和 CO 五年内均未超标，但 $PM_{2.5}$、PM_{10} 和 O_3-8h 日均浓度存在不同程度的超标。$PM_{2.5}$ 超标率降幅最显著，总体呈下降趋势，由 2015 年的 4.5%下降至 2016 年的 1.4%，但 2017 年反弹至 1.6%，又于 2018 年下降至 0.8%，到 2019 年超标率为 0，五年内首次未超标；PM_{10} 超标率从 2015 年的 1%降至 2016 年的 0.3%，2017 年和 2018 年无超标情况，但 2019 年反弹至 0.3%。相比之下，臭氧日最大 8 小时平均浓度（O_3-8h）日均值超标率不稳定，波动变化幅度较大，从 2015 年的 0.8%逐步上升至 2016 年 3.5%，2017 年无超标，但 2018 年反弹至 3%，2019 年又降为 0。

各类污染源对污染物的排放贡献不同。基于 2016 年度大气污染源清单调查以及 2017 年大气应急管控清单调查成果，对玉环市主要人为源和天然源排放特征及空间分布进行全面分析可知，CO、SO_2、NO_x、VOCs、PM、PM_{10}、$PM_{2.5}$、BC、OC 和 NH_3 的各类大气污染源排放总量分别为 0.98 万 t、0.37 万 t、0.90 万 t、1.02 万 t、1.59 万 t、0.86 万 t、0.27 万 t、0.03 万 t、0.03 万 t 和 0.08 万 t。其中工业源对 VOCs 的贡献最为显著，分担率为 59%，机动车贡献率为 17%；移动源是 CO、SO_2、NO_x 和 BC 的主要贡献者，分担率分虽为 80%、65%、70%、89%，对 VOCs 和 OC 的贡献也不容忽视，占比分别为 23%和 28%；生活源对 OC 的排放贡献较大；扬尘源对颗粒物排放贡献最为明显，对 PM、PM_{10}、$PM_{2.5}$ 的分担率分别为 91%、86%和 62%；农业源对 NH_3 的排放最为显著，贡献率高达 76%。

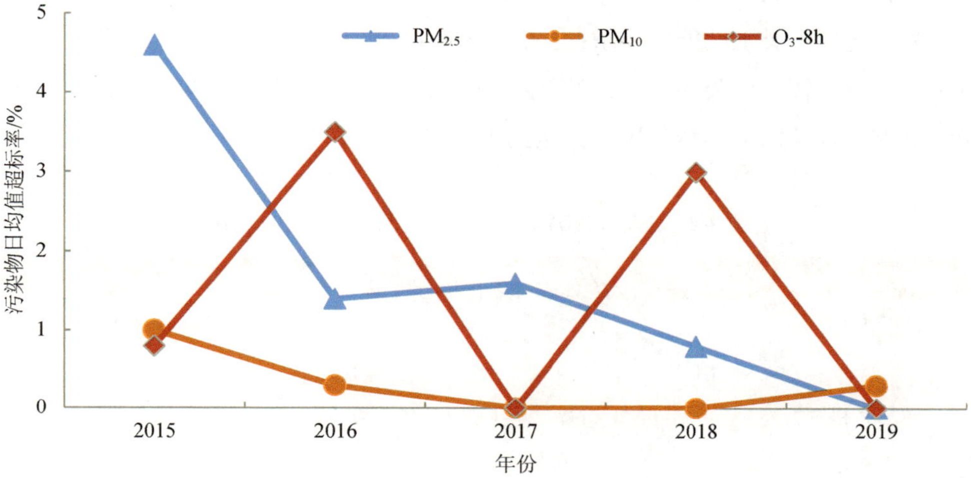

图 9-3　玉环市 2015—2019 年污染物超标率变化情况

玉环市被列入 VOCs 重点整治区域的行业主要是家具涂装行业、机电汽摩配涂装行业、造船修船行业以及鱼粉生产行业。家具企业生产过程中产生的 VOCs 主要源于喷漆加工过程和胶压过程产生的有机废气，玉环市大部分企业面漆作业时挥发的有机废气经水帘机处理后经排气筒排放，水帘机水膜喷淋对于有机溶剂的吸收效果很小。另外还有少部分企业未安装水帘机，直接进行干喷，产生 VOCs 较多，基本无处理效果。机电汽摩配生产过程中有机废气（VOCs）主要源于电机生产中的绝缘漆浸渍和烘干工序，以及汽摩配、电机和泵的喷漆和烘干工序。目前涉及工业涂装的生产企业废气末端处理设施安装率不高，全行业大多数小企业均未采取有效的收集和处理措施。现有船厂 VOCs 生产源主要包括钢材预处理流水线、分段涂装工场有组织排放区域和船坞、船台、码头、废油漆桶、废溶剂堆场无组织排放区域。鱼粉制造行业的 VOCs 废气主要来自生产过程中的腥臭臭气，腥臭臭气主要源于原料运输、原料堆放过程、鱼粉生产过程、鱼粉仓库臭气，其中蒸煮、干燥工序产生的腥臭废气量较大。

9.1.2　水环境现状

全市河流总体水质逐年好转，由重度污染逐渐转为轻度污染。玉环市 2015—2019

年各断面水质变化情况如表 9-2 所示，五大河流水环境质量改善进展情况良好，满足水功能区要求的比例由 14.3%提高到 71.4%，劣Ⅴ类水断面全面消除，总体水质逐年好转。2015 年和 2016 年为重度污染，自 2017 年转为轻度污染，2015—2017 年主要污染指标为氨氮、总磷和高锰酸盐指数，2018 年和 2019 年主要污染指标为氨氮、总磷、五日生化需氧量和化学需氧量。2 个省控断面中，礁头闸水质维持在Ⅳ类，长屿闸水质由Ⅴ类转为Ⅳ类，达到Ⅳ类水功能区要求；3 个市控断面中，泗头由Ⅴ类转为Ⅳ类，龙王和城南由劣Ⅴ类分别转为Ⅳ类和Ⅴ类；2 个县控断面中，西岙由劣Ⅴ类提升为Ⅲ类并达到水功能区要求，青马由Ⅴ类转为Ⅳ类并达到水功能区要求。

表 9-2 玉环市 2015—2019 年各断面水质变化情况

序号	断面名称	功能类别	级别	2015 年	2016 年	2017 年	2018 年	2019 年
1	泗头	Ⅲ	市控	Ⅴ	Ⅴ	Ⅳ	Ⅳ	Ⅳ
2	西岙	Ⅲ	县控	劣Ⅴ	劣Ⅴ	Ⅳ	Ⅳ	Ⅲ
3	龙王	Ⅳ	市控	劣Ⅴ	劣Ⅴ	Ⅴ	Ⅳ	Ⅳ
4	城南	Ⅳ	市控	劣Ⅴ	劣Ⅴ	Ⅴ	Ⅴ	Ⅴ
5	礁头闸	Ⅳ	省控	Ⅳ	Ⅳ	Ⅳ	Ⅳ	Ⅳ
6	长屿闸	Ⅳ	省控	Ⅴ	Ⅴ	Ⅴ	Ⅳ	Ⅳ
7	青马	Ⅳ	县控	Ⅴ	劣Ⅴ	Ⅳ	Ⅳ	Ⅳ
8	龙溪水库	Ⅱ	县控	Ⅱ	Ⅱ	Ⅱ	Ⅱ	Ⅱ
9	双庙水库	Ⅱ	市控	Ⅱ	Ⅱ	Ⅱ	Ⅱ	Ⅱ
10	石门坎水库	Ⅱ	市控	Ⅱ	Ⅱ	Ⅱ	Ⅱ	Ⅱ
11	芳杜水库	Ⅱ	县控	Ⅱ	Ⅱ	Ⅱ	Ⅱ	Ⅱ
12	小闾水库	Ⅱ	县控	Ⅱ	Ⅱ	Ⅱ	Ⅱ	Ⅱ
13	里墩水库	Ⅱ	市控	Ⅱ	Ⅱ	Ⅱ	Ⅱ	Ⅱ
14	小陈岙水库	Ⅱ	县控	Ⅱ	Ⅱ	Ⅱ	Ⅱ	Ⅱ
15	玉潭水库	Ⅱ	县控	Ⅱ	Ⅱ	Ⅱ	Ⅱ	Ⅱ

主要湖库水质基本稳定，均维持为Ⅱ类且满足水域功能，但总氮浓度均超标。2015—2019 年，8 个湖库的两个单独评价指标中，粪大肠菌群均能满足要求，所有水库总氮浓度均超标。小闾水库总氮平均质量浓度 2015 年为Ⅲ类 1.79 mg/L，到 2017 年达到最高值Ⅴ类 2.67 mg/L，2019 年降低为Ⅲ类 1.41 mg/L，为近五年来最低值。龙溪水库、石门坎水库、芳杜水库总氮平均浓度都有所下降，由劣Ⅴ类分别提升到Ⅳ类、Ⅴ类和Ⅴ类。双庙水库、里墩水库、小陈岙水库和玉潭水库总氮浓度先升高再有所下降，在经过两年

或三年的劣Ⅴ类后，提升到Ⅳ类或Ⅴ类（表 9-3）。

表 9-3 玉环市 2015—2019 年主要湖库总氮浓度情况

主要湖库	总氮浓度				
	2015 年	2016 年	2017 年	2018 年	2019 年
龙溪水库	劣Ⅴ	劣Ⅴ	劣Ⅴ	劣Ⅴ	Ⅳ
双庙水库	Ⅳ	Ⅴ	劣Ⅴ	劣Ⅴ	Ⅳ
石门坎水库	劣Ⅴ	劣Ⅴ	劣Ⅴ	劣Ⅴ	Ⅴ
芳杜水库	劣Ⅴ	劣Ⅴ	劣Ⅴ	Ⅴ	Ⅴ
小间水库	Ⅲ	Ⅳ	Ⅴ	Ⅳ	Ⅲ
里墩水库	Ⅳ	Ⅴ	劣Ⅴ	劣Ⅴ	Ⅳ
小陈岙水库	Ⅴ	劣Ⅴ	劣Ⅴ	劣Ⅴ	Ⅴ
玉潭水库	Ⅴ	劣Ⅴ	劣Ⅴ	Ⅴ	Ⅳ

2015—2019 年全市地表水总体水质逐年好转。玉环市 2015—2019 年全市监测断面水质情况统计、江河湖库总体水质类别组成比例如表 9-4 和图 9-4 所示。五大河流和水库监测 15 个市控以上断面中，Ⅱ类水断面持平，Ⅲ类水断面升为 7%，Ⅳ类水断面 2018 年最高，为 40%，Ⅴ类水断面 2018 年和 2019 年最低，为 7%，劣Ⅴ类水断面消除。全市地表水功能区达标率分别为 60%、60%、66.7%、80%和 87%，功能区达标水质断面数从 9 个增加到 13 个，水质超标率从 40%下降到 13.3%，水质情况有所改善。

表 9-4 玉环市 2015—2019 年监测断面水质情况统计

	2015 年	2016 年	2017 年	2018 年	2019 年
Ⅱ	8	8	8	8	8
Ⅲ	0	0	0	0	1
Ⅳ	1	1	4	6	5
Ⅴ	3	2	3	1	1
劣Ⅴ	3	4	0	0	0
功能区达标	9	9	10	12	13
超标率/%	40	40	33.3	20	13.3
主要超标因子	氨氮、总磷、五日生化需氧量、化学需氧量、高锰酸盐指数				

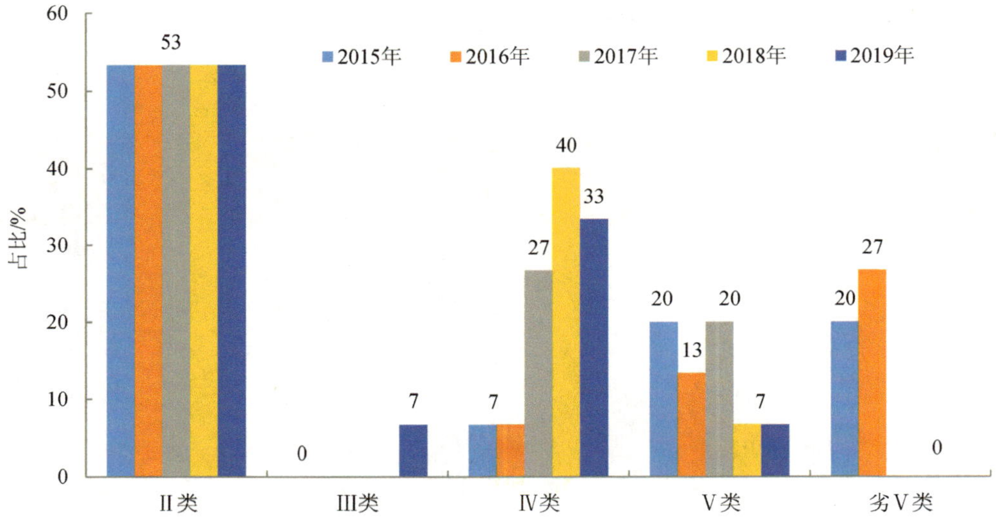

图 9-4 玉环市 2015—2019 年江河湖库总体水质类别组成比例示意图

工业废水污染主要源于农副食品加工、电镀、生物医药、金属表面处理等涉水行业企业。电镀企业排放的废水中含有氰化物和六价铬等毒性物质。2019 年，重点开展“河湖清四乱”专项行动，保持河道两岸违建拆除高压态势，持续加大水环境综合执法力度，强化沿河工业企业违法排污、沿河农业面源污染以及六小行业排污整治行动。全市已拆除沿河违建 14.6 万 m^2，完成“六小行业”污水排放整改企业 2 783 家，整改率达 99%。积极贯彻落实《台州市城镇污水处理提质增效三年行动方案（2019—2021 年）》，加快补齐城镇污水处理设施短板，突破污水管网、污泥处置“瓶颈”。重点推进截污管网建设，加强主城区和主要工业区老旧管网改造，提高污水输送率。

全面推进“五水共治”和“污水零直排区”建设取得显著成效。玉环市以“全域水质提升年”为主载体，深入实施“五水共治”碧水行动，全面推进“污水零直排区”和“美丽河湖”建设，深化河（湖）长制，水环境质量各项指标进一步提升，治水工作取得新成效。地表水质大幅提升，全市纳入自动监测的 25 个断面中 20 个断面水质有明显提升，台州市交接断面水质评价结果均为优秀。聚力“污水零直排区”建设，整体建设进度居台州市首位，全市治水总体日常考核保持台州第一，连续 7 个月位居台州市“污水零直排区”建设“百镇竞赛”考核第一。围绕“大湾区大花园大通道大都市区”行动和“山海水城”建设两条主线，修复河湖生态安全底色，增强河湖绿色发展特色，全力推进全域美丽河湖建设。结合美丽乡村、美丽城镇等建设，加快城市水系景观规划建设，因地制宜建设亲水便民设施，推动形成一批河湖相通、江海交汇、山水交融、水城相映、人水相亲的滨水景观。

专栏 6 玉环福天宝电镀废水零排放项目——资源变废为宝

玉环市积极引进玉环陕环投福天宝环保科技有限公司“SCR”工艺系统，将复杂的电镀废水转化为金属、工业副产盐、回用水这三项宝贵资源，化废为宝，力争实现玉环电镀废水“零排放”。目前，玉环福天宝沙门滨港工业城电镀废水零排放项目尚处于建设之中，预计 2020 年年底投产运营，该工艺采用电镀废水分类收集，针对高浓度的酸铜废水和含镍废水进行电沉积回收金属铜和金属镍等，实现金属回收。可实现每年废水减排约 100 万 t，减少化学药剂使用量约 3 300 t，回收有价金属资源约 160 t，回收再利用工业副产盐约 8 000 t，减少电镀污泥排放量约 13 000 t。

9.1.3 土壤固体废物环境现状

玉环市土壤环境总体良好。主要污染物为重金属和有机物，局部地区被检出重金属污染和有机污染，特别是矿区、工业区周边、公路两侧等地区污染检出频率较高。烟尘、汽车尾气的排放、工业超标排污等，使重金属大量沉积于土壤中，其中以铅、锌等金属元素污染最为严重。根据统计，玉环全市土壤属清洁的占 76%，7%属尚清洁，轻度污染占 9%，中度污染占 1%，重污染占 7%。

采取系列措施逐步改善土壤环境质量。为切实加强土壤污染防治，加大土壤环境风险控制，并逐步改善土壤环境质量，保障农产品质量和人居环境安全，2017 年出台了《玉环市土壤污染防治工作方案》，通过强化污染地块风险管控，实施分类别、分用途、分阶段治理，严控新增污染、逐步减少存量。建立了土壤污染监测预警体系。开展包括土壤、农产品在内的土壤地力、重金属、有机污染物等指标监测。截至 2018 年，玉环市开展全市农产品产地土壤污染状况普查，共监测耕地土壤点位 169 个，其中省控点位 6 个。2018 年上半年，土壤环境质量点位达标率为 86.39%，高于“十三五”末玉环市农业两区土壤环境质量点位达标率 75%的目标任务，情况良好。2020 年，根据玉环市实际，重点行业企业土壤调查数量共有 50 家，这 50 家均已完成土壤采样和土壤监测。

全力抓好固体废物源头减量。玉环市以环境统计企业为重点，全力抓好固体废物源头减量管理，要求华能国际电力股份有限公司玉环电厂、玉环伟明环保能源有限公司等工业固体废物产生量大的企业全面开展综合利用处置。同时，指导危险废物产生单位通过清洁生产、淘汰落后产能和技术革新等方式落实源头减量化、资源化措施，进一步推进源头减排。高度重视生态循环农业发展，着力发展农业“两区”和现代特色农业强镇，构筑种养融合、三产融合的绿色农业产业体系，打造“现代农业要素集聚，多种功能融合，体制机制创新，生态循环发展，第一、第二、第三产业联动，农业增效农民增收”的现代农业发展示范区和先导区。

强化固体废物分类和收运管理。玉环市加强规范企业危废贮存管理和危废转移处置管理，充分发挥台州市危险废物和污泥全过程监控系统作用。探索开展小微企业危险废物信息化收集试点工作，开发建立了一套智慧环保云管理系统和微信小程序。开展危险废物管理标杆企业培育工作，在电镀、机加工、废乳化液、经营单位等不同类型的企业中树立了先进典型。在全台州市率先推进医疗废物智慧管理系统和远程视频监控应用部署，实施医疗废物全过程信息化管理，形成追溯留痕。通过物联网+云端技术，建立医疗废物在医院内的分类收集、转运、暂存直至处置公司收运等各道程序间的扫码数据实时录入、上传工作。全力推进垃圾分类工作，率先开展城市生活垃圾分类，机关事业单位实施垃圾强行分类，并开展了省级和市级农村生活垃圾治理示范村、省级生活垃圾分类示范片区、居住区生活垃圾分类示范试点等建设。

专栏 7　浙江青鑫数据有限公司——小微企业危险废物集中收集转运管理单位

将“物联网”和“区块链”技术引入小微企业危险废物处置领域，构建网格化收集、统筹化运输、规范化处置的危险废物“云”处置路径，形成小微企业、运输单位、处置单位三方闭环管理。通过智慧环保云管理系统建立区块网格，实行全程链条式实时动态监控，妥善解决了小微企业危险废物监管难的问题，确保危险废物网格化收集、集中化运输、规范化处置。

具有扎实的资源循环利用产业基础。玉环市资源循环利用产业基础良好，资源再生利用由原来的粗放分拣到精深加工产业转型，构建了阀门水暖、汽摩配等传统优势产业的特色循环型产业链。以废旧金属等废弃资源再生利用基地为依托，建立了再生资源市场网络，开展工业循环经济示范工程。拥有浙江青茂环保科技有限公司、台州碧秀环境科技有限公司和台州佳绿环境科技有限公司等省资源综合利用行业的龙头企业，浙江展宏再生资源回收有限公司等一般工业固体废物回收利用企业。积极拓展危险废物经营、城市垃圾处理服务、塑料制品制造、塑料粒子加工等新的资源循环利用领域。目前，已经运营的垃圾处理设施有玉环生活垃圾焚烧发电一期，附近区域内正在建设的项目有生活垃圾焚烧二期、污泥、工业固体废物等垃圾处理项目。为促进形成不同种类废弃物之间的循环产业链，实现集中废弃物回收利用、集中污水治理、集中供能等创造良好的条件，有利于形成具有规模效应的资源循环利用基地。

9.1.4 海洋环境现状

玉环市海洋生态环境总体状况良好，海域富营养化状况较重。全市近岸水质状况较“十二五”时期趋好，海水增殖区和海水养殖区综合环境状况良好，基本满足增养殖区功能要求，玉环市披山省级海洋特别保护区和玉环国家级海洋公园环境状况基本满足保护目标要求。从海水水质来看，污染水域面积逐年缩减，主要入海排污口污染物入海量明显减少，“十三五”期间较“十二五”期间一、二类水质占近岸海域比明显增加。从沉积物来看，综合潜在风险较低，监测点位中一、二类沉积物比重为 100%。养殖区监测结果质量总体良好，个别海域受重金属铜轻微污染。2019 年，玉环市近岸海域不符合功能区要求的海域占监测海域的 66.7%，大麦屿海域水质为劣四类，沙门、干江海域为三类，坎门海域为四类，定类因子为化学需氧量、无机氮、活性磷酸盐。各季节乐清湾内均为第四类或劣于第四类海水水质，冬季、春季和秋季湾内均为劣四类海水水质，夏季湾内主要为第四类海水水质。冬季、春季、夏季和秋季分别有 95.1%、42.5%、10.8%和 69.3%的海域呈富营养化状态，其中秋季有 47.2%的海域呈重度富营养化。

海洋生态建设示范区创建工作取得成效。自 2013 年成为全国首个国家级海洋文明示范区以来，玉环市围绕海洋经济发展、海洋资源集约利用、海洋生态保护与建设、海洋文化建设和综合管理保障五个方面，积极参与海洋生态建设示范区创建工作，2016 年成功获批国家级海洋公园。制订《玉环市海洋特别保护区管理制度》，编制了《玉环市海洋功能区划》《玉环市海岛保护规划》《玉环市海洋生态保护与建设规划》《玉环国家级海洋公园总体规划》等，形成了较为完整的海洋生态制度体系。持续实行严格的岸线保护措施，按照“深水深用、浅水浅用、合理预留、保护生态”的要求，实行用海占用岸线管控，将包括鹭鸶礁、白沙岙、大鹿岛、洋屿、日岙、水桶岙等沙滩在内的近 190 km 的自然岸线纳入浙江省海洋生态红线管理，占海岸线总长的 59%。浙江省 2018 年度海洋生态建设示范区创建量化评估中，玉环市在沿海 26 个县（市、区）量化评估分值排名中列全省第一位。

9.2 突出问题

空气环境质量仍有待持续改善。家具、机电汽摩配等工业涂装和橡胶、塑料制品业、造船修船业、鱼粉制造业的 VOCs 减排技术手段欠缺，治理难度较大。家具行业是玉环市特色产业之一，由于区域格局的局限性和特殊性，整治进程相对缓慢，VOCs 减排的技术手段较为欠缺，减排难度不断加大，废气收集率低、治理率较低，存在重末端治理、轻源头管控和清洁生产的困难局面；橡胶行业治理水平整体较为低下，尤其在污染综合治理配套化、工艺技术节能化和产品结构精细化方面不够完善，区域间产业结构和技术水平存在较大差异。另外，柴油货车冒黑烟、柴油和车用尿素抽检不合格、违法生产销售假劣油品等现象依然存在；同时非道路移动机械生产类型多、应用范围广，保有量大、污染排放无控制，其所排放的污染物权重日益加大。铸造、表面处理等行业落后生产工艺装备淘汰需要深入推进；工地道路矿山扬尘、柴汽油车辆尾气、家具橡胶企业违规排放等问题造成城市局部 $PM_{2.5}$ 浓度较高；O_3 浓度总体呈上升趋势，成为影响城市空气质量持续改善所面临的首要污染因子。

水环境质量持续改善形势严峻。地表水水质问题突出，河流总体水质为轻度污染，2019 年 7 个市控以上断面中Ⅳ类水断面占 71.4%，Ⅴ类水断面占 14.3%，且水质稳定性差，城南、长屿闸断面返劣风险较大。大部分河道水源性缺水严重，水量受自然条件、降水等因素影响，水位波动幅度大，河流蓄水能力和河道生态系统稳定性差，枯水季节水体自净能力较差。2019 年，在近岸海域 4 个监测片区中，大麦屿海域水质为劣四类，坎门海域为四类，不符合功能区要求的海域面积占监测海域面积的 66.7%，海域富营养化状况较重。饮用水水源水质参考指标总氮超标明显，饮用水水源风险隐患依然存在。另外，电镀行业废水提标改造进度滞后，仍有部分企业废水中的镍难以达到《电镀污染物排放标准》（GB 21900—2008）表 3（0.1 mg/L）要求，沙门电镀园区福天宝零排放项目仍未正常投入运行。

污水处理基础设施建设存在缺口。城镇污水处理设施的部分配套管网建设不完善，排水管网建设布局规划不统一，存在雨污混流、合流，“污水零直排”建设存在一定缺口，目前城市生活污水集中收集率仅达到 63.65%。截污管网缺少必要的维护，导致旧城区污水管网损害现象较为严重，无法起到污水收集的作用。农村生活污水处理设施建设存在多、散等特点，在运维管理上难度较大。设施老化陈旧，目前终端设施大多建设于 2014 年、2015 年，设施开始老化陈旧、损坏，尤其风机、水泵；人工湿地受气候及温度的影响，植物根系成长快导致堵塞，出水量变小，无法满足污水处理要求；出水水质不稳定，在建设期的终端调试存在水质不稳定，达标率不高，给后期的运维管理工作带来很大困难。

土壤固体废物问题依然存在。玉环市涉重企业数量较多、分布广，国控重金属防控区未“摘帽”，承担风险防控主体责任的企业重金属防控和风险防控意识仍有限，长屿闸、礁头闸压力较大，企业重金属防控和管理水平仍较低。土壤重金属污染本底模糊，部分重点区域历史遗留重金属污染问题严重，对地下水、土壤和大气环境安全造成潜在威胁，区域累积性环境风险评估方法、应急预案和制度建设滞后。涉重企业危险废物处置能力建设需求迫切，电镀行业污泥产生量和贮存量较大，玉环市境内无有资质的涉重行业危险废物处置经营单位。部分企业危险废物收集、贮存、转运、处置过程不规范，存在未建立管理制度、未登记台账、未设置暂存仓库、部分危险废物超期、超量贮存，生活垃圾焚烧飞灰未安全填埋等问题。玉环市城区目前未形成对全市垃圾分类收集运输实时监控系统，难以对垃圾分类转运过程进行全过程监控管理。

跨区域生态环境协同治理有待突破。据测算，根据区域大气污染传输规律，得知玉环市 $PM_{2.5}$ 和 O_3 的非本地来源贡献较大，其中省内各市对玉环市 $PM_{2.5}$ 来源贡献中，宁波市贡献较大，其次是温州市；O_3 来源贡献中，宁波市贡献也较大，其次是舟山市和丽水市。较高的区域传输占比及复杂的区域传输来源给玉环市大气污染治理增加了难度，建立和完善大气污染区域联防联控的体制机制至关重要。另外，乐清湾区域生态保护任务严峻，湾区环保设施建设滞后于经济发展，工业污水、生活废水截污纳管率低，湾内大部分海域为劣Ⅳ类海水，部分入海河流水质为劣Ⅴ类，无机氮和活性磷酸盐超标严重，海洋垃圾、水田秸秆、固塘坝引发的互花米草生长等问题污染着海体。玉环市处于乐清湾区域的核心区位，水生态环境也会受到严重影响。玉环市与周边环乐清湾的台州温岭市和温州洞头区、乐清市在协同作战上还缺少沟通和合作，乐清湾海域跨区域生态保护协同能力有待加强。

环保能力建设有待进一步加强。一是环境监测能力仍然薄弱，环境监测对象、监测要素的涵盖面不够广泛，大气、水、噪声、土壤等环境质量监测站位空间分布和监测时间分布还不能满足环境管理的需求；二是相关部门协作配合有待加强，各级政府、各部门之间协调配合、定期会商、联合监测、联合执法、共建共享的机制还有待建立完善；三是涉重行业环境风险隐患大，执法监管机制有待完善。重金属污染成分复杂且具有一定的隐蔽性，由于基层环保监管力量、监测能力、经费保障等方面的不足，对重金属企业的执法监管力度还有待进一步加大。

9.3 任务目标

9.3.1 总体目标

全市大气污染物排放总量下降，区域大气环境管理能力明显提高，空气质量持续向好；全市水环境和水生态质量全面改善，水生态系统功能显著增强，人民群众满意度持续提高；土壤环境质量稳中向好，农用地和建设用地土壤环境安全得到有效保障，土壤环境风险得到全面管控；生产生活体系固体废物源头减量化、资源化、无害化水平得以提升；海洋生态环境质量逐步改善，监测和风险防范处置能力显著提升，形成海洋绿色发展格局。生态环境质量全面改善，实现美丽玉环“蓝天繁星”“碧水绿岸”“无废净土”“蓝色海湾”的美丽健康环境建设目标。

9.3.2 近期目标（2025 年）

生态环境质量持续改善，基本满足人民群众需求。重点解决污染物减排、环境基础设施补短板、固体废物资源化利用和安全处置、土壤分类分区管控、陆海统筹以及老百姓身边的焦点环境问题。水环境质量大幅改善，劣Ⅴ类水体彻底消除，市级以上监测断面稳定达标，地表水水质优良（达到或好于Ⅲ类）比例达到 80%；$PM_{2.5}$ 质量浓度 22 μg/m^3，低于世界卫生组织第二阶段目标；完成“无废城市”创建和国家生态文明建设示范市创建；海洋生态环境质量逐步好转。

9.3.3 中期目标（2030 年）

生态环境质量全面改善，环境质量全面达标。地表水水质优良（达到或好于Ⅲ类）比例达到 86%，$PM_{2.5}$ 质量浓度 21 μg/m^3，臭氧浓度（日最大 8 小时平均第 90 百分位数）稳定达到二级标准，受污染耕地安全利用率、污染地块安全利用率、危险废物安全处置率确保 100%，近岸海域水质优良（一、二类）比例达到 33.33%以上。

9.3.4 远期目标（2035 年）

生态环境质量达到国内领先。地表水质量持续提高，水质优良（达到或好于Ⅲ类）比例达到 93%，$PM_{2.5}$ 质量浓度 20 μg/m^3，建成“蓝天繁星”“碧水绿岸”“无废净土”“蓝色海湾”的美丽健康环境，推进高质量建成美丽玉环。

9.4 重点任务和措施

“优结构、同治理、促合作”，持续攻坚大气污染防治；“系统防治、协同治理、综合提升”，不断深化水污染防治；“增设施、控新增、促改善”，全面推进清废净土行动；“追溯源、提能力、建机制”，协同推动海洋生态环境保护；强化多污染物的协同控制和区域、流域联防联控，建设“蓝天繁星”“碧水绿岸”“无废净土”“蓝色海湾”的美丽健康环境。

9.4.1 持续攻坚大气污染防治

总结蓝天保卫战的有效做法，持久战与歼灭战相结合，按照“优结构、同治理、促合作”的思路，以建设全市域“清洁排放区”“清新空气示范区”为抓手，优化产业、能源、交通、用地四大结构调整，以质量改善目标引领大气污染防治布局，结构调整与深化治理相结合，深化以细颗粒物和臭氧为核心的大气污染物协同控制，加强区域大气污染联防联控和协同治理。

加快优化产业集聚，推动工业绿色发展。近期重点防治汽车制造业、专用设备制造和通用设备制造等行业，集中整治工业园区涉气重点企业环境问题。全面整治清理“散乱污”企业及集群和“两违”企业，通过提标改造、集聚搬迁等方式，加强对现有低效率、高污染工业小区和家庭工厂的改造，大力推进小微企业工业园区和智慧化建设，实现企业集中、产业集聚、要素集约发展。到 2022 年，淘汰落后产能涉及企业 60 家以上，整治淘汰“低小散”块状行业企业 150 家以上，完成 59 个老旧工业点改造，打造 24 个现代化小微企业园，整合 800 家以上小微企业入园发展。

控制“燃煤烟气”污染，深化能源结构调整。加强能源消费总量、能源消费强度和用煤总量“三控”，实施煤炭消费项目减量替代，推进电能替代燃煤和燃油，实施低硫、低灰分配煤工程。深入推进工业燃煤锅炉烟气清洁排放改造，完成全市燃气锅炉低氮改造，加大清洁能源利用比例，加快推进滩涂渔光互补、农光互补光伏电站、分布式光伏发电、海上风电场、垃圾发电、多源固废耦合发电等新能源发电项目，探索燃气发电等项目。推动工业园区集中供热及热网项目稳步实施，不断提高集中供热能力和供热管网覆盖范围。到 2035 年，清洁能源消费占比提高到 50%，城乡居民天然气覆盖率达到 70%。

强化“有机废气”治理，推进企业清洁生产。重点整治机电汽摩配涂装、家具、鱼粉制造、工程机械、橡胶和塑料制品等行业，全面推进 VOCs 治理和工业废气清洁排放改造。优先推进家具制造、船舶修造行业源头控制，使用低 VOCs 含量的涂料、胶黏剂、清洗剂、油墨替代有机溶剂，使用水性、紫外光固等低 VOCs 含量涂料替代溶剂型涂料。加快推广使用静电喷涂、辊涂等高效涂装工艺，推广采用水喷淋+活性炭吸附脱附+催化燃烧等处理效率高、可重复利用活性炭的 VOCs 治理技术。

加快治理“车船尾气”，打造低碳环保交通。大力推进国三及以下排放标准营运柴油货车提前淘汰更新。加快推进重型运输车辆、公交车、出租车、城市货运等的清洁能源替代。到 2025 年，累计建成充电（加气）站 10 座，充电桩 1 000 个以上，清洁能源公交车占比达到 90%以上；2035 年，清洁能源车辆在社会机动车保有量中占比达到 25%以上。有序推进船舶的清洁能源替代，落实船舶靠岸使用岸电或低硫燃油要求，加快港口岸电设备设施建设和船舶受电设施设备改造。

强化面源污染治理，调整优化用地结构。积极推进绿色工地和“阳光施工”创建，建筑工地扬尘防控标准化管理全覆盖。建立城乡一体的道路路面保洁机制，持续推进城市绿化。加强矿山粉尘治理，充分运用新型、高效的防尘、降尘、除尘技术，全面加强矿山开采各环节粉尘防控措施。近期建立健全高效的秸秆收集体系和专业化储运网络，积极创建无秸秆焚烧乡镇（街道、开发区）。改善种植业肥料结构，加速挥发性氮肥产品的应用，推广应用机械深施和水肥一体化技术，减少农田氨排放。以学校、中心区街道、居民住宅集中区和旅游风景点等环境敏感区为重点区域，控制城市餐饮油烟。到2025年，全市秸秆能源化利用率达到25%以上，秸秆综合利用率达到98%以上。

加强污染协同减排。以保护人体健康和生态环境为核心，构建系统、科学的排放标准体系，深化以臭氧和细颗粒物为核心的多污染综合控制，实现多种污染物的协调有效减排。近期重点开展挥发性有机物、细粒子、氨排放控制，中远期考虑二氧化碳、汞等的协同减排。基于多污染物协同控制策略，对臭氧、颗粒物、重金属、氨排放等相关的大气环境问题开展整体解决对策制定与实施。建立健全多污染减排技术和监管机制，将应对气候变化相关政策、规划、标准与生态环境保护相关政策、规划、标准等相融合，构建多污染物协同控制政策体系框架和长效协同机制。研究制定表面喷涂、家具、橡胶等重点行业同步降低多种污染物排放协同控制工作方案和措施。

推进区域大气污染联防联控。持续关注长三角区域及周边重点城市的动态变化，加强沟通协调并共享区域大气环境信息，在区域大气重点问题治理、预警预报、重污染天气应急等方面建立完善的联动工作模式。加强与宁波、温州、舟山、丽水等城市及台州其他县、市、区的沟通合作，完善区域大气污染联合防治机制，推进区域大气环境同防同治综合治理工程，力争从源头降低其他地区对玉环市 $PM_{2.5}$ 和 O_3 的贡献。加强区域大气环境督查机构建设，提升区域监察能力，加大区域环境执法力度，建立跨行政区域的环保联合执法机制，加强区域重点污染源环境监管力度，实施区域大气环境联合执法监管。健全区域内乡镇联防联控机制，依靠精细化的联防联控机制解决交界地区问题。

9.4.2 不断深化水环境系统治理

坚持系统思维，抓“好、差”两头，保优与消劣并重，按照“系统防治、协同治理、综合提升”的思路，以“污水零直排区”建设为主要抓手，全力打好“全面清零”战役、“五水共治”碧水行动战役，统筹推进全流域水污染防治、水资源管理、水生态恢复、水效率提升、水安全保障。促进水环境管理从污染防治为主逐步向污染防治与生态保护并重转变，持续提升水环境质量和水生态环境安全保障水平。

狠抓工业企业综合治理，提升废水排放质量。深化农副食品加工、电镀、生物医药等重点行业污水排放专项治理。大力开展金属表面处理等特色行业整治提升，进一步提升工艺水平、装备水平和末端治理水平。推动电镀企业采用有毒材料替代、清洗水减量化技术、槽边回收技术等“源头”污染预防措施，积极采用第三方治理模式对沙门滨港工业城电镀园区污水进行综合治理，全面推动工业园区电镀废水“零排放”。针对港口工业区、清港科技园区等管网破损或雨污未分流的工业园区，加快完善配套管网和自动监测系统，推进“清污分流、雨污分流”。加快推进芦浦漩港工业区、坎门科技园区等工业集聚区“污水零直排”建设项目，加强管网建设和含油废水深化整治。分批次迁出位于山水林田湖生态发展保护区的工业企业。到 2022 年年底前，完成 14 个市级以上工业园区、24 个小微园区和 59 个老旧工业点改造后的“污水零直排区”建设工作。2025 年实现新建工业企业全入园，2030 年实现所有工业企业全入园。

加快城镇生活污水处理，完善环境基础设施建设。加快推进城镇生活小区“污水零直排”建设，城中村、城郊接合部、老城区、城镇建成区等重点区块深入开展城镇雨污分流改造。到 2022 年年底前，全部城镇生活小区达到“污水零直排区”建设标准。补齐污水处理设施短板，加大污水管网建设力度，2025 年前每年完成新建污水主干管网 10 km 以上、改造污水管网 2 km 以上，保证污水管网覆盖范围内生活污水全部进入污水收集系统。加强对医疗污水预处理设施源头控制，推进设施升级改造，严格管控医疗污水的应急处理和杀菌消毒，强化监督检查，确保达标排放进入城市管网。积极推进污水处理厂扩容改造，强化总氮、总磷稳定达标排放，新建污水提升泵站 30 座以上，加强主城区和主要工业区老旧管网改造，提高污水输送率。加强污泥资源化综合利用和无害化处置。

深化农业农村污染防治，发展生态循环农渔业。推进农村污水处理设施及老旧管网提标改造，完善设施运维管理体系，建设设施运维标准化试点。全面推进有机肥替代化肥，推广生物粪肥、绿肥种植和秸秆还田等技术。近期采取农业灌溉系统改造、生态拦截沟建设等措施，加强氮磷生态拦截沟渠建设，新建氮磷生态拦截沟渠示范点，减少农田退水污染负荷。推广“种养结合” “截污建池、收运还田”等生态循环发展模式，减少畜禽养殖污染。加强水产养殖污染防治，发展池塘循环水、工业化循环水和稻鱼共生轮作等循环养殖模式，推广应用封闭式循环水、零废水排放或尾水处理后排放的水产养殖新技术。

强化水源地风险防控，保障居民健康饮水。全面完成集中式饮用水水源地安全保障达标建设，定期组织开展饮用水水源地一、二级保护区内的安全隐患大排查，全面排查整治违法违规问题。建设水源涵养林带，在水源保护区内构成绿化隔离带，对重要饮用水水源地周围 1 000 m 以内的耕地实施农业种植结构调整。加快推进双庙、里墩水库饮用水水源地二级保护区经济林退出。加强饮用水水源常规监测，开展饮用水水源全指标分析，加大对水库总氮的污染防治力度。完善饮用水水源在线自动监测站建设，推广在线生物预警系统建设。2021 年前完成里墩水库水质净化提升项目，2025 年前完成饮用水水源地保护区生活污染源防治管理，修葺完善水源隔离防护和标识设施。

加强水环境空间管控，打造美丽河湖景观。沿河、环湖区域划定生态缓冲带，分优先管控、重要管控和一般管控等类型分类实施空间管控。扩大河湖浅滩等湿地面积，减少污染物入河（湖）总量，进一步增加环境容量。构建水下森林系统，提升水体自净能力，建立水生生物多样性观测网络，制定水生态监测、标准和评价体系。继续推进优化实施以控制单元为基础的水环境质量目标管理，以河长制、湖长制、湾长制等为抓手，将流域生态环境保护责任层层分解到各乡镇区域，全面建立完善流域水环境质量责任管理体系。力争到 2035 年，全市水环境质量全面改善，地表水质量达到或优于Ⅲ类比例高于 93%，无劣Ⅴ类水体，水环境功能区达标率 100%。

9.4.3 全面推进清废净土行动

考虑以落实《土壤污染防治行动计划》、贯彻《中华人民共和国土壤污染防治法》为主线，按照“增设施、控新增、促改善”的思路，以土壤污染防治重大政策创新为抓手，坚持预防为主、风险管控、综合施策，以全面提升土壤环境监管能力为基础支撑，抓重点、重落实、见实效，实施一批针对性源头预防、风险管控、治理修复优先行动，采取开展土壤污染源头防控攻坚、推进受污染用地修复、加强土壤环境质量监测、增强固体废物处理能力、提升危险废物处理处置能力等一系列措施，确保区域土壤固体废物环境安全。

开展污染源头防控攻坚，控制土壤新增污染物。持续推进土壤污染防治综合先行区建设，全面推进 8 个重点行业关停、搬迁和淘汰等企业原址用地土壤环境调查评估，摸清全市重点行业企业用地土壤污染状况及污染地块分布，建立污染地块清单和优先管控名录。加强土壤污染工业来源的识别与防治，进一步优化重金属排放企业空间布局，涉重金属行业基本实现“圈区生产”。深化粮食生产功能区和重要农产品生产保护区土壤污染物检测，探索建立农业“两区”土壤环境质量定期报告制度。

推进受污染用地修复，促进土壤环境质量改善。对疑似污染地块开展详细调查、风险评估与管控等工作，形成动态更新的土壤污染风险管控和修复名录。编制污染地块治理修复实施方案和成效评估办法，开展污染地块治理与修复试点工作，探索适合本地的治理修复技术，扎实推进污染地块重点风险管控和治理修复工程。根据农用地土壤污染详查结果，对楚门镇、龙溪镇等受污染耕地分类进行风险管控，探索开展受污染耕地安全利用项目。以耕地污染高风险区为重点区域，针对典型作物和污染物，建设受污染耕地安全利用示范区。力争到 2030 年，污染地块安全利用率不低于 95%，受污染耕地安全利用率不低于 93%。

加强土壤环境质量监测，提升土壤环境管理水平。积极参与全省土壤环境质量监测网络建设工作，对金属表面处理等重污染行业企业周边土壤、耕地和集中式饮用水水源地土壤环境质量开展监测。加强土壤管理能力建设，完善土壤环境监测网络体系，建成覆盖全市的土壤环境监测网络，土壤环境风险监测点位覆盖滨港工业新城、科技工业园区、汽摩园区等重点工业园区。2020 年，完成建设 59 个老旧工业点和 24 个小微园区土壤样品库，2025 年前开展饮用水水源地、重要生态功能区的土壤质量监测。整合土壤、地下水、水文地质、污染源等基础数据库，构建土壤环境信息化管理平台，实现土壤环境数据共享。

增强固体废物处理能力，提升资源化利用水平。推进“无废城市”建设，加强综合利用处置设施统筹规划，加快一般工业固体废物、危险废物利用处置设施建设，促进固体废物源头减量和循环利用，培育一批固体废物产生量小、循环利用率高的示范企业。推进城乡生活垃圾处理设施、回收利用体系和垃圾中转站建设，大力推行生活垃圾分类，实施前端分类投放、中端分类收运和末端分类处理，建设智能化信息管理系统，对生活垃圾收运处理进行全链条精细化管理。多种手段推动农业源固废源头减量和资源化利用，支持综合利用企业构建标准化收储中心及专业化收集队伍，推动区域农作物秸秆全量利用，创新多途径利用模式，提升废旧农膜及农药包装废弃物再利用水平，推广应用标准地膜。推动建筑废弃物综合利用设施建设，健全建筑渣土的资源化利用和消纳体系。2025 年前在再生资源回收利用处置、农业废弃物、生活垃圾、建筑废弃物等领域每年培育 2 家以上骨干企业。

强化固体废物收运监管。大力推行固体废物监管信息化，全面实现固体废物申报、登记、转移信息化管理，推进小微企业危废智能收运，逐步实现固体废物全过程的信息化闭环式监管。强化危险废物运输过程风险防控和转运过程管理，对危险废物产生、贮存、转移以及企业委托利用处置危险废物情况、危险废物管理计划和应急预案等定期开展检查，实现对危险废物产生、处理处置企业的动态监管。严格落实医疗废物管理系统及电子台账制度，实时监督反馈源头产生、包装及收运数据，推进大型医疗机构定时定点收运、小型社区医疗机构集散预约收运机制。

9.4.4　强化陆海统筹协同治理

以改善海洋生态环境质量和维护海洋生态安全为目标，按照陆海 “统筹衔接、融入融合”进行设计，“追溯源、提能力、建机制”的思路统筹布局，协同推动海洋生态环境保护和生态文明建设，建设玉环“水清、岸绿、滩净、湾美、物丰、人和”的美丽海洋。

控制近海陆源污染排放。近期全面溯源排查入海排污口，包括直接向排污口排污的工业企业、城镇污水处理设施、工业集聚区污水集中处理设施等。在排查、监测及溯源的基础上，推进入海排污口整治，制订以海洋环境质量为目标的入海污染物控制与治理方案，有效规范和管控入海排污口。中远期考虑在全市重点区域系统化、规模化推行海绵城市建设，推广包括雨水收集回用、雨水花园、绿色屋顶等海绵城市建设模式，建设岸边缓冲带、生态护岸和湿地系统，削减从陆地向海洋水体汇流的面源污染。强化近岸海域水质监控和污染物总量控制，持续改善大麦屿海域和沙门、干江海域水质。

加强海洋污染防控。加快船舶港口污水、垃圾接收转运和处理设施建设，并与城市公共设施衔接，确保港口船舶生活污水、含油污水、化学品洗舱水和船舶垃圾达标处理。有效控制海水养殖污染，发展底播增殖、放流增殖等生态养殖方式，完善水产养殖基础设施，加强对养殖废水的处理。推进互花米草综合治理示范地建设，建立监测机制和风险评价系统。加大海漂垃圾整治力度，完善垃圾处理处置配套设施，推进海漂垃圾源头监控、海上收集、岸上处置，实现近岸海域和入海河流垃圾的常态化防治。

推进陆海生态环境一体化管理。运用卫星遥感与无人机等现代科技手段，重点加强海洋保护区、海洋生态保护红线区、海洋生态修复工程实施区的监管，严控海洋开发利用活动、污染物排放和海洋倾废。推进玉环市和周边环乐清湾及台州湾等建立长期沟通协调机制，编制区域海洋环境保护专项规划和行动计划，明确跨区域海洋生态环境协同治理整体战略导向。加快建设高素质、规范化的海洋综合执法队伍，在入海污染源联合监控、海洋污染协同治理、涉海联合执法及废弃物倾倒监管等领域与周边开展广泛合作。

第 10 章　打造山青岛秀鱼跃的美丽自然生态

10.1　现状分析

作为全国首个海岛市，玉环市拥有富集的山海资源，乐清湾、漩门湾、坎门湾等重要海湾星罗棋布，国家级湿地公园、国家海洋公园点缀其中。玉环市始终坚持“绿水青山就是金山银山”理念，树立生态立市战略，加快推动形成“港口带动、拥湾发展、产城融合、全域一体”的发展新格局。玉环市有各类自然保护地 5 个，分别为玉环漩门湾国家湿地公园和玉环国家级海洋公园 2 个国家级保护地，玉环披山省级海洋特别保护区和大鹿岛省级风景名胜区 2 个省级保护地，以及大鹿山森林公园，面积分别为 3 148 hm^2、30 669 hm^2、11 470 hm^2、3 675 hm^2 和 533 hm^2。湿地总面积为 36 205.6 hm^2，全市湿地保护率为 38%，湿地类型涉及近海与海岸湿地、河流湿地、沼泽湿地和人工湿地四大类，分别占全市湿地总面积的 95.48%、1.82%、0.21%和 2.49%。

近年来，玉环市加强森林资源保护和建设，以城市森林、沿海防护林、平原绿化、“四边”绿化等一系列绿化重点工程为抓手，全面推进绿化造林事业，全市森林面积达 181.92 km^2，森林覆盖率达 39.42%。全市林业用地面积 20 860.01 hm^2，现有生态公益林面积 11 398.60 hm^2，占全市土地总面积的 29.98%，占林地面积的 55.81%。全市 180 株古树信息全部录入古树名木保护系统，全部挂牌保护。大力推进湿地公园生态修复，湿地生态环境得到了极大的改善，野生动植物的种类和数量明显增加，积极筹建国家湿地公园，做好漩门湾湿地公园修复完善工作。通过植被复绿、污染防治、退渔还湖等一系列手段进行综合治理，恢复和提升生态系统的整体功能，大力推进湿地周边未开发区块植树造林，实施平原绿化重点建设村 42 个。

玉环市以科学发展观为指导，优先保护环境，合理开发资源，治理复绿废弃矿山，创建持证绿色矿山，全面改善全市“四边”区域矿山生态环境，对西溪仙人洞、双龙等废弃矿山进行重点整治，基本实现了重点区域视野范围内无裸露地带。全市通过采取受损弃置地土壤耕翻和杂质清理、更换或添加客土、施用土壤改良介质和有机肥等举措，增加植物根系生长空间、改良土壤性状、提高土壤肥力。另外，将枯枝落叶等林废弃物加工成有机覆盖物，铺设于树木和灌木土壤表面，减少水土流失和粉尘侵害。目前，玉环市在弃置地上建起绿色长廊，矿山复绿工程全面推进。

为进一步丰富沿海防护林造林树种，有效减轻海洋生态系统的负荷压力，使遭到破坏的生态系统逐步恢复或使生态系统向良性循环方向发展，有利于海洋生态系统的恢复与重建。玉环市加大了红树林北移种植的研究力度，从引进红树林种植以来，取得了一定成效。目前，已发展红树林种植面积 1 500 亩，主要分布于乐清湾内茅埏岛、大青岛、茅坦岛、大横床岛、江岩岛等地。滩涂底质及潮间带生物得到一定修复，并采集当地种植成熟的胎种进行插植方法扩种，为红树林本地化苗种培育及北移造林提供了重要的科学依据，成为我国红树林生长的最北缘地带和区域重要“生态名片”之一。高度重视互花米草的治理，近几年投入大量专项资金，开辟“以树治草”的新途径，即通过人工清除互花米草后种植红树植物，优先抢占海滩生态位，使红树先入为主，让互花米草无处安身。1 000 余亩滩涂“树进草退”取得了较为理想的治理效果，外来物种入侵对辖区生态系统的结构完整与功能发挥没有造成实质性影响，未导致生态系统受到严重破坏。

通过划定生态保护红线和建设湿地公园、海洋保护区、风景名胜区等措施加强生物多样性保护，划定了玉环市漩门湾国家湿地公园保护区生物多样性维护生态保护红线、玉环市披山省级海洋保护区生物多样性维护生态保护红线和玉环市大鹿岛风景名胜区其他生态功能生态保护红线 3 个。在漩门湾国家湿地公园开展了生物多样性物种调查，有国家一、二级鸟类 34 种，列入《国家重点保护野生植物名录》的植物 14 种。为了更好地保护这些濒危珍稀物种，在漩门湾国家湿地公园保育区内对水鸟栖息地进行了修复和改造，保育区实施隔离保护。积极开展河湖生态环境保护相关工作，严厉打击河道偷采行为，推动全市河湖、水库等水体的保护和治理，为水生生物提供一个良好的生存环境，借此推动陆域水体指示性水生生物的保护，以保护区域生物多样性。

10.2 突出问题

空间狭小导致林地遭到侵占。玉环市是海岛城市，土地资源十分有限，近几年来无论是城市扩展、工业发展还是交通建设，都需要使用林地。包括建设用地的直接占用，高速公路、省道、港口码头等基础设施的建设，企业、商业、住宅用地等都使用了一定数量的林地，直接导致林地减少，缩小了林业的发展空间。全市国土空间生态资源仍处于高强度开发状态，部分区域开发强度已超过区域承载能力，为发展侵占湿地、水塘、林地等自然生态现象仍未杜绝，生物多样性和栖息地保护面临威胁。生物多样性保护工作基础薄弱，本底不清，未建立生态产品价值核算体系和价值实现机制。部分重要生态功能区森林破坏、湿地萎缩、湖库干枯，生态退化趋势未得到彻底遏制，区域生态保护与资源开发的矛盾依然较为突出，全市生物多样性仍呈减少趋势，生态廊道联通性有待优化加强。乐清湾由于受长期超强度的过度捕捞、多年粗放式海水养殖业发展造成的水质富营养化等各种因素影响，导致许多传统渔业资源遭到不同程度的破坏，出现了主要捕捞对象替代频繁，生物品种明显减少，水域环境质量日益恶化，破坏了各种经济水生生物生息的生态环境，直接影响生物资源再生能力，渔业资源量不断下降，严重影响了乐清湾海洋渔业及水产养殖业的可持续发展。

海岛土层瘠薄导致生态系统脆弱。海岛具有脆弱的生态系统，普遍土层瘠薄，立地条件恶劣，一旦表土剥离，恢复非常困难，林地的损失直接造成生态环境的破坏。此外滨海盐碱地对造林树种的选择有很大制约，且不易成活成林，绿化造林的数量和质量受到较大影响。生态服务能力较弱，森林覆盖率显著低于浙江省平均水平，全市虽如期完成县级平原绿化初级达标和后期的高标准平原绿化续建工作，但与浙江省平原绿化先进县市相比，仍有差距。“绿水青山”转变为“金山银山”的途径尚不丰富，以文旦、大黄鱼养殖（海上牧场）为代表的物质型转化领域覆盖推广方面尚有不足；以旅游、休闲、养生为代表的旅游康养业转化途径有待进一步体系化提升。

10.3 任务目标

10.3.1 总体目标

生态安全屏障体系牢固建立。生态格局安全稳定，生态环境质量优良，生态功能全面提升，生物多样性有效保护，优良生态产品供给能力不断增强，生态保护体制机制完善，人与自然和谐共生，实现美丽玉环“岸绿滩净”“森林繁盛”“湿地秀丽”“物种多样”的和谐共生之城建设目标。

10.3.2 近期目标（2025 年）

重点解决受损生态系统恢复问题，生态安全屏障体系基本建立。完善生态廊道体系，打通关键生态节点，生物多样性下降趋势得到基本遏制；自然保护地面积不减少，功能不降低，稳固的生态安全屏障体系基本建立；森林覆盖率提升到 40%。建立生态产品价值核算体系和价值实现机制，初步打通“两山”转化通道。完成国家生态文明建设示范市和“两山”实践创新基地创建工作。

10.3.3 中期目标（2030 年）

受损生态系统全面恢复，“两山”转化通道进一步拓展。生态系统格局优化，服务功能显著提升，生态系统趋于良性循环。生态环境状况指数（EI）达到 80，森林覆盖率不低于 40%，湿地保护和自然保护地面积不减少，生物多样性得到有效保护，重点生物物种种数保护率不低于 95%。

10.3.4 远期目标（2035 年）

生态产品价值实现机制全面建立，充分打通“两山”通道。生态功能全面提升，生态环境状况指数（EI）不低于 80，森林覆盖率不低于 40%，湿地保护和自然保护地面积不减少，重点生物物种种数保护率进一步提高，人与自然和谐共生。

10.4 重点任务和措施

统筹山水林田湖海系统治理，通过生态源地保护、廊道建设、矿山修复、林网培育等工程，形成“山、水、林、田、湖、海”一体化系统，提升生态系统服务能力，筑牢“两山”转化基础，建设“岸绿滩净”“森林繁盛”“湿地秀丽”“物种多样”的和谐共生之城。

10.4.1 系统修复与治理

抓住玉环市河多、湖多、山多的优势，以玉环湖、漩门湾国家湿地公园等为重点，系统整治修复海岸线及河网水系，维护河湖水系贯通，打造美丽河湖景观，陆海联动开展生态系统保护修复，持续推进矿山环境整治修复，开展水土流失综合治理。

强化措施推进海岸线整治修复。实施最严格的围填海和岸线开发管控措施，统筹安排海洋空间利用活动，加大自然岸线保护力度，加强岸线岸滩综合治理修复。加快推进沙门水桶岙岸段、鲜叠沙滩岸段、鸡山乡海滩等海岸线生态化整治修复工程，每年进行海岸线常态化监管监测，掌握岸线动态变化情况。采取海岸侵蚀防护、近岸构筑物清理、海岸清淤疏浚、海岸植被修复与种植、海岸生态廊道建设等整治修复工程技术措施，增强海岸抗侵蚀和灾害防御能力，提升岸线基本利用功能。通过互花米草清除、湿地植被种植、岸线海堤新建和修复等生态化措施，优化生态结构和功能，提升海岸生态功能。通过实施环境整治、生态绿化、景观改造等措施，打造沿海景观廊道和滨海广场，提升海岸线景观效果。

推进河网水系修复和治理。实施河道湖泊整治重点工程项目，在楚门河系、芳清河系、桐丽河系、庆澜河系等水系实施河道疏浚、护岸整治、生态修复等措施，重点保护和治理玉环湖及城市河系干流沿岸生态保护区。对河湖岸线进行生态化改造，开展驳岸改造、沿岸绿化及景观建设，加快河岸湿地、生态浮床等工程建设。推进生态补水与修复，持续实施玉环湖水引至玉坎河和楚门河进行生态补水，恢复河、湖、塘、海等各类水体的自然联通。扩大河湖浅滩等湿地面积，构建水下森林系统，提升水体自净能力，进一步增加环境容量。提升敏感区域城镇污水处理厂出水标准，用于河道生态补水。

持续推进矿山生态修复。治山与兴林相结合，以玉城街道西滩北山嘴、清港镇鹤新村虎头山、龙溪大湾、龙溪法山头大湾等废弃矿山为重点，加快工矿废弃地、破损山体和灾毁林地生态治理和植被恢复，着力拓展生态空间。采取“边开采、边治理、边修复”“规划开采治理相结合”的模式，全面推进“绿色矿山”建设，鼓励现有矿山积极推进应用科技创新与数字化矿山建设。加强尾矿库安全监管，全面整治历史遗留尾矿库，因地制宜地完善压土、排洪、堤坝加固等隐患治理和闭库措施。

强化水土流失重点预防保护。针对芳杜水库、小闾水库、龙溪水库、大坑水库、玉潭水库、里墩水库、大坑里水库、小陈岙水库、营岙水库和双庙水库库区管理范围、漩门湾国家湿地公园、大小洞精岛、大鹿岛等水土流失重点预防区，以预防为主，推进生态修复和生态清洁小流域建设。采取工程措施与生物措施相结合、人工治理与自然修复相结合，实施水源涵养林建设、污染源防治等综合措施。

10.4.2　重要生态系统保育

加强海洋、森林、湿地、农田等生态系统保护，由侧重增加生态系统“面积”向“面积与质量并重”转变，加强森林资源保护与生态公益林建设，实行退耕还林还湿，促进生态系统自然恢复和顺向演替等重要生态功能。以“绿彩玉环”为载体推进珍贵彩色森林建设，以“美丽乡村”为平台推进村庄绿化，以“美丽公路”为纽带推进生态廊道建设。

加强海洋生态系统保护。近期重点推进乐清湾、大麦屿港等区域生态环境的恢复与保护。以披山海洋特别保护区建设、滨海湿地保护与修复、渔业资源保护与修复、海岸景观带保护与建设、乐清湾海洋环保区域合作为重点，推进海洋生态建设与保护。建设环岛西岸、海山环岛、垟坑二塘、五门塘、漩门三期等海塘安澜工程，打造标准生态海塘。加强红树林生态修复与景观建设，在乐清湾红树林保护区等地开展利用化学处理技术及生物处理技术进行污染物降解的系统研究，在试点基础上逐步推广。加大红树林、滨海湿地等典型海洋生态系统以及 20 m 以内浅海海域重要海洋生物繁育场等重要渔业水域的保护力度。

提高森林生态系统质量。以国家级森林城市创建为重要抓手，加强建设重点生态公益林，全面实施封山育林或护林，提高生态公益林生态效益补偿资金标准。对郁闭度0.5以上、以针叶树种为主的低质低效林分，通过采伐更新、疏伐更新、补植改造和综合改造等措施，增加阔叶林或混交林比例。以点带面推进森林抚育经营，提高森林质量和综合效益。对生态公益林中适合改造的低效马尾松针叶林进行补植改造，保留目的阔叶树种，加大中幼林抚育和珍贵用材林培育力度。加强森林防火控制体系和病虫害防控体系建设。在林间空地补植稀有树种、乡土树种、彩叶树种，打造林分结构合理、混交异龄复层、多树种、多色彩、乔灌草搭配、生态效益高的健康森林。

推进湿地保护与修复。推进漩门湾湿地公园、茅埏岛滩涂湿地等典型的滨海湿地生态保护及修复工程，建立江岩岛湿地保护小区，重点发展生态观光、湿地休闲旅游，加强基础设施、接待服务设施建设，运用园林手法，在岛上适当修建海岸牌坊、景廊、景亭、楼阁、石级步道等内容。建立玉环漩门湾鸟类湿地保护小区，实施确界立标、湿地巡护、湿地污染监测、观鸟棚建设、湿地科普宣传牌建设、湿地宣教长廊建设等重点工程建设。开展退化湿地保护与恢复治理，实施退耕还湿、退养还滩、生态补水，推进湿地可持续利用示范、社区扶持共建和湿地生态效益补偿试点。

加强农田保育和治理。加快推进城乡生态保护区块耕地、高标准基本农田和生态用地“三位一体”的集中连片保护管理，加强基本农田和城区周边农田生态系统的保育和治理，促进田城一体。调整优化农业产业结构布局，加强农业基础装备提升和旅游配套服务设施建设，发展设施农业和特色林果业，推进“文旦印象”美丽田园综合体建设。完善农田林网体系，实施林缘区弃耕地植被恢复等工程，逐步增加植被盖度。建设沿河绿道、登山游步道、溪坑整治和现代生态循环农业建设工程等项目，促进农田变美景，田园变景区。

10.4.3 生物多样性保护

全面开展生物多样性本底调查。在玉环西南丘陵水源涵养区、东北丘陵水源涵养区、玉环湖及城市河系干流沿岸生态保护区、玉环岛屿及滩涂保护区等生物多样性保护区域，以及大鹿山森林公园、玉环漩门湾国家湿地公园、大鹿岛省级风景名胜区、玉环国家级海洋公园、玉环披山省级海洋特别保护区等区域，优先开展生物多样性调查和评估。摸清玉环特有物种分布特点、种群规模和数量，确定濒危程度和极小种群的对象，完成濒危、临危或渐危等级的划分和相关内容的编目工作，重点针对水松、水杉、鹅掌楸等国家级保护植物，以及白尾海雕、白琵鹭、雕鸮、斑头鸺鹠、红隼、燕隼等国家级保护动物设计调查方案。

构建生态廊道体系。加大对重点保护和珍稀濒危野生动植物及其栖息地、原生境的保护修复力度，以植被和水系分布为依据，以满足陆生、水生物种流动需求为目的，构建以漩门—三条青生态廊道、连屿—花岩礁生态廊道、大雷山—渡头生态廊道三条陆地廊道和漩门湾海洋生态廊道一条水体廊道为主干的生态廊道体系。打通关键生态节点，为保障漩门—三条青生态廊道贯通，在玉城街道沙岙村西侧建设生态桥，跨越沙岙村—东青村之间的道路；在玉城街道沙鳝村东边的沙鳝公墓附近建设生态桥，跨越狮城线。为保障大雷山—渡头生态廊道贯通，在龙溪镇龙兴村附近建设生态桥，跨越 S76 公路。拆除漩门大坝以保障漩门湾海洋生态廊道贯通，并在漩门三期建设中保留足够宽深的水道以联通乐清湾和玉环东部海域。

保护生物多样性重要源地。依托漩门湾国家湿地公园，通过建设植物园、生物多样性保育中心等，重点保护国家一、二级保护野生动物、国家重点保护野生植物和湿地生态系统，保障候鸟迁徙停歇地和越冬地功能。依托玉环国家级海洋公园，重点保障海洋生态系统、珍稀濒危海洋生物、重要渔业经济品种。优化海岛植被，保护海岛生态系统和陆生动植物，保障水源涵养、土壤保持、物种保护、休闲游憩等生态系统服务能力。申请设置三条青自然保护地，以自然岸线、“三有动物”[1]、陆地生态系统为保护对象，发挥物种庇护场所和物种迁出源区功能。以“三有动物”和陆地生态系统为保护重点，充分保障大雷山旅游景区物种庇护场所、物种迁移中转和物种迁出源区功能。

实施生物多样性保护重大工程。强化生物多样性综合观测站点和观测样区建设，实施濒危野生动植物拯救和野生动植物迁徙地保护工程。在生态发展保护区中人口稠密、农田聚集区域设置人造灌木丛，优先在清港镇、楚门镇以及龙溪镇一带的特色农业区试点，待成熟后向全域推广，形成人造灌木丛网络。在玉环国家级海洋公园披山海域，选择淤积较轻、水深条件较好的地区设置人工鱼礁，为鱼类等提供繁殖、生长、索饵和庇敌的场所，提升海洋生物栖息地质量。

[1] “三有动物”是指国家保护的有益的或者有重要经济、科学研究价值的陆生野生动物。

第11章　建设宜居智慧祥和的美丽幸福城乡

11.1　现状分析

坚持规划引领。玉环市坚持规划引领，加快推进城市规划体系修编，市域总体规划完成初步成果，完成玉城片区老城改造总体策划，城区重点区域详细城市设计覆盖率实现50%以上。鸡山岛启动编制省级旅游风情小镇规划，海山旅游岛项目列入财政部PPP项目库。“三大革命”全面打响，获评省农村生活垃圾分类处理工作优胜市，启动垃圾分类市场化运作，实施城乡公厕改造，“智慧物业”应用水平居台州市前列，创建城镇生活垃圾分类省级示范小区3个、台州市级示范小区17个，完成公厕改造100座以上，实现农村公厕应改尽改。创建美丽公路6条，建成省级乡村振兴精品村4个。

改造海岛生态。例如，鸡山乡地处海岛，历史遗留的坟墓和翻新扩建后的新坟达2 000穴，“坟圈遍山”现象严重，亟须整改。2018年以来，鸡山乡深入推进“青山白化”整治革命，大力提倡生态化改造，按照“双创双修”原则，争创省级旅游风情小镇，按照“宜居、宜业、宜游”的要求，进行生态修复、乡镇修补。全市推动将坟墓迁入公墓，迁移后的空坟及时平毁、复耕，水泥换成草坪，覆盖土壤植绿。统筹规划，建设生态公墓。坚决禁止设新坟，转由生态公墓代替，或实行树葬、海葬等生态化葬法。

建设宜居城市。启动漩门湾公园和乐清湾高标准景观海塘建设，延伸玉环湖绿道与城区绿道连接，完成城北大道提升工程。大力推进老城面貌和功能更新，推进榴岛大道、珠港大道、三潭路两侧沿线改造，加快玉城塘里村等棚户区改造，完成城中村改造2 000户以上，促进玉城、坎门、大麦屿深度融合。整合资源打造“智慧玉环”，推动三维地理信息系统、大数据池等新型智慧城市项目落地。打好交通治堵攻坚战，开展交通秩序大整治，启动玉兴东路延伸段隧道和车站南路南延接线工程，充分利用城区闲置用地和地下空间，因地制宜地建设公共停车位，综合施策优化深浦隧道、绕城公路、吾悦广场周边交通组织，开展新老城快速通道建设前期研究。

建设美丽乡村。加强村庄规划设计，深化历史文化村落开发和保护。打造美丽庭院

3 000 户、台州市乡村振兴精品村 2 个，推动美丽乡村串点成线，从“盆景”变为“风景”。规范农村住房建设管理，推进“大棚房”问题专项清理整治。加快农村基础设施建设提档升级，实施农村饮用水达标提标工程，完成“四好农村路”投资 1.5 亿元，新（改）建农村路 23.6 km，建设美丽经济交通走廊 6 条、30.6 km，推动大麦屿、芦浦创建台州市级“四好农村路”示范镇。创建省 A 级景区村庄 15 个，创成台州市级以上农家乐特色村 3 个，促进民宿差异化、规范化发展。健全农村文化礼堂“建管用育”四位一体长效机制，启动建设新时代文明实践中心，深入推进城乡志愿服务活动，坚决整治丧葬陋习，加强“青山白化”治理，提升乡风文明水平。

优化城市生态环境。坚决打好污染防治攻坚战，实施“碧水蓝天清废净土”行动，抓好中央和省环保督察、国家海洋督察问题整改落实。纵深推进“我爱我家”环境大整治大提升行动，持续开展“三改一拆”，努力创建省“无违建市”，开展污水零直排区建设三年行动，全面完成公建单位零直排建设，建成零直排乡镇（街道）、零直排工业区各 4 个。深化湾（滩）长制，保护海洋岸线资源，加大沿海沙滩保护和开发力度，修复建设蓝色港湾。启动国家卫生乡镇创建全覆盖工作，通过国家卫生城市创建明察暗访。创建国家森林城市和省大花园建设典型市，建成省级生态文明建设示范市和省级海洋生态建设示范区。

全力打造“健康玉环”。坚持以人民健康为中心，深入实施医疗卫生事业振兴计划，推进市域“健康共同体”高质量实体化运作，加快医疗资源融合发展，建成整合型医疗卫生服务体系，启动市人民医院“健康共同体”创三乙工作。加快补齐城乡医疗卫生基础设施短板，完成市人民医院改扩建工程桩基施工，实现大麦屿中心卫生院迁建工程、沙门镇卫生院病房楼等项目竣工，完成楚门镇卫生院搬迁工程。完善“家燕归巢”等医疗卫生人才新政，精准扶持医学重点学科，着力优化人才发展平台，引进高层次人才 20 名。鼓励和引导社会资本进入医疗卫生领域，形成多元办医格局。

11.2　突出问题

人文特色彰显不足，海岛城市特色不突出。全市拥有 1 个省级历史文化名镇，2 个国家级传统村落，1 个省级传统村落，国家级文物保护单位 1 处，省级以上文物保护单位 15 处；拥有市级以上非遗代表性项目 88 项，拥有非遗代表性传承 21 个。但是上述文化遗产在普通市民中知名度普遍较低，展示窗口少，也极少在乡村旅游中崭露头角。玉环市自然景观丰富而独特，山、海、岛、岸线、海湾、滩涂湿地等各具特色，但城市建设资源梳理和景观价值挖掘明显不够，整体未能形成海岛特色，成为城市的亮丽名片和竞争品牌。大部分社区及村庄的公共服务设施布局分散，没有社区邻里中心。老城改造仍处于起步阶段，大部分属于大拆大建，较少注重局部微改造、微更新。

人居环境混杂问题依然存在。根据玉环市人居环境满意度问卷调查结果：非常满意32%、满意30%、一般31%、较不满意6%、很不满意1%，市民提升人居诉求强烈，人居环境满意率仅为62%。改善人居环境最需解决的问题依次是避免居住区和工业区过度混杂、加快老城区和旧村落改造以及改善交通路网。

尚未形成较完善的城市绿地系统。玉环市公园绿地的分布不够均匀，尚未形成大、中、小相结合的公园体系结构。现有公园面积偏小，特色不突出，公园的配套服务设施及游乐设施欠佳。大部分居住区绿地绿化质量低，不能很好地融入城市绿地系统之中。旧城区由于受到城市用地的限制，道路绿地率较低。单位附属绿地绿地率低，发展不平衡，除部分花园式绿化先进单位之外，诸多单位对附属绿地重视程度不足。

新增资源环境压力和新型环境问题将逐渐显现。城镇化和城市群发展带来的人口高度集聚和快速流动，对生活污水、生活垃圾等收集处理能力形成重大考验，目前玉环市已建立了相对完备的农村生活垃圾分类收集处理体系，但城市垃圾收集系统尚未完善，与城市数字化管理等技术手段的结合也相对薄弱。同时，玉环市的部分区域污水处理能力不足，农业农村水污染防治仍待加强。海绵城市建设缺乏专项资金支出，建设进度迟缓，距离浙江省县级市2020年建成区20%以上的面积达到海绵城市建设要求仍有一定差距。

11.3 任务目标

11.3.1 总体目标

以城市景观营造和风貌特色维护为重点，突显玉环海岛风貌特色，打造“美丽宜居、充满活力”海湾之城。狠抓城市基础设施建设，保障城市安全高效运行，打造“绿色低碳、安全便捷”绿色之城。以乡村、城镇和社区环境整治和生活品质提升为抓手和落脚点，实现村落环境宜居优美，打造“风景秀美、安居乐业”幸福之城。建设未来智慧社区，打造“生态高能、智慧和谐”未来之城。以生态有机建筑为抓手，建设可持续建筑，实现建筑与自然和谐共存，打造“自然健康、智能低耗”生态之城。以提高市民生活品质为目标，营造特色别致、设施现代、社区智能、乡村宜居、建筑有机的城乡美好人居环境，实现“城景融、设施优、出行易、居住适、乡风淳”的城乡美好人居建设目标。

11.3.2 近期目标（2025 年）

重点提升城镇生活污水集中收集率、生活垃圾回收利用率，环境基础设施处理能力大幅提升。完善城市绿地系统，增加城市绿量和绿道网络体系建设，改善城市生态环境和提高市民生活质量。完善生活垃圾分类和收运体系建设，城镇和农村生活垃圾回收利用率达到 100%。推进绿色建筑发展，城镇新建绿色建筑比例达到 100%。完善绿色智能交通体系，鼓励绿色出行，城市公共交通出行分担率达到 35%。

11.3.3 中期目标（2030 年）

环境基础设施处理能力明显改善，城镇生活污水集中收集率、生活垃圾回收利用率分别大幅提升至 95%、80%。优化城市绿地系统，城市公园绿地服务半径覆盖率达到 93%。进一步完善绿色智能交通体系，公众绿色出行意愿显著提高，城市公共交通出行分担率达到 40%。

11.3.4 远期目标（2035 年）

环境基础设施全面优化，城镇生活污水集中收集率、生活垃圾回收利用率达到 100%、90%。城市绿地系统全面建立，城市公园绿地服务半径覆盖率达到 95%。绿色智能交通体系全面建立，城市公共交通出行分担率达到 45%。

11.4 重点任务和措施

11.4.1 打造城市宜居环境

改造提升老城区景观品质。加大玉城街道、坎门街道、大麦屿街道等老城改造工程的绿色改造力度，利用边角空余建设口袋公园、绿地，鼓励立体化绿色设计。推动玉城街道、坎门街道沿双港路、玉坎河相向融合，玉城街道、大麦屿街道沿三潭路、兴港路联动发展的绿带建设。加快推进西溪、西门、玉潭等现代化改造，统筹推进立面、道路、绿化等微改造和既有住宅电梯加装，打造优美便捷社区环境。对楚门老街、玉城街道西青街等历史老街、传统建筑进行局部微改造；对碉楼、摩崖石刻、小鹿巡检司遗址等文化遗址等进行重点保护，增加绿色元素、绿色设计。

推动海绵城市建设。严格落实“蓝线”管理规定，有效保护河流、湖泊等城市自然水体。在新建和既有公共建筑和小区积极推行绿色屋顶或屋顶花园，因地制宜地采取小微湿地、雨水花园、下沉式绿地等低影响开发措施，合理利用雨水资源。实现城市自然水体和湿塘、雨水湿地等设施与城市雨水管网系统及下游水系打通衔接，充分保障城市防洪排涝过水流量和调蓄库容。推进城市公园和绿地系统与绿网、水网、绿道网的有机融合，提升区域内雨水调蓄和净化等功能。建设符合低影响开发技术要求的道路高程、横断面及排水系统，提高道路对雨水的渗滞能力。力争到2030年，玉环城市建成区80%以上的面积达到海绵城市建设要求。

提升城乡绿色品质。新建漩门海上公园、礁头山公园等，提升改造海港中心花园、大麦屿社区公园等，增加街旁绿地、滨河绿地、小区游园建设。力争到2035年实现城市公园绿地服务半径覆盖率达到98%。推进全市沿海防护林体系建设，优化海岛防护林体系，构建稳定的海岛型农林复合生态系统。全面开展村庄生态化有机更新，加强村庄空间梳理、建筑改造、设施植入、植树种花及水景渔趣等综合利用，建设一批具有特色风貌的美丽村庄。以芦浦镇、楚门镇、龙溪镇等乡村人居森林建设为重点，增加村庄绿量，形成绿化、美化、香化、彩化和园林化的村庄绿化景观。

打造和谐智慧社区。建设智慧、绿色、低碳、品质化住宅小区，创建“最具绿色环保特色社区”“最具邻里人情味社区”等最有特色的社区。充分利用物联网、云计算、移动互联网等新一代信息技术的集成应用，探索建设居住区智慧平台，完善医疗健康、社区养老、生活购物、垃圾管理等社区服务功能，为社区居民提供安全、舒适、便利的智慧化生活环境。

11.4.2 深化美丽海岛建设

改善提升有居民海岛人居环境。以鸡山乡为示范，优化空间功能布局，实施综合整治。全域提升海岛人居环境质量，全面推进农村污水垃圾治理，开展农村绿化美化，打造绿色、整洁、美丽的海岛乡村风光带。开展海岛入海排污口排查整治，控制提升海岛及周边海域水环境质量。通过生活垃圾分类、餐厨垃圾岛上处理、无塑生态岛建设、宣传教育培训等举措，探索形成“无废生态海岛”乡镇管控模式。

打造滨海旅游美丽海岛。坚持“严格保护、统一管理、合理开发、永续利用”的基本原则，严格保护滨海旅游岛上的岸线自然属性、自然景观和人文景观，保护海岛及周边海域的生态环境，合理开发海岛旅游资源，实现海岛旅游资源的可持续利用。以鸡山大鹿岛群、披山岛群、乐清湾口门群岛为重点，打造大鹿海岛公园。以传承海岛生态文化、海洋文化为重点，建设大鹿岛研学旅行基地、鸡山研学旅行基地。

强化无居民海岛生态保护。加强对玉环市东南沿海群岛等无居民海岛生态系统的保护，维持海岛及其周边海域的生态现状，保护海岛自然岸线；对部分岸线侵蚀和水土流失严重的海岛，及时采取水土流失防治与生态修复等保护措施。加强对保留类无居民海岛的监管力度，积极开展定期和不定期巡航、监视监测，避免非法开发利用，防止生态破坏。对位于海洋生态红线区的无居民海岛实施重点保护、严格管理。

11.4.3 推广绿色低碳生活

推行绿色生活及办公方式。健全节约能源资源管理制度，创建节约型机关，强化能耗、水耗等目标管理，机关大院、集中办公区实行能源资源消耗分户、分区、分项计量，建立能源资源消费统计台账，做好分析和公示。充分采用自然采光，合理设置空调温度，使用循环再生办公用品，推进无纸化办公。加大政府绿色采购力度，更新公务用车，优先采购新能源汽车，力争到 2035 年，政府绿色采购比例达到 100%。鼓励非政府机构、企业实行绿色采购。减少使用一次性塑料制品，扩大可降解塑料产品应用范围，加快推进快递业绿色包装应用。倡导绿色生活方式，优先购买使用节能电器、节水器具等绿色产品，鼓励绿色出行。

深化绿色智能交通体系建设。完善公交快速通勤系统，优化轨道交通、公交车、出租车、公共自行车、水上巴士“五位一体”公交体系。推动交通管理资源整合，提高交通管理智慧化水平和交通运行服务品质。加快“闻涛听海”环岛美丽公路建设，打造玉环滨海公路特色风貌。完善绿道网络体系，构建玉环湖绿道核心系统，贯通城市主轴线和两岸绿道主线，丰富绿道支线和延伸线。在城市公共交通、出租汽车、旅游景区观光、政府机关及公共机构等领域，进一步加大新能源车辆推广应用。加快构建便利高效、适度超前的充电网络体系建设，重点推进城市公交枢纽、停车场、首末站充电设施设备的规划与建设。力争到 2035 年，城市公共交通出行分担率达到 45%。

全面推进绿色建筑发展。坚持城乡建筑精品化、景观化、低碳化，建设“精品建筑、绿色建筑、生态建筑”，全面提升新建建筑绿色星级标准。充分运用新材料、新技术，大力推行装配式建筑、绿色建材，推进绿色施工。培育龙头企业，充分发挥示范引领作用，助推绿色建筑产业发展。力争到 2035 年，城镇新建绿色建筑比例达到 100%。

11.4.4 推进健康玉环建设

构建环境健康风险评估体系。以环境健康风险管理为核心，开展重点行业环境与健康调查，加强与群众健康密切相关的饮用水、空气、土壤等环境健康影响监测评价。建立生态环境信息和医疗卫生管理信息共享机制，探索构建环境健康风险监测网络，开展环境污染与疾病关系、健康风险预警以及防护干预研究，采取有效措施预防控制环境污染相关疾病。加大对承担防疫防控职责公共卫生机构的基础建设、实验室装备等的投入。

开展环境与健康科普宣传，营造全社会关心、参与环境健康的良好氛围。

完善食品安全全过程监管制度。建立“从农田到餐桌”全过程食品安全风险管控体系。全面推行标准化、清洁化农业生产，减少农药、化肥施用，推进农兽药残留、重金属污染综合治理，实施兽药抗菌药治理行动。加强对食品原产地指导监管，完善农产品市场准入制度。推进食品安全信用体系建设，完善食品安全信息公开制度。健全从源头到消费全过程的监管格局，严守从农田到餐桌的每一道防线，让人民群众吃得安全、吃得放心。

打造健康生活公共服务体系。开展全民健康生活方式行动，开展健康体重、健康口腔、健康骨骼等专项行动。建立健全健康促进与教育体系，提高健康教育服务能力，普及健康科学知识。鼓励各类媒体加大健康科学知识宣传力度，积极建设和规范各类广播电视等健康栏目，利用新媒体拓展健康教育方式。积极推进无烟环境建设，强化公共场所控烟监督执法。积极宣传环境污染对人体健康的危害知识并建立环境污染有奖举报制度，引导和鼓励公众参与生态环境保护。

第 12 章　弘扬开拓创新文明的美丽生态文化

12.1　现状分析

大力打造生态文化宣扬体系。玉环市海岛历史文化悠久，集海洋文化、海岛文化和移民文化于一体，其具有开放性、兼容性、冒险性和合作性。“自强不息，海纳百川，勇立潮头，敢为人先”的玉环精神已是玉环人最广泛的共识，也是最深入人心的价值取向。玉环市围绕建设“海上都市、美丽玉环”的总目标，以科学发展为核心，以统筹城乡文化资源、均衡公共文化服务为重点，以保障公民基本文化权益，满足人民群众精神文化需求为目标，制定出台有关文化强市建设行动纲领，推动全市生态文化持续快速发展，城乡一体的公共文化服务体系初具规模。

积极创建国家级海洋生态文明建设示范区和省级生态文明建设示范市。玉环市是全国综合实力百强县市、全国绿色发展百强县市、全国投资潜力百强县市。玉环市多年来大力推动产业转型升级、狠抓环境综合整治、全方位环境监管体系，并于 2013 年获得“浙江省省级生态县”的称号。同年，玉环市列入首批国家级海洋生态文明建设示范区。近年来，在省级生态文明建设示范市创建过程中，玉环市科学谋划、积极作为，坚持不断完善生态制度，优化生态经济，促进生态环境持续改善、生态质量明显提升，从而带动生态文化日益繁荣。在省级生态文明建设示范市创建过程中，玉环市借助“网格分工”实行环境保护网格化执法监管改革，全力打造“属地管理、分级负责、全面覆盖、责任到人”的网格化监管体系。

充分利用资源优势，大力发展生态旅游。玉环市有上百座岛屿，拥有大鹿岛景区和漩门湾观光农业园两个国家 4A 级旅游景区，一个国家级湿地公园。其中，大鹿岛景区以自然景观、奇礁异石、岩雕艺术，为岛上“三绝”；漩门湾观光农业园是国家发展改革委生态农业示范基地，也是集现代与生态农业示范、农业科学研究、科普教育和观光休闲于一体的综合性园区。岩雕艺术、观光农业、滨海湿地、休闲捕鱼、渔家美食是玉环旅游文化的内涵所在。玉环市渔家文化和渔家美食具有浓郁的地域特色，“渔家十八碗”和“玉环地方特色名菜”闻名遐迩。全市非物质文化遗产类型较多、积淀丰厚，其中国家级 1 项，省级 4 项，市级 18 项；东沙渔村是首批省级历史文化保护村落，玉环乐清湾的海上游击队根据地是市级爱国主义教育基地。

文化惠民工程持续深入。玉环市坚持“以人为本、文化惠民”理念，以“榴岛四季风”等品牌项目为总依托，围绕服务中心工作导向，注重节庆演艺、全民阅读、全民展演，精心策划“越音飞扬”、农民文化节等 60 余项具有较大影响力的文化活动。面向基层群众，分类开展文化嘉年华、“海韵渔情·文化共享”“悦悦”亲子课堂等群众文化活动，内容涵盖剪纸、摄影、书法、声乐、排舞、刺绣渔民画等，累计培训 30 000 人。深入开展“文化下乡”，近三年完成送演出 470 余场、送图书 144 000 余册、送电影 10 000 余场、送展览讲座 300 余场、送培训 21 000 余人次，进一步丰富了公共文化供给，提升了文化影响力。

12.2 突出问题

面对新常态、新形势、新任务，当前玉环文化发展面临着诸多突出问题和挑战。

生态文明意识有待提高。相对于生态文明建设的紧迫性来说，生态文明意识还有一定差距，成为制约生态文明建设的短板和“瓶颈”。生态文明意识较低，生态文化精神宣扬力度较小，文化小气候远未形成。公众参与玉环生态文明建设的积极性不高，生态文明认知度和生态知识知晓率较低，生态保护践行度不足，生态保护的义务感弱。

文化投入与发展需求不相适应。虽然近几年投入一直在加大，但仍无法支撑文化的快速发展。文化与科技融合度不高，数字技术、网络技术、信息技术在提升文化服务水平和服务品质、培育新的文化业态等方面发挥的作用还不是很明显。各类公共文化产品和服务供给比较单一，缺乏地域特色和群众参与度，远不能满足全市人民对公共文化产品和服务越来越多样化的需求。传统文化挖掘利用不够，优秀民间文化难以传承。

海岛文化未能得到充分挖掘。玉环市自然景观丰富而独特，山、海、岛、岸线、海湾、滩涂湿地等各具特色，然而玉环市城市建设与自然环境融合不足，对海岛景观和文化的挖掘不够，未能形成具有自身特色的海岛文化。近年来玉环市城市迅速扩张，向海洋要地，填海用地多用于发展生产功能，受传统风水观念和固有建设理念的影响，海滨仍属于城市的背面，部分沿海区域和岸线建设以功能开发为主，缺乏个性特色，坎门渔港等滨海岸线的生活休闲功能未得到有效开发，海洋渔业、渔民文化未能充分展现。

文化人才资源依旧短缺。专业业务干部人数不足；乡镇（街道）综合文化站人员被借用挪用、专业不对口和老龄化的情况比较普遍；基层文化队伍整体素质不高，缺乏既懂文化艺术又懂经营管理的领军人才；文化志愿者队伍规模偏小。

12.3　任务目标

12.3.1　总体目标

生态文明建设宣传教育体系全面建立，社会生态文明意识显著增强，公众对生态文明建设的参与度和满意度显著提升。建立完备的文化遗产保护体系，文化遗产得到全面保护与有效传承，文化遗产的合理利用水平大幅提升。海洋文化遗产分类管理制度基本建立，海洋文化遗产得到全面保护与有效传承。

12.3.2　近期目标（2025 年）

重点构建生态文明建设宣传教育体系，生态文明宣传教育普及率达到 95%、公众对生态文明建设的满意度逐年上升、公众对生态文明建设的参与度达到 85%。基本形成较为完备的文化遗产保护体系，文化遗产得到全面保护与有效传承，文化遗产合理利用水平大幅提升。海洋文化遗产分类管理制度初步建立，海洋文化遗产基本得到保护与传承。

12.3.3　中期目标（2030 年）

生态文明建设宣传教育体系逐步完善，生态文明宣传教育普及率达到 97%、公众对生态文明建设的参与度达到 90%。文化遗产保护体系逐步完善，文化遗产得到全面保护与有效传承，文化遗产的合理利用水平全面提升。海洋文化遗产分类管理制度基本建立，海洋文化遗产得到保护与传承。

12.3.4　远期目标（2035 年）

生态文明建设宣传教育体系全面建立，生态文明宣传教育普及率达到 99%、公众对生态文明建设的参与度达到 95%。文化遗产保护体系全面建立，文化遗产得到全面保护与有效传承，文化遗产的合理利用水平全面提升。海洋文化遗产分类管理制度全面建立，海洋文化遗产得到保护与传承。

12.4　重点任务和措施

培育和践行生态文化，多角度宣传生态文明理念，强化生态文明教育，持续推进生态文明实践和生态绿色创建活动。传承和发扬传统文化，挖掘创新海洋文化，提炼弘扬民营企业文化，塑造玉环文化特色和个性。

12.4.1 培育和践行生态文化

广泛宣传生态文明理念。通过公共媒体平台开设“美丽玉环”专题专栏，对美丽玉环建设进展进行实时报道，营造生态文明建设的舆论氛围。依托集互联网、报刊、电视、广播、户外广告等多种方式为一体的立体宣传网络，开展生态文明建设广告宣传。依托漩门湾国家湿地公园、绿色农业基地、绿色企业等场所，建设一批生态文明宣传教育示范基地。依托玉环市环保志愿者协会，创建玉环生态文明志愿者协会，引导社会公众共同参与生态文明建设。

全面强化生态文明教育。提升干部的生态文明素养，确保干部参加生态文明培训的人数比例保持 100%。提升企业生态文明意识，重点开展国家相关法律法规政策、节能减排和清洁生产技术等培训。普及校园生态文明教育，培养广大青少年资源节约和生态环境保护意识。力争到 2025 年公众对生态文明建设参与度、公众对生态文明建设的满意度不低于 85%，到 2030 年不低于 90%。

广泛开展绿色创建活动。开展生态文明示范创建，全面推进国家级生态文明建设示范市和“绿水青山就是金山银山”实践创新基地创建。开展绿色企业创建活动，深入宣传“节能、降耗、减污、增效”理念，积极创建国家级和省市级绿色企业。开展绿色家庭创建活动，鼓励阳台及庭院植绿、家庭绿色出行、家庭低碳环保装修等绿色消费行为。开展绿色校园创建活动，定期组织开展绿色环保活动，积极创建国家级及省市级绿色学校。

12.4.2 重塑和优化海洋文化

促进海洋文化传承。以“东海龙文化”“渔民文化”“海岛文化”等海洋文化为核心，以坎门花龙、鳌龙渔灯、渔工号子、船模等国家、省、市级非物质文化遗产为基础，借助国字号汽摩配产业基地优势，挖掘生态文化理念，共筑传承融合，打造具有渔区特色的新型工业化坎门非遗小镇。统筹推进坎门渔港开发，整合东沙省级历史文化村落保护资源，谋划发展以坎门老城、渔港和海岛风貌为特色的旅游功能区，逐步形成特色海洋文化传承体验中心和非遗小镇。挖掘整理岛居石屋、耕海牧渔、东海传奇等文化资源，完善配套设施，融入海岛旅游。

大力弘扬海洋文化。每年组织两次以上、参加人数不低于 300 人的大型海洋宣传活动。继续做精做强玉环“海岛文化节”等标志性大型品牌活动以及其他区域性民间艺术活动，打造一批富有玉环特色、具有一定影响力和可持续发展价值的品牌活动。海洋博物馆等涉海公共文化设施建成并向社会公众免费开放。开发以海洋地质、海洋生物、海洋环境、海洋工程等为主题的海洋自然研学旅游产品。实施对外文化拓展计划，加大文化产品和服务出口力度。

12.4.3　传承和发扬传统文化

大力弘扬工匠精神和创新精神。深度挖掘移民文化、造船文化、工匠精神，传承敢闯、敢冒险、敢为人先的开拓意识和海纳百川、兼容并蓄的内在禀性，大力弘扬新时代创新精神，使开拓创新、务实求精成为产业主流价值观。将生态文明思想贯穿到职业教育、企业文化中，鼓励职业技术学校与行业企业互动合作，将生态文明精神深度融入工匠精神中去。健全激励保障制度，对各行业涌现的爱岗敬业和技术创新人才加大表彰奖励力度，提高薪酬待遇。

加强传统物质文化遗产保护。加大对文物保护法的宣传力度。开展对历史名镇、特色街区和历史文化村落的整体保护，建立健全档案和信息管理系统。重点加强对东沙渔村首批省级历史文化保护村落的保护。加快推进市域范围内的历史建筑普查，对于反映历史风貌和地方特色，且具有一定保护价值的建筑，纳入历史建筑保护名录。

保护传承非物质文化遗产。建立非物质文化遗产资料库、数据库，持续推进玉环市非物质文化遗产名录体系建设，建立涉海非物质文化遗产名录，建立健全代表性传承人保护和传承机制。抓好非物质文化遗产传承基地建设和非物质文化遗产宣传展示活动，利用文化节系列晚会、流动大舞台等平台展示非物质文化。建立海洋文化遗产分类管理制度，定期开展海洋文化遗产保护传承活动。

第 13 章　健全科学开放完备的美丽治理体系

13.1　现状分析

夯实生态本底。成立以市委书记、市长为双组长的玉环市创建省级生态文明建设示范市工作领导小组，统筹联动整体推进级生态文明示范市创建。持续加大生态投入，积极争取台州市级以上生态资金，统筹做好专项资金安排，定期开展项目督查和资金审核工作。深化措施推进美丽玉环建设考核，制定下发《2018 年度“美丽玉环专项”考核办法》，分解落实各项考核任务，定期开展自查自纠。

压实各方责任。建立完善美丽玉环考核评价体系，积极融入自然资源资产审计理念，依托水气自动监测体系，强化环境质量考核导向，切实压实主体责任。高标准做好各级环保督察的反馈问题整改，稳妥做好环保垂改工作，认真落实环境状况与环境保护工作目标报告制度，定期梳理汇总责任部门履职情况，严格依法向人大汇报。

落实规划管控。严格执行生态环境功能定位基础性约束作用，科学参与小微园区三年建设计划和老旧工业点改造提升三年行动计划，组织开展环境功能区划年中评估，逐步实施纠偏归真，认真落实长江经济带审计整改要求，加快完成“三线一单”编制。持续推进环境敏感区工业企业搬迁计划，重点开展“散乱污”企业及集群整治，加快落后和过剩产能淘汰，分年度分区域完成搬迁清理任务，并强化搬迁企业留痕管理，严防搬空区域出现回潮，确保整治努力不打折。加大生态资金补助导向作用，培育出一批有成果能示范的典型项目。

推进制度改革。加快推进生态文明体制改革，扩大“区域环评+环境准入”改革试点区域，让更多企业享受改革红利。深入推进排污权资产化省试点工作，大力探索发展环保金融，逐步提高社会公众环境资源有价意识，同步推进排污许可证管理工作，建立企业环保信用评价标准，推动企业环境信息公开，建立环保失信“黑名单”制度，力争在重点行业实现“一证式”管理。加大生态创建力度，认真牵头做好省级生态文明建设示范市创建工作，加快探索滨海型生态文明建设模式。

13.2 突出问题

生态文明制度建设与美丽玉环要求存在差距。随着美丽玉环战略部署的实施，以“美丽宜居、充满活力的现代化海湾城市”为建设目标的发展格局将对玉环市的生态文明建设提出更高的要求。但目前玉环市政府职能转型相对滞后，政绩考核等“指挥棒”制度等还不能完全适应转型发展需要、美丽玉环建设需求。环境治理的法律保障尚不完备。同时，在目前的环境治理体系当中，仍是以行政控制手段为主，党政领导干部监督与考核机制依然是探索性的行政手段，诸如党政同责、领导约谈、领导干部自然资源资产离任审计制度政策还不完善，虽可从制度规制方面督促地方政府解决环境问题，但是尚未形成常态化与法制化，在改善生态环境质量的同时倒逼高质量发展方面还存在不足。

环境管理的责任体系和协同推进机制尚未健全。随着美丽玉环建设进入新时代，全市各级政府部门间职能错配、协同不足等问题将进一步凸显，生态建设和环境保护齐抓共管的体制、机制有待进一步完善。从领域层面看，畜禽养殖、秸秆焚烧、面源污染、城乡污水垃圾、机动车污染管理等领域环保职责划分存在交叉模糊现象。从区域层面看，以行政区划为基础的环保体制在应对跨区域环境问题时缺乏有力抓手和协同机制，跨区域环境污染和生态破坏往往面临事前预防、事中监管、事后处理的多重困难。从管理方式层面看，玉环市存在区域发展相互脱节、协调困难等问题，缺乏统筹考虑、统一规划，区域性治污合力尚未建立完善。

生态环保领域改革距离落地见效仍有差距。配套政策缺乏是玉环市生态文明制度建设在推行时面临的主要困难。部门之间存在政策孤岛，一些具有明显关联性的改革任务，如自然资源资产负债表、离任审计、责任追究、考核评价等任务由不同部门推进，横向联动和系统性不强，没有形成系统优势。此外，在推进相关改革过程中，配套法律法规和规章未能同步制修订，导致改革尚未完全进入制度化、法治化轨道。

环境经济政策创新需要进一步突破。过度依赖行政手段应对环保和能耗问题尚未从根本上改变，绿色经济发展缺乏有效的市场化机制调节，以“利益驱动”为导向，利用价格杠杆倒逼转型升级的体制机制还不到位。政策手段“多惩治少激励”。多数政策以“底线约束、惩治落后”为主，以加大对落后企业经济压力倒逼企业减排为主要手段，缺乏对优秀先进企业的正向激励，难以树立标杆起到带头引领作用，市场驱动力未能有效体现。玉环市还未完全建立绿色金融发展长效机制，政策引导和市场驱动对绿色金融的双重激励约束机制不健全，环保、财税等政策在绿色金融发展中的作用发挥还不充分。

高效政府和广泛参与的体制尚未形成。社会组织与公众参与决策、监督的渠道有待进一步拓宽。生态环境管理的行政、司法程序化规定还很少，很多的行政决策，都在内部封闭的情况下进行。决策过程不开放。很多情况下，社会公众只能借上访、群体事件和媒体报道来影响政府及其相关部门的决策。

13.3 任务目标

健全生态文明考核和责任追究制度，生态文明建设工作占党政实绩考核比例保持不低于30%。建立健全自然资源资产离任审计、生态环境损害责任追究制度。完善生态环境监管执法体系，构建以排污许可制为核心的固定污染源监管制度体系，促进环境行政执法和环境司法的有序衔接。健全生态环境保护市场体系，深化排污权、用能权、碳排放权等配置方式改革，推进落实环境经济政策。构建政府企业社会共治体系，加快制度优化创新，全面提升全市生态保护和治理能力现代化水平，构建“政府有为”“企业有责”“市场有效”“社会有序”的大生态保护格局。

13.4 重点任务和措施

13.4.1 健全生态文明考核和责任追究制度

建立生态文明考核制度。坚持生态文明考核在干部责任考核体系中的重要地位，生态文明建设工作占党政实绩考核比例保持不低于30%。以河长制、湖长制、湾长制等为抓手，将流域生态环境保护责任层层分解落实到各乡镇区域，全面建立完善流域水环境质量责任管理体系。探索将考核结果作为区域资金投入、项目审批和政策扶持的参考依据，以乡镇、街道为单位，用考核奖惩机制激励引导生态环保建设工作开展。

扎实推进自然资源资产离任审计工作。制定《玉环市自然资源资产负债表编制工作方案》，编制玉环市自然资源资产负债表。研究出台《玉环市领导干部自然资源资产审计实施意见》，完善由多部门共同参与、共同推进的工作机制。全面开展领导干部自然资源资产离任审计工作，严格党政领导干部生态环境损害责任追究，实行失职追责和损害担责。

13.4.2 完善生态环境监管执法体系

健全环境治理监管体系。健全以排污许可为核心的固定污染源环境管理制度，开展固定污染源清理整顿，实现排污许可制全覆盖。远期建立基于“环境质量改善”的许可限值响应机制，实施差别化、精细化管理。健全乡镇（街道）生态环境网格化监管体系，全面推行“双随机、一公开”环境监管模式。加快推进海洋综合行政执法，相对集中行使海洋、海岛污染防治和生态保护等方面的执法权。

促进环境行政执法和环境司法的有序衔接。成立玉环市生态环境公益诉讼调查指挥中心，建立专门的调查和出庭应诉队伍，建立生态环境公益诉讼线索举报奖励制度。推动设立专门的环境资源审判机构，鼓励玉环市人民法院根据地方实际选择设立环境资源审判合议庭或巡回法庭。积极探索生态环境损害赔偿诉讼，健全生态环境案件集中管辖机制。

强化环境监管监测能力建设。持续推进生态环境监测网络建设，建设地表水环境监测预警系统，完善大气复合污染立体监测网络，加强对臭氧、VOCs、恶臭异味等新型污染物的监测，推进乡镇环境空气监测站、断面水质自动监测站等站点建设。建立土壤环境监测数据库和管理信息系统。建设生态系统长期定位观测站点，加强对生态系统状况、生物多样性、生态风险、保护成效的监测评估，开展漩门湾湿地生态系统服务功能监测与评估。完善近岸海域、入海河流和直排海污染源监控体系建设，建立污染源数字化监控体系，建立高精度、全覆盖的陆海统筹监测和监督管理网络体系。在重点园区因地制宜地开展异味评价监测、固体废物流转过程监控、有毒有害气体环境风险预警监测、高空瞭望视频系统等设施建设。

健全风险防控预警和应急处置机制。开展重点区域、重点行业、重点企业环境风险评估与风险管理试点工作，针对电镀、熔炼、表面处理、涂装、生物医药等环境风险行业，完善企业及工业园区环境风险排查制度，推进环境风险分类分级管理。加强危险化学品和危险废物的风险管控，组织排查危险化学品环境风险，建立健全区域性危险化学品环境风险应急预案。健全海洋环境风险应急处置体系，建立区域潜在海洋环境风险评估及信息共享机制，开展海洋污染事故风险源的排查整治，梳理制定船舶油品泄漏入海区域风险评估工作方案，严格防范海洋生态环境风险突发事件。完善跨部门、跨区域环境应急协调联动机制，建立健全全方位的动态、立体监测预警体系。

13.4.3　建立生态环境保护市场体系

全面推进生态产品价值核算。创新开展陆海生态资产及生态系统生产总值（GEP）核算，构建和实施生态产品价值实现机制，打造全国首个海洋生态产品价值实现机制试点市，争做蓝色生态产品转化先进典型。统筹“山、水、林、田、湖、海”全域要素，探索玉环特色“两山”转化通道和路径，打造“两山”实践创新滨海特色考核指标和标准体系，探索推行 GDP 与 GEP 双核算、双运行、双提升机制。培育生态产品转化平台和市场交易体系，鼓励生态飞地等生态产品创新开发，强化对绿色产品的认证和监管，加大对小微企业绿色产品认证的资金扶持。

深化排污权、用能权、碳排放权等配置方式改革。进一步创新排污权交易模式，探索建立不同污染物之间以及点源与面源的交易框架，引导建立第三方核查机构，完善新增排污权指标市场，推广排污权交易二级市场。建立水资源资产产权制度、水量分配与水权交易制度。探索以单位生产总值能耗为基础的用能权有偿交易制度。探索建立以市场导向、政府服务、循序渐进、公平公开和诚实守信为原则的碳排放权交易体系。探索建立乡镇污水处理厂、新能源汽车推广运用等减排指标市场化交易机制。

推行市场化运作模式。推进以污染防治和生态保护为突破口，采取单个项目、组合项目、连片推进等方式，在污水垃圾治理、环境监测预警能力建设等领域，大力推进PPP+第三方治理模式。探索性开展生态环境导向的城市开发（EOD）模式，通过商业性、开发性资源配套，实现生态环境保护外部经济性内部化。开展环境综合治理托管服务模式改革，鼓励对污染地块采用“环境修复+开发建设”模式。积极创新“小资本对接大项目，大资本服务小企业”的发展模式，优化适合小微企业的金融产品供给，创新信用贷款、排污权、政府采购合同等资源融资渠道。

推进落实环境经济政策。加强环境税费、保险、信贷等经济政策的协同调控。严格环境保护税征收管理，加强税务部门与生态环境部门的协作，完善涉税信息数据共享。充分落实税费优惠政策，加大对节能环保产业，特别是第三方治理企业的激励。逐步建立生活垃圾处理按量按效等差别化收费机制，深入推进城镇生活垃圾处理收费制度改革。加快发展绿色金融，实施银行业存款类金融机构绿色信贷业绩评价措施，鼓励银行不断提升对资源节约利用、生态环境保护项目等的贷款余额。

13.4.4 构建政府企业社会共治体系

深化“放管服”改革。强化政府服务功能，持续推进环保审批事项改革工作，深入推进“最多跑一次”改革，持续提升政府生态文明管理服务水平。推动实现一般企业投资项目开工前审批“最多 80 d”、工程建设项目全流程审批时间压减至 80 d 等工作要求。深化开发区、特色小镇“区域环评+环境标准”改革，逐步扩大改革覆盖面。建立环境准入和执法服务事项两个“正面清单”，实现企业分类监管，完善企业治污正向激励机制。完善“企业环保咨询日”活动，建立“专家顾问团队+科技培训+社会化推广”技术帮扶机制，形成生态环境咨询服务格局。

强化企业生态环境保护主体责任。聚焦非法处置危险废物、超标排放污染物、破坏生态等案件，推进和完善生态环境损害赔偿制度。探索推广企业环境会计账户，完善企业环境信息公开机制，推行上市公司和发债企业强制性环境信息披露制度，并逐步推广覆盖所有涉污企业的生态环境信息强制性披露制度。引入第三方评价机构，分级建立企业环境信用评价体系，加快建立环境保护“守信激励、失信惩戒”长效机制。加强对环境服务机构的监督管理，建立对第三方治理单位污染治理效果的评估制度，完善环境服务业惩戒和退出机制。

健全全民监督机制。完善公众参与的有效渠道和合理机制，搭建信息沟通、意见表达、决策参与、监督评价为一体的生态环境保护公众参与平台。建立有奖举报机制，并完善严格的举报受理程序，丰富环保听证、社会公示、环境信访、环保举报热线等监督渠道，构建微信、App 等新媒体举报平台。建立人民环保监督员制度。公开招募社区环保义务监督员，建立百分之百回应、百分之百落实的“双百”监督制度。加大与微博、微信等新时代自媒体、平台的结合创新程度，利用大数据、“互联网+”、物联网、云计算等多种方式和渠道放大人民环保监督员的作用。

第 14 章　强化规划实施保障，确保任务落实到位

做实做细美丽玉环规划实施环节，进行规划编制—实施—调度—评估全链条管理体系，严格规划调度、评估和考核，以规划落实改革、以规划部署目标任务、以规划带动美丽玉环建设基本面，确保规划落地实施，推动形成新时代美丽玉环建设的良好工作格局。

14.1　落实组织领导责任

建立规划实施领导小组。长期来看，美丽玉环建设要求构建形成市委市政府自觉推动、各有关部门良好分工、自发推进建设工作开展的生态文明建设体制机制，市委市政府的组织机构设置和能力建设都要紧紧围绕这一目标实施创新和突破。近期来看，需要在玉环国家级海洋生态文明示范区、省级生态文明示范市和建设美丽玉环办领导小组的基础上，整合力量、完善功能、增加手段，高规格成立新时代美丽玉环建设规划实施领导小组，统筹指导、协调、推进美丽玉环建设的重大事宜和工作落实。设立美丽城市组、美丽经济组、美丽环境组、美丽生态组、美丽生活组、美丽文化组、美丽制度组 7 个专项工作组，分别由市委市政府主要领导任组长和副组长，定期牵头组织会商、协调、督查，确保生态文明建设要求全面贯彻和深刻融入经济建设、政治建设、文化建设、社会建设各方面和全过程。

健全完善美丽玉环建设工作机制。进一步完善党委主导、政府负责、人大和政协监督、各部门分工负责、全社会共同参与的工作机制，出台工作制度。建立市—乡镇（街道、开发区）—村三级联动协调机制以及部门间的协调机制，做到党政一把手亲自抓、负总责，使责任、措施和投入“三到位”，形成市委、市政府统一领导，各乡镇（街道、开发区）党委政府分级实施，各部门相互协调，上下良性互动的推进机制。各级党委要把美丽玉环建设的任务要求纳入工作日程，按照美丽玉环战略的实施进程，积极推进思

想上、组织上、能力上、行动上的一致。各级政府要做好统一谋划、统筹协调，从整体上推进战略实施。

明确美丽玉环建设职责分工。建立和完善美丽玉环建设的目标责任制和激励机制，层层分解目标和任务，落实责任，分工合作。依据《台州市生态环境保护工作责任规定》，对指标进行分解，以任务书的形式下达到各有关部门，具体落实到责任部门、责任单位和责任人。各有关部门按照各自职能分工，也成立相应的组织机构，在市委、市政府的统一领导下，按照美丽玉环建设总体规划的目标和任务，结合部门实际，因地制宜地制定具体规划和实施方案，并积极组织实施，稳步推进工作进度。各部门要建立完善科学管理体系，建立美丽玉环建设专家咨询委员会，由有关专家、学者和专业技术人员组成，参与重大规划、政策措施、重要项目建设的咨询论证，为政府综合决策提供科学依据，保障美丽玉环建设的科学实施。

14.2　健全投入保障机制

加大各级财政投入力度。政府部门切实加大对美丽玉环建设的资金投入，积极申请国家专项基金，将美丽玉环建设资金纳入公共财政预算优先安排，根据社会经济发展逐步增加投入比例。在建立和完善污染防治资金的基础上，整合农业、水利、环保等涉及生态保护与建设的财政专项资金，大力支持生态产业项目、重要生态功能区建设项目、环境基础设施建设等，统筹安排生态农业开发、生态旅游开发、污染防治、河道整治、低碳经济等项目资金。完善“以奖促防”“以奖促治”“以奖代补”等资金支持机制，强化财税政策引导，引导企业生产注重绿色环保，为符合条件的项目提供融资服务。

积极拓宽资金来源渠道。逐步建立“政府主导、社会参与、多元投入、市场运作”的美丽玉环建设投融资机制，积极利用市场机制，推动生态文明投融资平台建设，采取政府资金引导、政府让利等方式，引导鼓励符合条件的风险投资和民间资本进入生态文明建设领域。积极利用经济手段，培育和引导市场，试点通过财政贴息贷款、无息回收性投资、减免税收和土地使用费等优惠政策，运用产业政策引导社会生产力要素向有利于美丽玉环城市建设的方向流动。积极创新绿色信贷、绿色债券和绿色保险等金融政策，探索建立多种金融工具联动机制，建立政府环保基金、环境税收和环境责任保险的联动机制。

完善资金管理体制。完善美丽玉环建设相关资金管理体制，包括资金来源、资金使用的申请和审核、资金使用过程的监督、资金使用效率的审核与检查、失误的责任追究等。统筹运用预算内外投入生态环境领域的资金，将资金主要用于美丽玉环建设的重点工程和示范创建体。建立有效的资金监管制度，加强资金的审计和监管力度。确保做到专款专用，防止挪用，使美丽玉环建设资金真正落到实处，保证美丽玉环建设工作的正常开展。

14.3 建立评估考核体系

强化目标任务落实情况考核。建立美丽玉环建设的目标责任考核机制，制定实施《美丽玉环建设实施考核办法》，提高生态文明、生态环境保护、绿色发展等指标在党政领导政绩考核与干部提拔中所占的比重。将生态文明建设目标分解，对乡镇（街道）各级政府和有关部门进行目标责任量化考核，强化对产业结构优化、资源节约、环境保护、人居环境改善、环境监管能力建设等美丽玉环建设目标完成情况的综合评价考核。开展环保督查，对各级政府及有关部门美丽玉环建设各项目标任务落实情况实施综合性监督检查。实行年度考核和阶段考核相结合，考评结果作为各乡镇（街道）、玉环经济开发区、市级部门领导班子和领导干部年终评先评优的重要依据。强化考核结果激励机制，在问责处分的同时，强化对相关干部的正向激励。

建立以人为本、以美丽为宗旨的评价考核体系。聘请国内相关专家成立“美丽玉环建设顾问委员会”，在规划实施的工程设计、政策制定实施、监测评估等方面，提供技术支持和咨询。在目标定位上，发挥考评机制在美丽玉环建设中的动态管理、量化管理和民主管理中的作用。在实施方式上，建立美丽玉环建设指标体系评估考核机制，将政府考核、公众考核以及专家考核相结合，充分调动专家优势和全体公民的智慧资源，建立一套政府主导、公众参与以及过程透明的民主协商机制，建立与公众感受相吻合、体现公众意愿的评价机制。充分发挥民意调查在美丽玉环建设中的作用，通过民意调查了解公众对美丽玉环建设进展的感受与认知，以及公众对玉环市党政领导班子和领导干部在美丽玉环建设中的满意度。引入第三方评估，定期开展规划实施评估调度，动态分析规划的实施进展情况，特别是基础性指标完成情况，并适时对规划进行修编。

14.4 加强宣传和信息公开

加强美丽玉环宣传教育。加强政府各级部门宣传教育能力，充分利用文化、广播电视、新闻出版和教育等媒介，包括编排创作反映美丽玉环建设的剧目、增设相关方面的广播电视栏目和节目、组织有关美丽玉环建设的系列报道、出版有影响的宣传类图书和杂志、编写美丽玉环建设的市民手册、制定美丽玉环建设市民公约、举办专题报告和讲座，以及举办各种摄影图片展览、科技成果展览等。对政府机关、企事业单位、院校加强宣传教育，在基层街道和社区，安排专人负责美丽玉环建设宣传工作，加强对广大农民群众的普及宣传，提高群众对美丽玉环建设的关注度和知晓率。

深入推进美丽玉环共建共享。维护公众的环保知情权，鼓励社会团队组织参与，坚持与美丽玉环建设专业队伍、社会团体及公众参与相结合，积极发动、组织和引导社会团体及公众参与生态环境保护工作，充分发动和依靠全社会力量，为美丽玉环建设与绿色发展提供保障。通过强化信息公开制度、拓宽信息交流渠道、扩大信息沟通平台等措施，建立完善有关公众参与制度，引导和鼓励公众以个人、社区、社会组织等多种形式，更多地参与到美丽玉环建设中。